文
景

Horizon

SHARENTHOOD

晒娃请三思

数字时代的儿童隐私保护

〔美〕莉亚·普朗科特—著

张昌宏—译

上海人民出版社

献给我的父母 Jamie 和 Marcy Plunkett，
他们总是鼓励我玩耍并和我一起游戏。

献给我的导师 Jonathan Zittrain，
他率先鼓励我写作这本书。

献给我的丈夫 Mike Lewis，
他的鼓励使我能够坚持去办公室写作。

最后，献给我的孩子们: Sam，Alana，和爱犬 Kermit，
他们鼓励我回家与他们一起嬉戏。

CONTENT
目 录

序　言

本书关注的是我们的孩子在数字时代所面临的紧迫问题。许多论及这一话题的书籍都是基于对青少年行为变化的研究。孩子们的行为变化有时令人欢欣鼓舞，有时却令人诧异。我们需要理解青少年的这些行为变化，以便在这个越来越互联互通的数学化世界里成为称职的父母、教育者和立法者。

本书另辟蹊径。作者莉亚·普朗科特（Leah Plunkett）既是一名法学教授，又是一位母亲。她呼吁我们成年人首先要审视自己的行为，以一种全新的方式来思考我们的日常实践怎样影响孩子们的隐私权益。这种影响不只关乎现在，它更关乎孩子们长远的未来。她的文字既睿智，又能引发我们的情感共鸣。打开这本书，你已经开启了这次趣味盎然且令人深思的阅读之旅。

在这个技术媒介越来越发达的时代，我们有理由为孩子们不断发生种种变化的儿童期和青春期而担忧。在许多社会里，各类迹象表明，青少年承受着较高强度的精神压力、焦虑和抑郁情绪，他们的自杀率也相对较高。全世界的研究人员都试图搞清楚，社交媒体的广泛使用和青少年中出现的越来越严峻的问题之间是否存在因果关系。

尽管这些问题值得我们深思，但是普朗科特却要求我们将注意力转向其他一系列必然会对青少年产生深远影响的相关问题。在她看来，养育孩子的过程中，我们如果对孩子的生活施加过多控制，那就将心思用错了地方。大多数情况下，我们是忙着"铲雪"的父母，提前为我们的孩子清扫路面，唯恐他们在前行的路上遭遇阻碍。我们根本不给他们受挫的机会，不让他们去摸爬滚打，然后学着站起身来，拍掉身上的尘土继续前行。作为父母和老师，我们忧心忡忡，企图保护他们免受伤害，以至于没能给他们提供应有的支持，以帮助他们发展应对困难的技能——在这样一个复杂的世界里生存下去所必需的技能。我们自以为是在帮助孩子，但是大多数情况下，我们让他们面临的问题更加复杂。而且，我们可能还在制造其他与数据隐私相关的问题，对此我们现在还无法预知。

对于富足社会而言，数据隐私是一个相当紧迫的问题，原因如下：首先，对于大部分青少年而言，他们无法逃脱数字世界对他们的掌控。他们生于此长于此的世界在记录他们的一举一动。从还在母亲子宫里胎动时拍摄的超声波图像开始，他们依次被（各种数码手段）记录，包括出生、学步、上幼儿园的第一天，参加数不清的运动项目、各种聚会，以及毕业典礼等激动人心的时刻。他们全部生活的电子"档案"形成了一整套市场营销人员、政府部门和潜在恋爱对象都可以深入挖掘的数据，直到这些数据失去其利用价值。

其次，孩子们的青春期变长了，而且同时在向两个方向延长。孩子们，尤其是女孩子，在更小的年龄就进入了青春期。现在，人们认为，对于大部分青少年而言，青春期会一直延续到二十几岁。青春期延长带来的后果对许多青少年来说意义重大。这也意味着，作为父母、老师、教练和人生导师，我们对孩子产生影响的时期比以往任何时候都要长。随着时间的推移，我们自身的行为对孩子们的影响会越来越深远。

我们应当将注意力放在最该关心的地方，即我们可以直接掌控的地方；同时也要当心，不要忽视社会上其他因素的影响。作为一名法学教授，普朗科特很重视制度所蕴含的持久的重要性。制度既可以限制孩子们的发展，也可以为他们赋能。法律制度便是其中的一项运行机制。公司的商业实践则是另外一项。成年监护人之所以"晒娃"，是因为网络世界的结构使得这种行为易如反掌，它甚至在怂恿成年人这么做。

普朗科特指出，这种糟糕的晒娃活动，大部分是被富有竞争力的科技公司鼓动的，且在当下是完全合法的行为。从国家的角度而言，若我们把处于自己监护之下的青少年的数据分享到网络世界，这简直无可指责。事实上，目前的法律制度支持公司如此的商业实践，允许那些渴望拿到数据的社交媒体服务公司和市场营销公司开展此类活动，并且从中获取巨额利润。当下的环境生态促使父母分享孩子的数据，而不是对其进行保护。利润丰厚的商业模式恰恰依赖于这样的社会实践。

如果我们能够换个角度来关注有关青少年的数据问题，就会有丰厚的回报。正在成长起来的这一代年轻人完全可以从新科技发展带来的许多正向事物中获益，这可能意味着人们有了高效率的学习渠道，可以从事激动人心的新型工作（也许具有讽刺意味的是，大部分新工作可能会出现在数据科学领域），并且找到解决全球性问题的好办法，以及更深入地参与公共事务的渠道。目前，在数字技术营造的新环境下，青少年从中得到的益处少之又少，但却背负着太多沉重的负担和代价。

在这个数据越来越泛滥的时代，普朗科特给我们指出一条前行的道路，以便我们能够更好地养育孩子。各种公司和政府部门竞相奔走，加大投入，开展机器学习和其他类型人工智能的研发。随着这代年轻人长大成人，针对他们的数据的需求也在急剧增长，因为这些系统需要大量的数据才能运转起来。身处数字时代，我们还未能给这一代青少年提供一个更好的社会环境，以帮助他们顺利成长。在其成长的过程中，作为父母和监护人，我们首先应该改掉自身的坏习惯和不良实践，以防给我们最关爱的孩子造成无法弥补的损失。

好了，扣上安全带！普朗科特教授要带我们上路了，让我们开启一程崎岖且激动人心的阅读之旅；她承诺，一定要带领我们找到"正北"方向。

约翰·波尔弗里（John Palfrey）

致　谢

　　我要对以下人员和机构表示感谢，感谢你们多年来就此项目开展的宝贵对话和给予的帮助。感谢哈佛大学"伯克曼·克莱因互联网与社会研究中心"的"青少年与媒体研究"团队（包括过去的和现在的团队），尤其感谢 Urs Gasser，Sandra Cortesi，Alicia Solow-Niederman，Paulina Haduong，Dalia Topelson Ritvo，Andres Lombana-Bermudez，Rey Junco，以及本研究中心的短期研究人员。感谢新罕布什尔大学法学院教师讲习班的参与者。感谢波士顿大学法学院与哈里里机器运算学院联合举办的"网络联盟演讲者系列活动"的参与者。感谢新罕布什尔大学的"法学图书馆"提供的帮助。感谢奥尔巴尼法学院教师讲习班的参与者。感谢以下诸位提供的帮助：Monica Bulger，Megan Carpenter，Mike McCann，John Greabe，Alex Roberts，Roger Ford，Tonya Evans，Kathy Fletcher，Deb Paige，Mary O'Malley，Adam Plunkett，Sarah Haskins，Rettew 一家，Sarah

Tiano，Justina Johnson，Sarah 和 Asa Dustin，Julia Sabot，Tal Astrachan，Lewis 一家，David Plunkett，Brianna Deschenes，和 Janet Eggert。特别感谢 David Weinberger 对本项目的全程管理。感谢 Caitlin Poole 在研究方面给予的协助。感谢 Lauren Cawse 提供原创性的配图。最后，我要感谢 Gita Devi Manaktala，Kyle Gipson，Nhora Lucia Serrano，以及麻省理工学院出版社的工作人员，你们的工作让这些思想交流最终汇聚成册，这让其他人参与对话成为可能。

导　论

　　如果汤姆·索亚（Tom Sawyer）生活在当下现实世界中，他一定会被警察逮捕。马克·吐温（Mark Twain）在其名著的第一章中对汤姆的所作所为就有描述。[1]他在午夜时分偷偷溜出监护人的屋子，殴打了镇子上新来的小孩。19 世纪 40 年代，密西西比河沿岸的小镇没有职业警察，[2]因此他才能逃过一劫。

　　为了和经典小说中的汤姆·索亚区分开来，我们不妨把当代语境下的"汤姆"称为"汤米·索"（Tommy S.）。如今，汤米·索该是当地派出所的"红人"。警察、老师和法官会采用数字技术监视和记录他的活动。在与汤米·索相关的案件纠纷中，他会无意间向政府提供自己有罪的所有必要证据。因为他在 Instagram、Snapchat 和其他数码平台上留下了各种活动记录。这就相当于在案件审理中，汤米罗列出一系列对自己不利的证据。[3]

　　不过，本书关注的焦点并不是汤米自证有罪的行为，而是他的监护人波莉姨妈。本书要讨论波莉姨妈怎样在 Facebook 上发帖，描述有关汤米的事情："蓝色警灯在我卧室窗外闪烁不停。警察又把我叫醒了。汤米!!! 你怎么总是＃惹事儿？＃保释金＃特大杯咖啡。"

本书要讨论波莉姨妈的言行，讨论波莉姨妈对有关汤米的叙事产生的影响：通过许多新兴的数字化渠道，她在互联网上分享汤米的信息，却对这些传播方式没有全面的了解，不知道她做出的选择会如何影响她年幼的监护对象。波莉姨妈在"晒娃"（sharent）。这个新字眼还没有广泛传播，但已经具有多种含义。[4]在本书中它的含义是：父母、老师或其他成年人通过数字化渠道，发布、传播、存储与他们所监护的孩子相关的私人信息，或参与其他类似的活动。[5]

如今，我们都身处波莉姨妈的位置。本书要探究美国的父母、老师和其他成年监护人选择披露孩子们的电子数据，从而侵入传统意义上孩子的隐私领域，并危及儿童和青少年当下和未来的人生机遇，以及他们自我认知能力的发展。

对我们所有人而言，隐私的含义各有差异。本书对隐私的理解比较宽泛，即隐私与自我（身份）创设有关，它"建立起一个我们可以宣称为自己所有的场域；在这里，我们不受外来因素的过度干涉和搅扰，从而可以赋予自己某些身份"[6]。这就要求读者对该定义本身、与之相似的或截然不同的定义进行反思，看看每个定义能否在你的生活中找到共鸣。

晒娃的做法会对孩童和青少年自身产生极大的影响。若群起而为之，这种做法也会破坏人们对儿童期和青春期的普遍认知，即儿童期和青春期都是孩子们的游戏空间，应该受到保护。当成年人基于收集的数据对孩子进行追踪分析，并试图代替他们做出决定时，他们将如何知道他们是谁，如何知道他们应当成为什么样的人？在许多方面，他们比我们少了太多自我探索的自由。

本书从法律的角度对晒娃实践进行分析，以揭示我们的法律以何种形式驱使了晒娃行为；同时也为解决其中存在的问题指明初步的方向。指示方向的"北极星"许诺给我们的是这样的愿景：孩童和青少年应当拥有游戏空间，以便他们能够犯错，并从犯错中成长起来，成为更好的自己。

与隐私概念一样，儿童期与青春期也可以用多种方式来界定。本书提出了以游戏为中心的理论：儿童期与青春期应当被珍视为两个独特的人生阶段，并且围绕游戏展开，以便通过界限明确的尝试，发展主体意识（agency）和自主意识（autonomy）。[7] 探索不可或缺，有机会犯错并从错误中学习是必然的路径，甚至大有裨益，尤其在孩童成长的早期，想象和真实之间的分野几乎不存在的时候。

这种游戏图式与当下美国法律体系对青少年持有的主流观念分道扬镳，这种观念的立足点是：家长和国家要对孩童及青少年进行管控。[8] 不过，这可能会引发大家在直觉、经验、文化或其他层面的共鸣，重新定义法律界对青少年这个概念的理解。[9] 本书也邀请读者诸君探究自己对青少年这个概念的理解：你是否采用现行的法律视角，或者其他的角度作为你理论的出发点？

你也许会问，为什么要写这本书呢？波莉姨妈晒娃的出发点可是好的。那么，哪里出了问题？问题在于，良好的意图并不能让孩子免于风险。我们成年人并非刻意要给孩子的生活带来麻烦。

总体上，在决定分享孩子的信息时，人们总是带着最大的善意，即使最糟糕的情形也无非是考虑不周而已，在（美国）现行法律体制下，这也不违法。还有一点常常被人们忽视和误解：晒娃是商业交易的一部分——是成年人为了获取科技产品和服务，与供应商讨价还价的一部分。为了得到低价设备或服务，成年监护人让渡了孩子们宝贵的私人信息，而供应商则以这样或那样的方式使用这些信息，以获取利润。在这笔交易中，孩童和青少年并没有完全参与进来。因此，他们在交易中被边缘化了。

我们不能抱怨技术。电脑的连接带来了互联网，机器学习带给我们人工智能（简称AI）。本质上，这些技术以及许多其他技术创新本身并不能对青少年造成威胁。技术可以为孩子们提供探索的机会。马克·吐温小说中的汤姆拥有自己的海盗帮，还埋藏了财宝。当代的"汤姆们"也可以制造自己的机器人海盗，并教会他们买卖加密货币。数字技术给青少年带来了种种机遇。可是很不幸，想要充分发挥这些机遇，我们还有很长的路要走。不同的利益攸关方正在选择融合现有的以及新出现的数字技术，并加以利用，使其商业化。可惜的是，他们采用的方式给孩童及青少年的当下和未来带来了威胁。

本书聚焦于父母、老师，以及其他成年监护人，也兼谈其他群体：技术公司、立法者、监管人员，以及许多其他涉足数字技术且危及孩童生活的人员。

其中，技术社群一直是罪魁祸首。总体上，技术供应商想要一片数字的"西部荒野"。就数字生活而言，这个说法被广泛使用，而且在不同的时间具有不同的意义。在这里，"西部荒野"意味着这样一副日常景象：治安官待在当地的沙龙里，喝着小酒，时不时地挥舞一下手中的武器；而那些梦想发财的人，以他们认为最佳的方式开采和利用私人电子数据这座金矿，却对治安官本人及其代表的法律漠然视之。本来，他们应当在自己的营地挂起招牌，明确说明他们到底在干什么；而实际情况却是，招牌上的文字晦涩难懂，就算有人注意到这些招牌，也不会去深究，只会视其为脚边的风滚草。小镇表面上风平浪静，暗地里却无法无天。当然，法律是有的，只不过是"冰镇的、清淡风味的罐装饮料"。当你在 Facebook 上对各色问卷调查作答时，不妨打开一罐，开怀畅饮！你的答案会被用于信息挖掘。然后，在总统大选的时候，他们就会向你推送量身定制的精准电子宣传材料。[10]

在数字技术的生态系统中，有关技术供应商、立法者和其他我们熟知的参与者对隐私产生的巨大影响，学界已经有很多讨论，本书不再赘述。这里要说的是，孩童隐私以及父母和其他成年监护人所做的与之相关的技术抉择，需要我们更为深入的探讨。这些日常抉择在决定青少年的数字"档案"方面，决定他们在儿童期、青春期以及成年后的人生前途方面发挥着极其重大的作用，而这一点并未得到人们充分的认识。[11]青少年"目前与他们父母相比几乎没有隐私权可言"。因为父母通常是子女在家庭之外的教育场所和其他场景下隐私权的守护者，而对于像老师这样并非孩子父母的可信成年人（trusted adults）来说，青少年隐私权利缺失的状况更为紧迫。[12]孩子们的隐私以及成年监护人做出的相关技术抉择，会从根本上塑造我们孩子当下的生活和未来的发展，而我们对其中的破坏程度几乎没有清醒的认识。

父母、老师和其他监护人做出的抉择，也会对青少年的生活产生积极影响。[13]但是，负面影响的发展趋势却更为明显。这种趋势不仅影响成年监护人如何针对每个孩子进行技术选择，在更为广泛的意义上，它还影响成年人制定什么样的法律和政策，怎样安排监管，怎样运营公司、非营利组织和其他组织。本书关注的正是这种认识不到位、问题重重的成人行为所造成的基本状况。

作为父母、老师和其他成年监护人，在隐私和数字生活方面，我们怎样做出恰当抉择，才能保护我们关心的孩童和青少年的人生发展，才能为他们赋能？[14]这些抉择与我们每个人在生活中的所作所为相关，也和作为个体的我们如何以行动推动体制变革有关，包括立法机构、监管部门和科技公司的变革在内。

为了回答这个问题，本书在法学院传统的"案例教学法"的启发下，创设了一套对话机制。[15]（在课堂上，）教授带领学生重温法官解决以往纠纷所做的决定。通过剖析具体情况，学生开始对涉及的法律问题产生更为全面的理解，并开始考虑这一问题其他的表现形式以及类似情况。这既包括已经存在的表现形式，也包括将来可能出现的各种情形。然后，他们对解决这一问题适用的法则、这些法则背后的法理基础，以及这些法则可以改进的地方进行条分缕析。他们对如下问题进行讨论：能否通过法律建立社会规范，激励民众和机构超越法律本身的要求，秉持法律体现的价值观念，以避免这类问题或类似问题再次发生。在此过程中，学生就会认识到，在什么情况下，法律并非最佳或唯一的解决手段。

研究法律是人人都在做的事情，而不仅仅限于法律系的学生和他们的教授。其实我们一直在研究法律——尽管我们可能没有意识

晒娃请三思

到这一点。我们的日常生活由一长串儿的"法律事件和普通事件"构成。在高速公路上看到限速牌，我们在心里盘算，完全可以再加5码，因为这样风险不大，其他人可都这样做呢。这时，我们是在对法律条文做出快速判断。在朋友的离婚判决中，他觉得受了冤屈，于是我们会列举各种理由来安慰他，证明他的沮丧合乎情理。这时，我们在做法律分析。在查看健康保险方案时，我们会提出改进意见。这时，我们意识到法律在哪些方面还可以改进。

出于恐惧，我们都在学习法律。我们生活在法治之下，而非人治之下，或者机器人治理之下（这仍未实现）。[16]想要避免被警察逮捕和关押，我们就需要明白如何依法行事。我们学习法律也是因为满怀希望，不管这种希望是为了自己、家人还是社会，我们都或明或暗地指望借助法律来实现这种梦想。所有人都要研究法律，特别是置身于这样一个复杂的、电子技术突飞猛进的社会里，特别是它会影响到这样一个群体——我们的孩子。我们需要对如下情况有更好的了解：现行法律包括了什么？不包括什么？哪些方面还有待改进？为什么？如何改进？我们也要对法律之外的手段进行讨论。我们希望孩子们长大成人，能够发现他们内在的宝贵之处，而不是充当成人世界里电子淘金热潮的牺牲品，被他人拿去开采利用。那么，我们怎样做才能帮助孩子们实现这一目标？

让我们一起讨论吧！本书对法律的研究分四部分展开。

第一，先讲述一个小故事。故事是虚构的，但并没有脱离现实。故事的主人公是汤米，他是现实世界的代表，从他身上可以看到成年人如何处置青少年的电子数据。该故事可以让我们清楚地看到，日常生活中，成年人把多少孩子们的私人信息分享了出去。你不妨把这个故事看作我们法律研究中的"案例"。当然，真正的案例是法庭处理过的法律纠纷，所以最好把它看作"个案研究"——当成裁剪过的信息，用于探讨一整套难题。本书要对许多现存的数字技术进行讨论，通常会将其置于模拟的场景之中。本书也要讨论那些虽是理论假设，但在不久的将来（有些很快）就会实现的数字技术；同时，也对这些技术随之而来的应用场景进行讨论。

第二，基于汤米的故事，引入其他事例，综述晒娃暴露的数据给孩童和青少年的当下及未来带来的问题；同时，也概述这种信息披露在哪些主要方面会给孩子们带来机遇。本书还要对晒娃分类中的一个分支即"商业晒娃"进行阐述。在这种场景下，父母以孩子为关注的焦点，分享家人的私生活，目的是赚钱。

第三，对我们的法律体系在孩子、家长、家庭和隐私方面持有的错误观念进行分析，也要对那些引发，甚至助长晒娃问题出现的相关领域进行分析。

第四，提出一份"思想指南"，以便给成年人指明方向，让他们清楚如何在数码世界找到最佳路径，以保护处于儿童期和青春期的孩子们，从而使这两个时期成为独特而珍贵的人生阶段，并且能够为孩子们当下和未来的自我发展赋能。毕竟，所有的人生故事皆从这里开始。指南针总归有一个根本方向。与此相似，这里的"思想指南"坚守日常的伦理原则：游戏、遗忘、联系和尊重。既然是原则，那就是高水准的要求。如此构想的意图是引发辩论，让人们思考实施这些原则的不同路径。在实行这四项原则时，有些需要推动具体的法律或相关改革，有些则不需要。但是，法律具有创立社会规范的非凡功能，这就超越了具体的法律条文、规范或政策性的要求，意味着在探索新的集体道路选择时，即使法律不是唯一或最佳的方式，也总能发挥其自身的作用。

停止晒娃行为，重新履行父母、老师和其他监护人的职责，这会是什么样的景象？如果我们从头再来，数字技术仍会发挥作用吗？还是说，思考怎样重新安排我们与孩子以及数字生活之间的关系，这根本就是缘木求鱼？本书的一大特征就是，提出的问题多，给出的答案少。这并非缺陷，本书的每一章都会围绕问题展开。其中一些是针对具体情况提出的，其余则是更为基本的问题，例如，隐私、儿童期以及青春期的含义是什么。本书就是为了引发对话，并非一本"解决所有问题"的手册。它是给那些想要对以下问题进行思考和讨论的人准备的：成年人围绕孩子们的数字生活所做的抉择，对青少年的隐私、人生机遇和自我意识，对我们集体应对儿童期和青春期问题带来了什么影响？

本书是为法学专业的学生和普通大众准备的，因此不是严格意义上的学术分析。其核心思想源自笔者以前从事法律援助时的工作实践。笔者曾经代表青少年客户处理违反校规、特殊教育和类似方面的案件。在此过程中，援引另外一名公益律师出身的法律学者的话，"在法律文化的壕堑里摸爬滚打……获得了专业知识"。[17]本书借鉴了媒体及其他大众传媒对技术改变日常生活所做的描述，目的是将本书讨论与人们的实际生活经历关联起来，从而参与到这个涉及面广泛、有关数字生活的公共对话中来。

本书中的许多观念和研究发现来自学术文献，主要是法学研究领域。针对网上晒娃也有许多其他非常有价值的研究模式，包括媒体研究、社会学研究、人类学研究和伦理学研究等。[18] 本书的讨论借用了这些研究中的一些观点、讨论方法和探讨的问题，但是聚焦点依然是法律分析。

本书也参考了文学、大众文化和类似领域的资料，但并不是要进行文学、媒体或相关的学术研究，而是为了维持对话的顺利推进，为读者大众找到共有的参照点，尤其是确保我们的讨论围绕有关童年的故事展开。

（有人可能会问，）本书的出发点没有问题吧？先来解决一个许多人可能会想到的问题：在21世纪的当下，汤姆·索亚仍然会有立足之地吗？他是个白人男孩，对自己的性别没有产生过一丝疑虑；身体健全，信仰基督教；出生在美国，父母也是美国人；并不富有，但多亏有波莉姨妈，他的基本生活还算有保障。

如今，越来越多的美国孩童与汤姆在身份和人生经历方面没有一点相同之处。这种割裂不仅仅因为他是一个虚构人物。汤姆代表着某种观念、特权以及动态权力关系，这就使他代表的童年成为美国社会中处于主导地位的，且将那些与他不同的孩子排除在外的童年生活模式。

作为一个美国文化原型，他的身上沾染着这个国家的原罪——对原住民、非洲裔和其他少数族裔的奴役与屠杀。他使用那个以"黑（鬼）"字开头的字眼，为他赢得了不得踏入校门的"殊荣"。（他最要好的朋友哈克贝利·费恩的确帮助一名黑奴逃跑了，但是这次乘坐木筏帮助黑奴逃跑的行为并不足以让哈克贝利成为一名废奴主义者。）

马克·吐温笔下的汤姆是他那个时代的产物，包含了许多当时的信念、做法和制度，若是放到现在，我们一定难以接受。我们在此讨论的汤姆并不限定在马克·吐温的文学作品中。本书借用的汤姆这个人物原型适用于任何时代。以汤姆和其他虚构人物为标准，本书旨在召唤具有这样一种精神风貌的儿童期：它是受到呵护的空间，每个孩子都应该在这样的空间里探索和发展。本书引入这些故事，原因在于他们都是儿童文学中的经典，许多人对此耳熟能详，而不是因为这些作品无可挑剔。对这些作品进行批评分析的工作还是留给其他人去做吧。这里呈现的汤姆、彼得·潘，以及其他代表孩童时代的精彩人物，都与我们每一个人相关。

除了借用经典故事中的经典人物，本书采用一个新词来表述我们的生活经历。这里说的"晒娃"（sharenting）是指，父母、老师和其他监护人通过数字渠道发布、传播和存储孩子们的私人信息，或者将其用于其他目的。在别的语境下，这个词可能会有其他不同的含义。它可能指父母的行为，也可能聚焦于社交媒体。这种特征很有趣。如果一个词是由"父母"（parent）这个词衍生而来，为什么它的含义还要包括父母以外的其他人呢？我们可以接受这样的说法：我们在社交媒体上分享信息；但是却不大能接受另外一种说法：我们用智能冰箱或非社交媒体的其他电子服务和产品分享信息。

对"晒娃"这个概念进行精确定义固然有好处，但会削弱其引发全局讨论的力量。如今，孩童和青少年在他们信任的一帮成年人围绕着的圈子里生活长大，这些成年人通过功能在不断拓展的电子设备，晒出孩子们生活中的种种细节，晒娃的原因层出不穷，获取这些信息的人和机构的数量也在持续增加。在这个过程中，父母发挥着尤为重要的作用，他们可能要为大部分的晒娃行为负责——既负有直接责任，也负有间接责任。不过，他们并非唯一按下"发布"、"提交"和"接受"按钮的成年人群体。另外，他们所做的可不只是传统意义上所说的"分享（孩子信息）"。就技术层面而言，"晒娃"（sharenting）这个字眼应当表述为"sharusing-enting-eaching-other-ing"（分享—使用—教学—及其他）。不幸的是，混合词（portmanteau）警察一定不会同意给一个比"Brangelina"音节更长的单词签发证件。[19]因此，我们姑且就用"晒娃"吧。

作为法律专业的学生，我们可以从多个角度重新审视这个词。学习法律的乐趣之一就是试着破除某种观念，借此测试其威力。让我们暂且将准确性的讨论放在一边，先探讨一个更具实质性的问题：父母、老师和其他成年监护人身处一个令人困惑且数字技术不断演进的环境中，在这样的背景下，讨论晒娃行为对他们公平吗？而且晒娃概念本身隐含着某种程度的个人选择：成年监护人是在选择自己处理孩子的个人信息的行为方式。

如今，总体趋势是技术供应商缺乏对下列问题的透明度：他们在收集哪些数据？为何要收集这些数据？他们会如何处理这些数据？用户能否对此划定有意义的边界？同时，法律体系也缺乏对数据隐私的全面保护，无论对青少年还是对成年人，都是如此。在工作和社交活动中，我们几乎必须以数字化的方式行事。这样说来，晒娃的时候我们有选择可言吗？或者说，我们早已落入"晒娃陷阱"[20]，在外部力量的束缚下无法自拔？

晒娃请三思

对这两个问题的简短回答是：是的。不过，人的选择和结构性环境之间的关系不是"是或非"，而是"是和且"的关系。通常情况下，人们具有独自决断的能力。我们的法律体系正是建立在主体意识和自主意识这样的首要原则之上。我们有理由将犯罪分子关进监狱，因为他们选择了违法。对于未尽到父亲职责，也不给孩子抚养费的父亲，我们扣除他的工资收入，因为他选择过夫妻生活，因此也就选择成为父亲。我们要求人们履行合同约定的义务，或者要求赔偿损失，因为他们选择做这笔交易。但是，如果他们能够证明，他们是在受到胁迫的情况下才订立了合同，那他们就不用承担责任，因为要让人们为并非自己选择的交易负责是不公平的。

即使没有遭受胁迫，来自外部的各种变量也会影响（有时甚至限制）人们决策能力的全面发挥。这些变量包括他们正在经历的艰难状况或面临的危险处境，比如贫困、歧视或暴力，也包括一些危害较小的因素，例如缺乏决策需要的完整信息，或者面临来自社会规范的压力。这些因素都极大地影响着我们所有人的晒娃抉择。对于那些面临更大困难的人而言，做出决策就更困难了。我们倾尽全力为了做到最好，但是最好应该是什么样就很难说了。

"晒娃"给人的感觉就像这个词语本身，非常沉重。如今，我们都坐在一条临时搭建的"汤姆—哈克式"木筏上，在数字世界的湍流中颠簸前行。我们使用的数字设备精美绝伦，我们的目标非常高远，但是走的却是一条亘古不变的老路。在超市的过道上急匆匆地聊孩子时，或者看着孩子在一旁玩耍时，我们在交流"民间育儿经"。

但是，这种民间智慧真的出自我们自己吗？还是说，这只是从社交媒体上看到的内容？我们的决定很仓促：要不要将那张图片发出去给大家看？孩子们想要一款 Fitbit 公司开发的智能手表作为圣诞节礼物，要买给他们吗？我们要在 YouTube 上给亲友发一条我们的度假消息，还是给他们寄一张老套的明信片？如果要寄明信片，我们是要将图片上传到网站呢，还是给每个人都寄一张纸质卡片？在选择产品或服务时，我们有时间阅读那些隐私条款以及其他使用条款吗？阅读这些条款要比阅读纸质材料更加复杂，更何况我们连找眼镜或钢笔的时间都没有。然而，用不了几年的时间，眼镜和钢笔就会无处遁迹，因为那时候我们就会有家用机器人，还会配上基于传感器的追踪系统。总体来说，我们认为这真是棒极了——尽管也觉得有点奇怪。

水流湍急，还有旋涡。我们身不由己，一会儿被水流冲到这里，一会儿又被浪花拍到那里。不过，目前我们还没有遭遇灭顶之灾。现在，我们来到了开阔的水域。我们的社会开始关心数字隐私、数据泄露、数字信息的质量，以及游戏性质的虚拟世界与现实世界之间的融合等议题。我们开始对正在经历的数字生活进行更加全面、更具同理心和创造性的思考。

现在是非常有趣的时刻，我们以为自己已经深陷急流险滩，但这也许只是开始。机器人还没有在我们的生活中扎下深根，仍然有父母记得盒式磁带录像机是什么样子，也记得如何制作混音带。而且我们可以建造更好的木筏。那就让我们稍做停留，透透气，将头部露在水面上，查看一下水流的走向。正北，那就是大方向。[21] 问题是，现在该往何处？

第一章

汤米·索的生命源起、教育及人格成熟

　　汤姆·索亚是美国西部小镇生活孕育出的人物。我们的汤米·索秉承了汤姆·索亚的精神——虽然淘气，但却有一颗金子般的心。不过，这就是他们两人全部的相似之处。汤米·索的狂野西部存在于网络空间。他生来就携带着电子数据。

　　本章讲述汤米的故事，虽是虚构，却真实地反映了当下孩童和青少年的生活面貌。此处的示例旨在再现某种生活样态，并非适用于每个孩子的情况，其目标是将晒娃领域的一些关键模式呈现出来。其中的一些模式你可能会在自己的生活中观察得到，其余则不然。当然，你在自己生活中所见的情形也有可能未在本书中提及。

　　请一边阅读一边思考以下问题：哪些内容是你熟悉的，哪些是你不熟悉的？什么一看便知，什么则出乎预料？你是否认为某些晒娃做法是当代生活本身的要求，因此无法避免，而另外一些做法完全可以自己说了算？如果采用"三只熊"量表来表达你对分享汤米生活的看法，你将做何评定，太多，太少，还是刚好？

做出这种评定的原因是什么？你是否倾向于对汤米在不同人生阶段经受的晒娃行为给出不同级别的评定？

小汤米的各个人生阶段都有与之并行的数字踪迹，记录了他的成长情况。我们自己的孩子也是如此。每个阶段，我们这些做父母和老师的，以及其他监护人，都可能分享孩子们的电子数据，给他们建立一个"数字档案"。[1] 这包括三个阶段：生命的开端（包括受孕、孕育和婴幼期）、教育阶段和人格成熟阶段。

本章将依次讨论这三个阶段。这里只是一个粗略的概览，以引导读者了解成年人针对孩童的电子数据进行决策的状况。有两点需要声明：（1）任何概览（包括目前的讨论在内）都不可能包括作为一个群体的监护人所有可能的行为；（2）每个成年监护人采取的行动都会有很大的不同。

为什么要做此声明？因为技术供应商和用户都在以闪电般的速度创新。况且，每个用户都有自己的偏好和行为模式。成年人通过所有可以利用的新兴数码产品来分享各种类型的儿童数据。把这个过程中的所有情形全部罗列出来的企图注定徒劳，因为在极短的时间之内，一切就都过时了。成年监护人对儿童数据进行数字化传播，分享信息的类型多种多样；使用的数码产品和服务形形色色；分享对象范围极广，既包括个人，又包括各种机构；分享动机也五花八门，数也数不清。

分享信息的类型包括但不限于以下几个方面：医疗、教育、社会、行为和心理方面的信息。其中采用的数字产品和服务也多种多样，这包括但不限于笔记本电脑、智能手机、平板电脑、社交媒体、电子文档、电子邮件、传感器和各种"智能"设备。还包括电子狗：孩子外出遛狗时，可以用它照看孩子；万一孩子忘记了，电子狗还可以帮忙清理狗狗的粪便。不过，这样的电子狗玩伴还未上市。[2] 但是，你完全可以给孩子买只"电子恐龙"做伴，而不必为他养只真狗。[3] 你可以买台数字喂狗器，连接应用软件，以便出门在外还能和狗狗一起玩耍。[4]

数字生活第一阶段：生命的开端——受孕、孕育和婴幼期

汤米出生之前，他的父母养了一只狗，想要个孩子与狗做伴。他们年纪也不轻了，因此最初尝试受孕时有一点困难。汤米妈妈的妇产科医生善意地提出了建议：使用生育应用软件来检测她的月经周期，并抓住最佳时机行房事。该应用软件还向汤米的父亲提出了建议：去哪里买花，以及何时送花。[5] 可惜，这款应用软件见效甚慢，于是汤米的妈妈又添置了一只生育检测手环。[6]

于是有了汤米。

应用软件和手环预测了汤米生命的源起。美国最高法院宣布，生命何时开始不归他们管，[7] 然而在最高法院和其他人不愿涉足的地方，科技公司却趋之若鹜。[8] 陪审团尽管对生命何时开始这一问题尚未达成一致意见，但对数字生活的裁决却是一致的。数字生活可以先于受孕而开始。

受孕终于成功。汤米的准父母非常自豪，于是在 Facebook 上宣布了这条消息。随后，他们将孕期所有重大消息统统发布了出去。汤米的第一张超声波图像出现在 Facebook 账户的消息推送中，

被世界各地成千上万的成年人看到。这对父母在分享图像时将图像的隐私权限设定为："标记人员"（anyone tagged in the photo）和"标记人员的所有朋友"。除了标记他们自己，他们还标记了父母、兄弟和姐妹：那些以汤米为傲的准祖父母、姑姨和叔伯。

汤米姨妈的一位朋友是妇产科医生。她注意到，超声波图像似乎显示胎儿有些异常。但是，她决定不对此帖发表评论，因为她想这不合时宜。她还决定，不会在 Facebook 上发私信联系胎儿的父母。毕竟，这对幸福的夫妻正忙着分享自己的好消息，而不是要将产前检查众包出去。她不是他们的医生，她对超声波图谱的解读有可能是错误的。一张用 iPhone 手机拍摄的超声波图谱首先被上传到 Facebook 上，然后在另一台 iPhone 手机屏幕上被查看，这可不能与医院里诊断级别的图片展示相提并论。更何况，查看图片的时候，她正在跑步机上忙着完成当天的步行任务呢。同时，她还有数百名自己的患者需要操心。今晚，她还要值班，最好先完成锻炼，下一位产妇还等着她接生呢。

尽管这位看到胎儿图片的医生没有干涉这里的超声波数据，Facebook 公司却做不到这样。对于这个胎儿所处的子宫，他们会全力以赴。实际上，根据隐私条款和相关政策，Facebook 公司可以不受限制地，以任何方式使用图片提供的数据。[9] 第一次发布图片时，汤米的名字没有出现。但是，孩子一降生，父母就将新生儿的头像贴在了 Facebook 上，并附上所有的信息：他的全名、出生日期、身长和体重。几个调皮捣蛋的医院工作人员也做着同样的事情，他们给汤米贴上了"小撒旦"的称号。这在 Facebook 上引起了一波点击狂潮，引来一片 @#$#*（唏嘘）跟帖，而此时汤米还没弄脏他的第一片尿布呢。[10]

Facebook 公司和相关服务供应商可能会将超声波图片提供的信息与新生儿图片联系起来，开始汇总关于汤米的数据，包括将其存入面部识别系统的数据库。[11]（有人认为）这些公司对我们的数据进行汇总之前，曾尝试对我们的信息进行"脱敏"处理。对于这种做法我们要存疑。有专家发现，对身份信息进行"脱敏"处理，从而使隐私权免受技术公司、数据挖掘者、保险公司以及其他第三方的侵犯，这并非万无一失的做法。[12]

说句公道话，对于有些图片，Facebook 公司是不希望用户看到的。根据媒体获取的信息来看，Facebook 公司内部就发帖内容的审核有操作指南："那些出于虐待狂心理以及幸灾乐祸的心态分享出来的虐童图片"将被 Facebook 公司移除。[13]

Facebook 或其他社交媒体公司认定的具有冒犯性的发帖范围很窄。这样的内容往往会被删除或者被以其他方式处理（要么基于公司自己的决定，要么基于法律要求）。除此之外，父母只能自行决定，是否要在他们的数字社交圈里分享孩子们具有里程碑意义的信息。目前，还没有一个类似于"全美父母社交媒体协会"这样的组织，向父母提供具有约束力的指导意见。[14]

汤米的父母拍下了他第一次洗澡的情形。他们分享了这些照片，并获得大量点赞。这给予他们极大的鼓舞，要拍摄更多的照片来分享。他们还将照片库备份到网络上的云存储空间。这可大有用处，

---

*　一种网络用法，用字符串替代某些骂詈语。——编注

因为在给汤米洗澡时，他们的手机可能会掉进浴缸。问题是，当他们的云存储空间被黑客入侵，孩子的洗浴照就会不知流向何方，这可就不是什么好事了。他们想，黑客感兴趣的是裸体名流，而不是被泡泡包围的半裸新生儿，[15] 然后就把照片失窃的事情抛在了脑后。

　　揉一揉，搓一搓，拍拍照，出浴盆。汤米的父母可是"儿童数字监控俱乐部"的会员呢。他们通过 Nest Cam 这款应用软件关注着孩子的一举一动。[16] 一天深夜，他们吓了一跳，认为黑客也侵入了他们"婴儿电子监护仪"的数据库。[17] 实际情况却是，汤米只是有些鼻塞。他们还使用 Owlet 品牌的"婴儿靴"——其实这只是装有传感器的袜子，用以监测婴儿的呼吸、睡眠以及其他生理指标。[18] 他们使用可以用来照看孩子的人工智能产品。如果不在孩子的身边，他们就可以借助这款产品对孩子的需求做出回应，或者抚慰孩子。[19]

　　汤米的父母继续在社交媒体上分享汤米的活动，把这些信息透露给数以千计或亲或近的人们。他们使用免费的数字服务来制作婴儿相册。[20] 这些相册原本只是给汤米的爷爷奶奶、姑姨叔舅看的，只为博得亲人们开怀一乐。可是，不论现在还是将来，任何人或者机器眼都可能看到这些图片，可以将它们用于任何目的。汤米在学会走路之前，他的电子数据已经跑到成千上万的人和机器那里去了。

数字生活第二阶段：教育

孩童早期

　　汤米两岁了，他迷上《芝麻街》(*Sesame Street*) 这档电视节目。为了庆祝圣诞节，搁在架子上的"智能小精灵"飞到了北极，从芝麻街抓来一位聪明的芝麻街居民。好吧，智能小精灵根本无法直接到圣诞老人的工作坊拿东西。原来，汤米的父母没有给智能小精灵正确地安装好电池。而且，这款独特的产品还尚未问世呢。"智能怪兽艾摩"（Elmo）也还没有问世。不过，它很快就会成为圣诞节的常客，因为不久后它就会来到我们当中，而且不只会说"挠痒痒！"[21]

挠痒痒的艾摩是属于 20 世纪的潮流。在 21 世纪，我们要的是智能型艾摩。智能艾摩会说："不许挠痒痒！"它要阅读，做数学题，成为汤米的朋友，还要汤米抱抱它。借助驱动 IBM 公司沃森机（Watson）的认知计算技术，智能艾摩会通过《芝麻街》进行学习。这档节目已经为好几代孩子提供了早教基础，也能教会智能艾摩将节目内容活灵活现地呈现出来。[22]

因此，汤米不必从艾摩与"芝麻街"那帮家伙的互动中摸索学习 ABC 了，而是可以在艾摩似懂非懂的指导下学习。艾摩会向汤米示范，不必离开父母家就可以去"芝麻街"。随着支撑艾摩运行的智能技术不断精进，汤米不必观看电视上的艾摩与其他孩子玩耍，而是直接与艾摩一起玩耍。但是，艾摩会了解和分享有关汤米的生活情况，它会怎么做呢？

我们要制定易读易懂的、公平的、有力的隐私保护政策，以规范智能玩具或机器人老师的行为，避免他们在不确定的时间长度内，将儿童数据用于这样或那样无法知晓的目的。如果汤米厌烦了，他会扔掉艾摩。而在小仙女像救绒布小兔子（Velveteen Rabbit）一样将艾摩救回来之前，汤米还有别的玩具可玩：智能芭比娃娃、具有跟踪功能的泰迪熊，以及其他玩具。[23] 他可以上传统学校，在应用软件上做游戏："根据 2012 年的一项研究，那些以幼儿和学龄前儿童为目标用户的应用软件最受欢迎，同时也是用户增长最快的应用软件。"[24] 汤米也可以与 Siri、Alexa 以及其他家庭助手待在一起，他们终究会破译幼童的咿呀之语，并按照指令陪他玩《芝麻街》中的游戏。[25]

汤米终于走出家门，去了托儿所。通过一款儿童看护软件，他的父母可以从儿童托管服务商那里获得孩子实时更新的图片信息。[26] 图片中有汤米和其他孩子一起玩耍的情形，他最喜欢的孩子似乎是一个叫哈克的小家伙。

你可能要问，所有围绕这些电子数据所做的抉择都是由汤米的父母做出的吗，还是说，其中一部分是由汤米自己做出的？汤米并没有选择是否要去托儿所，以及去哪一所托儿所。的确，是汤米自己决定要和智能艾摩玩，还是和具有追踪功能的泰迪熊一起玩。汤米也在决定，要抚慰艾摩，还是朝那红色的毛茸脸来上一拳。

这可就不那么容易区分了。有时，成年人围绕数字设备和服务所做的选择与他们自己的行为有关，即是否要在自己的社交媒体上分享一张图片。有些时候，成年人的选择直接或间接地促成了儿童和青少年后续所做的选择——尤其是幼儿，在有关技术抉择方面，他们并不能真正地表达自己的偏好。依然在蹒跚学步的幼童不会独自出门，给自己买个智能艾摩。

从下文讨论的实例中，我们可以进一步看出，父母和其他决策者在此过程中所起到了促进作用。正是在得到父母许可的情况下，学校、训练营以及其他为青少年提供服务的场合才对孩子们的电子数据进行存储、分享、分析，或者用于其他方面。在孩子们与这些数码设备和服务互动的时候，这些机构自然会接触孩子们的一些数据。但是，孩子们之所以分享自己的数据，是因为成年人已经率先在技术上做出了抉择。

汤米应该感谢父母，是他们给汤米买了具有追踪功能的泰迪熊。同时，也是由于父母，尽管他还在使用尿布，他的"教育档案"却早已建立了起来。某种意义上，这一看法并不新鲜，借用奥斯卡·格鲁赫（Oscar the Grouch，《芝麻街》中的人物）的说法："太阳底下无新事"。长期以来，人们一直将孩童早期看作教育成长的奠基阶段。可以看出，这些发生在家里的早期人生经历，以前是留在父母亲的记忆里，或者出现在他们的剪贴本上，现在却以数字化的形式保存了下来，由一家或多家技术供应商、它们的附属机构与第三方使用，而父母常常对此并不完全知晓。

小学和中学阶段

汤米离开了他的"芝麻街"，从公立小学、初中和高中一路走来，他依然未能脱离互联互通的数字世界。在教室和其他学校空间里，汤米都在使用某些数字化的"教育技术"（简称 ed tech）。[27] 过去的十年对蜂拥而至的教育技术来说是"芝麻开门"的时代。供学生在校使用的数码产品的数量、类型和用途令人瞠目结舌。许多教学体系都快速发展，广泛采用教育技术。这通常以自下而上的方式迭代推进，于是给原本发展缓慢的公立初级教育和公立中等教育领域，带来了一股来自硅谷的、"狂飙突进式"的风气。[28]

许多专注教育技术的企业家试图将他们的服务直接推介给课堂里的老师，或者给某些教育领域的一线决策者。他们更多采用的是这种"走侧门"或"走后门"的方式，而不是选择"走正门"。"走正门"意味着要去联系负责全校或全区教育的决策者，比如去校长办公室或者学区教育总长办公室做他们的工作。"走侧门"或"走后门"的方法有助于教育技术的推广使用。老师和其他教学辅助人员会迅速铺好地毯，欢迎这些技术进入校园，因为他们认为这对学生有价值。有时，教师本人会成为教育技术的创业者，这也给教育技术进入课堂轻松地打开了一扇窗。[29]

"走正门"涉及的各种规定和程序往往会增长决策的时间。但是，这种推延却能起到保护作用，并非只是麻烦。如果决策者能够把好"正门"这一关口，同时落实好技术、法律和教学方法方面的具体措施，那么一点推延就可以从长远来说为孩子们创造有意义的教育体验，同时保护孩子们的隐私权益。[30]

尽管汤米和那些教育技术直接打交道，但是他使用的许多设备和服务都是老师和管理者为他选择或者直接分配给他的——尤其在他年纪还小的时候。[31] 其中一些时候，父母早就知晓，因为学校给家里寄来一张单子，要求父母同意将汤米的个人身份信息（personal identifiable information，简称 PII）交给提供服务的数字供应商。[32] 但是，还有许多时候，父母并不知情——除非汤米无意中说起全班同学正在使用一款应用软件，比如班里一位同学说，他很高兴看到汤米在使用这款软件的过程中取得很大进步。

汤米借助在 iPad 上安装的个性化学习平台进行阅读训练。这个平台是通过一对一课程设计程序提供给他的。[33] 该程序使他能够按照自己的速度开展学习，不用跟着为全班同学准备的"一刀切"阅读计划。汤米喜欢使用 iPad。他对这个设备已经非常熟悉，因为父母当时就是通过这款产品上的 iPotty 功能，训练他养成如厕习惯的——这使他可以一边解手，一边玩耍。[34] 在学校午餐时间，他可以刷卡买饭。饭卡与某个网络终端相连接，通过这个端口，父母可以给饭卡充值。[35] 汤米的父母有时会感到困惑，因为他们查看饭卡的网页与查看汤米学习成绩的网页并非同一个网站。[36]

汤米也感到困惑。除饭卡之外，他还有另外一张内置传感器的卡片，可以记录他上下校车的时间。他参加了一个体育项目，他们使用智能手表来追踪各项训练指标。[37] 上高中后，学校给他们每人发了一台笔记本电脑。在校时，他得使用这台电脑；放学后，学校也鼓励他们将电脑带回家去学习。[38] 通过这台笔记本电脑，他可以利用大规模在线开放课程（Massive Open Online Course，简称 MOOC，"慕课"）学习美国边疆史。为了能够参加自己的葬礼，他伪造了自己的死亡。随后，他被传唤到校长办公室，领到一个任务：他得通过某个程序学习社会情感教育模块的内容，算是对其行为进行干预的一种手段。[39]

看来，数字资源就像川流不息的江水，可以用来为汤米创设各种各样的学习体验。从诸多方面而言，汤米非常幸运：他的学校有足够的资金和其他资源，将数字技术引入教室和其他教学空间。尽管美国大多数学区似乎都在使用一种或多种类型的数字教育技术，[40] 但是在获取和整合这些资源方面，地区之间依然存在巨大的"数字鸿沟"。即使同一个学区内，在能使用的数字设备和能提供的服务类型方面也有非常大的差异。

有些学校应用的数字技术已经比较老旧，就像汤米在教室的台式机上访问的网站那样。迈维斯·贝肯（Mavis Beacon）老师不再教学生练习打字，但是她的学生很多。[41] 现在，通过数字教育方式学习的学生都是 1999 年后出生的。"99 后一族"的数量在持续增长，他们依赖云技术[42]、传感器、物联网、人工智能以及其他新兴技术来学习。在这些技术产品和服务中，有些是专门为学校设计的，比如带有感应功能的考勤卡；有些则是为普通用户设计的，比如慕课。不过，慕课已经被老师和其他教辅人员融入传统的课堂教学中。[43]

在学校体系中，各种类型的教育技术会被不同角色的人运用到不同的领域，以实现一系列不同目标。在小学和中学阶段，汤米通过这些技术进行人机交互式学习，而老师和管理人员则使用这些技术帮助他们承担其专业职责。对于这一领域，汤米知之甚少，甚至根本没有意识到，即便是他的父母对这方面的情况可能一点儿也不了解——尽管学校针对某些技术方面的抉择给他们发过通知。校长办公室使用一款软件来追踪学生的出勤情况。如果汤米上学迟到，或者压根儿就没来上学，该程序会向汤米的父母发出警示。[44] 学校的医务室会保存他的电子健康记录。[45] 教师使用线上成绩簿来追踪学生的作业完成情况。[46] 教美术课的老师会在 Facebook 上创建面对公众开放的网页，展示学生的美术作品。[47] 人生规划顾问会使用预测分析程序，评估汤米的学业和职业发展轨迹。[48] 那么，汤米的才华是"粉刷围墙"，还是"粉饰太平"？

晒娃请三思

通过撒谎和其他违规行为，处于前青春期的汤米开始试探身边种种规范的边界。于是，他在学校里遇到了麻烦。学校的数字监控系统发现他在逃课，跑到小树林里去抽烟。[49]他还招惹了少年司法系统，并在那里留下一份电子犯罪记录。[50]其中一些麻烦是他自己在数字技术方面的决策招致的。学校总是按照成人的逻辑行事，这让青少年很是气恼。学校一会儿说要一鼓作气，大力发展科学、技术、工程和数学（简称STEM）；过一会儿，又因为小小的数字技术违规行为而对学生大加指责。值得注意的是，对于技术之树上结出的果实应当多大程度上在校园里落地生根，纽约市举棋不定。对于在多大范围内学生可以在校使用他们的私人数字设备这件事，纽约市的教育系统已经进行了旷日持久的争论。学校的手机禁令给街角的实体商店带来了新的商机，他们开始向孩子们收费，为他们提供手机存放服务。[51]

这些身处都市的"小老鼠们"试图躲开给他们的私人设备布下的麻烦陷阱。不只是城市的学生，他们远在乡村的同龄人也身处迷宫，面对着一系列有关使用技术设备方面自相矛盾的指令。例如，新罕布什尔州的曼彻斯特——这个地区一度遍布19世纪末期推动了经济发展的工厂——已经从20世纪的衰落中复苏了；如今，曾经的工厂成为梅里马克河畔"微型硅谷"基地。在这个城市复兴的过程中，科学、技术、工程和数学（STEM）可是给它提供了实实在在的动力（steam）。这里的高中鼓励学生搭上数字技术的列车，同时也保持警惕，确保学生对数字技术产品的个人选择不会脱离轨道。根据该区最新版学生手册的规定，在高中使用私人技术设备属于一级违纪，会受到严厉处罚。三项一级违纪叠加起来算作一项三级违纪行为。其他三级违纪行为包括将武器带入校园。三级违纪会招致暂时停学的处罚。[52]而暂时停学会强制分离学生与他们的手机，迫使他们将心思放到学习上。问题得以解决。

开个玩笑。

暂时停学的处罚增加了学生辍学的概率，也增加了他们卷入少年司法案件的概率。[53]即使在学校反复使用私人技术设备涉及的违纪行为没有构成刑事犯罪，学生离开了校园可能会处于无人监管状态，孩童和青少年违法犯罪的风险也会跟着增加。况且，在当今"零容忍"的学校文化氛围中，学生拒不遵守任何一项学校政策规定的行为，都有可能以行为不端或类似的控告被警察逮捕。

比如，少年汤米不断给他的老兄哈克发短信，内容涉及学校里最火辣的女孩贝姬·弗莱彻。老师突然站到他身边，说这次她可不是在开玩笑："马上把手机收起来！"汤米很尴尬。老师是不是已经看到他发的短信？这可怎么办？如果他解释说，"我喜欢那对奶子"实际意思是"我怀着纯真的心情倾慕贝姬卓越的才智"，老师会相信他吗？

他猛地将手机推到书桌里，用力太大，以至于学校发给他的iPad从桌洞里滑了出来，摔到了地上。摔坏了吗？汤米很紧张。如果摔坏了，这可怎么办？那 @*#((破玩意儿)可不便宜！如果要他的父母赔偿，他们可赔不起。他更加肯定地认为，这一摊子糟心事儿都是他那 @#*($@#*(令人上火的)老师的错。同样，老师也认为这都是汤米惹的祸。若是把弄坏了 iPad 的事情告诉校长，校长一定会立马将她驱逐出城。那台 @*(#*(无辜的)机器

　　　　　　　　　　　　　晒娃请三思

很贵。要想再次申请到用来买设备的一大笔巨款，希望极为渺茫。这可都是汤米的错。

于是有了下面的对话：

> 去校长办公室。
>
> 不。
>
> 除非你马上走，否则我打电话给驻校警官。
>
> 你是说"马上"吗？既然在"马上"，我怎么还能"走"呢？我可搞不了魔法。
>
> 是我不会施展魔法。
>
> 是啊，我知道。你绝对不会！
>
> 我们讨论的不是"我"，而是"你"。你不会"施展"魔法。施展！不是"搞不了"！
>
> 如果不是"搞不了魔法"，那就是……该死，那就是我会魔法！

校长驳回了汤米的辩解。汤米要在星期六接受课后留堂的处罚。他的违纪行为和随后的处罚都会被记录进学校专门建立的违纪情况电子数据库。[54] 另外，他还要完成社交与情感学习模块中的学习任务，以理解遵守规则与避免使用污言秽语的重要性。他在这些模块的学习情况会被这款软件记录下来。考核指标包括实际给出的答案和围绕作答产生的数据——比如他回答每个问题花了多长时间。汤米的作答时间比他一个人粉刷木板墙所需的时间短，但要比那帮"伙伴"替他完成这项任务所需的时间长。

同时，汤米也在学习了解自己和学校之外的世界。他参加各种训练营、校外举办的各类项目、社区举办的各项体育运动和其他活动。这些非正规的学习空间看起来和学校一样，都有一种趋势：广泛使用教育技术。[55] 汤米参加了一个工程训练营。在那里，他用装鸡蛋的木条箱和其他可回收物品建造了一台机器人。他学会了使用传感装置和与之连接的应用程序让这台机器人动起来。他的指导老师将他制作机器人的照片发到了社交媒体上。汤米决定在 YouTube 上面创建自己的账户，拍摄视频展示他所做的科学实验，并给自己的一系列视频起了一个具有恶搞意味的名称——"汤米·索历险记"。视频一炮走红，成为经典——尤其是训练机器狗在后院泳池里划木筏那段。

　　随着年龄增长，汤米将对教育技术做出更多自己的选择。15岁的汤米不必征得父母的同意就可以下载 YouTube 应用程序，开始上传自己的视频。然而，5 岁的汤米却不得不乞求父母，在父母的许可之下方可下载《我的世界》（*Minecraft*）这款游戏。但是，在达到 18 岁这个适用于大部分人的法定年龄之前，手握决策权的是他的父母，某些情况下是他的学校，他们会决定是否要通过教育技术的潜在功能分享孩子的个人数据。在此过程中，汤米没有法定权利参与决策。不过，他即使享有这样的权利，也很难理解他所同意的使用条款到底是什么意思，甚至对父母和老师来说，要想完全理解这些条款也是一件相当困难的事情。

　　在广泛且不断拓展的教育技术领域中，汤米遇到的一切产品和服务都能够抓取和存储大量有关他的数据。[56] 每一种产品或服务

晒娃请三思

抓取和存储个人数据的程度都有所不同，但这种差异不论汤米自己还是他的父母，一般都意识不到。许多情况下，这些数字服务和设备也可以对汤米的数据进行分析，并与第三方分享。[57] 有时，这种分享是显而易见的，比如面向公众开放的 Facebook 网页。有时，这种分享是隐性的，即使用户自己也看不到这些信息。例如，汤米刷卡登上校车或者下车时，真的知道谁在查看他的行程数据吗？他们为什么在意这些数据？他的父母知道这些情况吗？

向汤米所在学区提供感应卡和相应软件的公司，很可能在使用第三方供应商提供的诸如数据存储之类的服务。如果该公司与学校之间的服务条款不够严格，或者没有合乎规范的现成条款，那么该公司还可能与别的中介服务公司或信息咨询公司共享数据。这些中介服务公司或信息咨询公司反过来给交通运输公司提供专业指导意见，增加他们的市场机遇。[58] 提供感应卡的公司可能会声称，他们对汤米的数据已经做了"脱敏"处理，因此个体身份将无法被识别，但是，这样的"脱敏"处理并不是保护个人隐私的有效手段。[59]

现在已经有相关的联邦立法和州立法，用以限制学校分享学生信息。关于这一点，我们会在后面章节继续讨论。不幸的是，这些立法并不能建立起行为标准，在促进学生取得学业成功和鼓励教育与技术创新的同时，将泄露隐私的风险降到最低。也许，汤米只能沿着街道步行去上学了。但是，他的数据却可以被传送到很远的地方，给他的现在和未来带来潜在的问题。智能艾摩可要说了："在艾摩看来，这可不怎么高明啊！"

数字生活第三阶段：人格成熟

聪明的艾摩，这还不是问题的全部！学校是成年监护人对汤米个人电子数据做出决定的主要场所，而在这个过程中，他们根本没有意识到自己在做什么样的决定。随着汤米的成长，他的父母、老师和其他监护人也将在许多其他场合做出类似抉择。这些场合可以粗略地分为四大类（一次具体的抉择或许可以被归入不止一类）：

- 与别的家长、老师或监护人交流，包括通过社交媒体进行交流，发"晒娃"博客，或者发布其他非商业目的的数字内容；[60]
- 与政府在家庭、教育和其他方面的交流互动；[61]
- 以数字技术作为媒介开展的医疗和行为干预；[62]
- 通过物联网设备或其他程序进行家务和日常生活管理，例如通过智能冰箱监控"小馋猫们"的进食习惯；或者通过智能恒温器防止孩子将室温调节到"桑拿天"的水平——他们可懒得去穿 @*(#@*（烦人的）毛衣。[63]

现在，让我们回到 iPad 事件。汤米摔坏了 iPad，这让他成为"早餐俱乐部"的成员——加入星期六早上课后留堂学生的行列。因为汤米拒绝服从老师管教，她打电话找来了驻校警官（school resource officer，简称 SRO）。[64] 驻校警官归属于当地警署，是入驻高中校园的一部分警力。校警来到教室，并以行为不端和损坏财产为由将汤米逮捕。汤米和老师顶嘴，扰乱了课堂秩序。而且，老师检查发现 iPad 仍无法开启。

在法官听取这些指控后，法院指定给汤米的公设辩护人让老师站上了证人席，并且问她在尝试启动 iPad 的时候，这台机器是否充足了电。老师记不清了，而且谁也说不清弄坏的是哪台机器。于是，当地检察官撤回了破坏财产的指控，但是认为关于行为不端的指控仍然成立（是真的）。尽管针对青少年案件的审理有严格的保密规定，但本案的审理结果还是被录入了法院的数据库。[65]

聪明的艾摩马上有了疑问：为什么汤米案件的审理结果在送达我们的时候，用的是字母 T，即"真实"（true），而不是字母 G，即"有罪"（guilty）？根据青少年司法的基本原则，若青少年犯下的罪行由成年人犯下时为刑事犯罪，他们仍将被控以青少年犯罪，而不是刑事犯罪。推动青少年司法系统运作的原则是让少年犯回归正道，表现在它没有刑事司法系统的其他目标，比如威慑和惩戒。少年司法程序的着眼点不在所犯错误，而在于帮助孩子做得更好。因此，问题根本不是有罪或无罪，而是我们在寻求"事实真相，女士"。

汤米有没有扰乱课堂秩序？有没有一而再再而三地大声吵嚷，拒绝听从当地政府官员（他的老师）的合理要求？是，或不是？真，还是假？当然，这种追求"真实性"的方式是有例外的：若青少年犯下某些类型的暴力罪行，他们可能会被当成成年人接受指控，并被判定为有罪，即大写字母 G。

还好，汤米的行为并没有导致他被当作成年人加以审判。然而，他的父母非常沮丧，他们眼中引以为傲的儿子成了少年犯。

于是，他们上网寻求建议和帮助，并在社交媒体上发帖："帮帮我们！怎么才能把我家那个坏小子教育好？"[66] 汤米的妈妈在Facebook 上发了一条很长的帖子，内容是做一个脾性狂野的小男孩的家长有多么艰难，还猜想儿子可能患有潜在的心理疾病。网络上来自四面八方的评论极大地鼓舞了她，她将该帖子设置为"公开"。[67] 这篇帖子甚至比汤米发在 YouTube 上的视频还要火，成千上万来自世界各地的人都在看。她产生了在 YouTube 上发布视频的念想，标题就是"坏男孩的妈咪"。这样，她就可以得到商业赞助，向"坏男孩的妈妈们"推销商品（比如推广用于追踪孩子所处位置的应用软件公司）。

接下来，命运之神插手了。汤米的爸妈一直在和无法摆脱的止痛药物做抗争。对于汤米的妈妈来说，这始于她做完背部手术后医生开给她的药方。而汤米的爸爸则是自作主张。最初，他们设法不让药物依赖干扰他们的生活，但最终还是出事了。

有一天，汤米的爸妈在汽车的前排座位上失去了意识。汤米就坐在后排，惊慌不已。就在一名警官给他的父母注射纳洛酮进行救护的当口，另一名警官拍摄了现场照片，坐在后座的汤米也出现在画面中——这简直是他的一场噩梦，难怪他在学校里惹是生非。[68] 拍照的警官将照片贴到警察署在 Facebook 上的主页。后来，当被问及为什么要让这一隐私时刻被全世界的人都看到时，这位警官说是为了教育公众，让人们意识到滥用阿片类药物的危害。他还说没有人会记得汤米就在现场。

然而，汤米会记得，那可是他一生中最糟糕的时刻。无数其他人也会记得，因为照片不会凭空消失。汤米搬到波莉姨妈那里

晒娃请三思

去生活，她是汤米的临时监护人。按照法院的指令，他的父母必须住院接受康复治疗。波莉姨妈担心，汤米可能还会惹事儿，所以开始研究可以用来追踪汤米下落的应用软件，并在家里装上了联网的数字安全系统。这样，外出上班时，她就可以监控汤米在干什么。[69] 不幸的是，这些措施还是不能避免这个"# 问题少年"惹上麻烦。孩子就是孩子，他才不管监控不监控呢。

　　与马克·吐温笔下的汤姆·索亚不同，汤米可能永远不会有机会旁观自己的葬礼，以了解他为这个世界留下了什么"遗产"。但是，汤米和其他生活在 21 世纪的孩童有他们自己的机遇：他们会提前进入成年期，至少可以在网上看到他们童年时期的部分"遗产"。然而，汤米和他的弟兄们永远也不会看到那部有关他们童年的完整历史，因为它存在于数据中介公司和其他公司搭建的网络深处。[70] 而且，基于这些可见和不可见的童年生活的数字遗产，或是受其影响，一系列针对他们的决策还在进行。而他们对这些遗产却知之甚少，甚至一无所知，遑论对其进行掌控。

　　从汤米的立场来看，到了一定年龄，当他看到已经分享出去的（和正在被分享的）关于他的信息时，你认为他会有什么样的反应？为什么会有这样的反应？你认为这些反应是正当的，还是充满着孩子气（此处用其贬义，并非客观描述）？

　　现在，让我们按照汤米的父母、老师或者波莉姨妈惯有的思路考虑一下。你认为他们晒出汤米的信息是出于什么原因？你认为这些理由充分吗？还是不值一驳，或介于二者之间？也许你已经意识到，你有自己的一套策略，以此决定是否要分享孩子的信息——即使你压根儿不用"晒娃"或"决策模式"这样的字眼，对吗?

　　你对这些问题的回答可能部分取决于你对"晒娃"带来的短期和长期风险的理解。为了更加深入地探究这些问题,接下来的两章将探讨与儿童期的数字遗产有关的主要风险类型,以及这些遗产带来的潜在正面机遇。

第二章

时移世易：21 世纪的孩童问题

汤姆·索亚要粉刷那该死的栅栏。相比之下，汤米·索不仅要刷墙，波莉姨妈还要在 Instagram 上带上话题发图片：# 好帮手 # 教育孩子做事。波莉姨妈很高兴，汤米待在院子里，没有惹事。有了这些帖子，汤米想要把刷墙的任务"卖"给小伙伴们可就没那么容易了。若想向比萨店的老板解释，说他自己病得很重，无法去店里帮工，就更加困难了；因为波莉姨妈在 Instagram 上的发帖显示，汤米正沐浴着阳光，# 等待油漆晾干。

汤米身边的大人所做的事情，我们大部分人也在做。不论我们是怀揣美好的愿望，还是根本没有意识到其中的隐患，在网上分享孩子的信息会对孩子的隐私、人生机遇与自我认知带来重大风险。

你认为会有什么样的风险呢？就小汤米的例子而言，存在哪方面的风险？就你自己的生活而言，存在哪方面的风险？哪些风险的危害更大呢？在哪些情况下，网上"晒娃"之利大于隐私泄露及相关风险之弊？

对风险和机遇进行识别和评估的时候，请关注一下你的反应，这些反应体现出你对隐私持有何种见解。你是否认为，隐私可以用于交易，即隐私是可以交换商品或服务的秘密？[1] 或者，你更倾向于认为，隐私是由语境决定的，即它是一套既定的态度和行为，让我们在特定场景下，依据要达成的目标有区别地分享信息？[2] 抑或，你对隐私有更为根本的理解，即隐私是自我认知发展过程中不可或缺的空间，必须加以保护？又或者，你压根儿就认为，隐私是与此截然不同的另外一回事？在这里，答案无所谓对错。不过，你对隐私的理解决定了你将如何回答本书中探讨的其他问题。

本书的立场是，隐私的核心在于促成身份的形成；[3] 同时也承认，身份的形成有时也需要借用隐私的交易视角、语境视角与其他视角。如果你得来回交替考虑特定问题（如汤米面临的风险）和宏观问题（如隐私的定义），你就会发现，每个问题都为理解另一问题提供了新思路。

本章从讨论汤米的日常生活开始，从波莉姨妈的后院里采撷"一缕阳光"，借此凸显成年人选择网上"晒娃"带来的机遇和好处。继而讨论更为晦暗不明，甚至令人触目惊心的方面——网上分享信息给孩童和青少年的当下及未来招致的问题，分四个方面：（1）涉及犯罪、非法或者类似的危险活动；（2）虽未违法，但晦暗不明，具有冒犯性，以及涉嫌违法的活动；（3）涉及个人名誉及其他严重影响个人关系与自我认知的人际交往和互动；（4）利用儿童隐私谋取商业利益的做法。

接下来，本章继续讨论第（1）、（2）类中涉及的问题。下一章将以一个思想试验开篇，探究一款虚构的数码产品，它可能会在不久的将来出现在我们的现实生活中，加剧第（2）类问题的出现，并促使其演变成第（3）类问题。再接下来的一章将讨论第（4）类问题，探究商业"晒娃"引发的问题。这是一个正在兴起的、价值数百万美元的行业，或可称其为"打了鸡血的晒娃"（sharenting on steroids）。

洒满阳光的"晒娃"之路：好处和机遇

波莉姨妈在 Instagram 上晒出汤米的刷墙照，她的初衷是善意的。她为汤米感到骄傲，想在网上分享自己的喜悦。通过发帖，她的工作得到了认可：时日艰难，她照顾小汤米，这无上光荣。同时，她也能通过和网络社区里的人们建立联系而得到乐趣。她很忙，没什么时间和朋友见面。当然，像这样的社交平台并不能代替朋友的拥抱，但这点快乐却可以激励她相当长一段时间。

对于波莉姨妈持有的积极立场，大多数人至少会部分认同，网上"晒娃"确定可以让我们成为更好的父母、老师和看护人。这么想没错。好多理由足以说明，为什么通过社交媒体、教学设备和平台以及其他渠道分享孩子的信息会让你很舒心。理由包括：更多的社会交往机会，更好、更平等的教育体验，以及让我们的家成为更安全、更利于孩子健康发展的地方。下面将对这些及其他相关原因做详细说明。

社交媒体可以成为建立个人关系、接触专业人士、开展公民互动以及发展其他人际关系的宝贵空间。这些关系对你和你的家人在诸多方面意义重大。举例来说，假如你的孩子患有某种慢性病，你可能会通过 Facebook 群组与其他人建立联系——这非常重要，你们可以谈论这一特定的话题，在情感上互相扶持，并交流相关信息。你可以成为孩子们的榜样，通过有意义的网络互动向孩子们展示，如何在网上养成好习惯，成为关爱他人的"数字公民"。[4] 在网上贴出全家的度假照片，可以让你与远方的朋友保持联系，这是一种备受欢迎的方式；如果发布的是一条"愤怒抱怨"帖（你和和气气，要你的孩子放下手机，抬头冲着相机镜头微笑一下——哪怕只是 *@(*@#)![该死的]一秒钟，而她的表现又让你多么 a@#(*@(#[无语]），这就远不如前者受人青睐。孩子的网上数据进行前瞻性的管理，对孩子未来的发展大有裨益。毕竟，学校、雇主，其他机构和个人会通过你女儿的数字联系方式进行信息挖掘。经过你的管理，她就会将自己最佳的一面展现出来。

通过提供个性化的学习和新的学习领域，数字教育技术可以用来改善学生的学习体验。[5] 比如，你教小学课程，班里学生在阅读能力方面存在巨大差异；若是全班 25 名同学都能够通过复杂的算法得到专门定制的授课，你就能更好地满足他们的需求。你如果教高中科学课，可能很难让学生喜欢上元素周期表；但是，他们可能喜欢学习编码方面的知识，因为许多学生具有企业家思维，会将数字技术视为进入该领域的关键。[6]

在许多方面，教育技术能够促进教育公平。其中一例是，在有些学区，许多学生可以享有免费或减价优惠的午餐；如果使用电子感应卡在学校餐厅买饭，排队就餐时泄露学生财务状况的概率会降低。如果一名学生用现金付款，而另一名学生获准免费取餐或减价就餐，两个孩子之间的财务差距就一目了然。但是，如果双方都用就餐卡支付，两人之间的差距就会缩小。但在有些学区，如果就餐卡内资金用尽，学校会提供不同的饭菜，或者根本不给他们提供饭菜。这样一来，学生之间的财务差距就会再次显现。[7]

理论上，随着教育技术越来越复杂，它促进教育平等的潜力也会随之增长。如果学校越来越依赖算法进行决策，且算法设计精良，那么做出的决策就不会像人为决策那样，带有隐性的或其他形式的偏见。[8]果真如此，学生就可以更好地开展新的活动，抓住机遇，不用担心受到区别对待。

更为复杂的教育技术，也可以用来解决某些领域内存在的系统性教育不公问题。比如，针对残障学生、长期休学的学生，或者被学校开除的学生，设计精良的人工智能产品可以给他们提供更加高效的学习体验和参与学习的机会。利用机器人还可以帮助患有自闭症的学生发展他们的情感和社会交往，在某些学区，这样的技术已经在应用。有些学生需要长期或无限期待在家里，因为管理层认定他们会对学校其他师生构成威胁。这时，可以利用人工智能给这些校外的学生继续提供教学服务。[9]

我们有充足的理由将教育技术之外的其他数字技术引入家庭。许多孩子身体锻炼不足，健康电子追踪仪及其迭代产品——比如具有传感功能的健身服，可以敦促孩童和青少年坚持锻炼。[10] 锻炼时，孩子的位置可能会被第三方监测到，但也许更好的做法不是为此忧虑，而是迈出这一步，利用这项技术督促孩子完成每日

10,000 步的锻炼指标。[11]

　　有些情况下，作为家长，也许你有充足的理由对自己的孩子进行监控。如果你上班时间很长，孩子放学后你还不能回家，具有定位功能的应用软件或者类似的设备能够让你掌握孩子在哪里，这或许能够让你放心一点。为了进一步确保孩子的人身安全和家里的安全，你也许会发现，安装数码锁和数字安保系统会大有裨益。有了它，即使你不在家，也可以控制孩子给谁开门。

　　从以上示例中，我们看到的大趋势是，数字技术可以让我们和孩子获得某些方面的自由，从而摆脱地理位置的限制。近水楼台先得月的情况不再是命中注定。与世界各地的朋友取得联系，仅仅是弹指一挥的事情。如果孩子们想阅读更高一级的分级书目，他们完全可以这样做。同时，数字技术也可以帮助我们提高效率。在亚马逊无人机派送网上订单之前，你必须到店铺购物。现在，你用节省下来的时间做什么呢？对于大多数职业发展前景而言，数字技术也至关重要。在机器人成为职场生力军的时代，我们希望自己的孩子拥有的技能够有用武之地。

　　看到数字技术的种种好处并不困难。商业广告、媒体描述，以及流行文化中的许多其他叙事，都倾向于将数字技术描绘得无比美好。因此，你可以一如既往，继续在网上分享孩子的数字信息。但是，如果你有兴趣，想借助以下对泄露隐私的隐患所做的讨论，重新考虑牺牲隐私的限度，那就要采取一些措施，以一种有意义的方式，在保护隐私的同时，让自己的数字生活得以继续。

　　不过，在决定调整视角之前，我们需要仔细研究一下数字景观的阴暗一面。有了更为完整的认识，你就可以更好地探索想要选择的道路，并为我们集体的道路探索做出贡献。

违法、犯罪或类似的危险活动

我们开始探讨真正令人触目惊心的事情吧。儿童数据可能会引起违法、犯罪或其他心存恶念的成年人的注意，成为他们从事各种活动的目标。其中包括色情、身份盗用、暗中跟踪、拐卖儿童或其他形式的网络欺凌。下面将对具体情况加以简要讨论。

从事色情产业的人员可能会利用与其毫无关系的孩童照片，通过修图软件制作儿童色情作品。因此，你在社交媒体上贴出的孩子照片可能会被盗用于各种犯罪活动。[12]只要那些邪恶的图像在那里，它们就会自行发酵，并且对你的孩子构成一辈子的威胁。[13]

儿童色情作品的幽灵不仅在淫窟里徘徊，还会出现在普通家庭里。我们要问：什么时候，21世纪的日常生活中抓拍到的孩童裸照才会被纳入联邦法律对儿童色情作品的定义？提出这个问题，目的不是要扩大联邦司法的范围，针对父母、其他成年监护人提起刑事起诉，也不是为了指责那些不小心晒娃的家长在与孩子的爷爷奶奶视频通话时，拍到孩子从浴室跑出来，穿过起居室，或者通过协商在孩子卧室里安装了视频监控，于是孩子的影像无意中被他人看到。[14]这里，我们的目的是要引起大家关注现实情况，有所警惕。

现实情况是，联邦法律将描述真正的未成年人参与"明显性行为"（sexually explicit conduct）的情况认定为犯罪，这包括

"以淫秽的方式展示生殖器或身体其他部位"。[15] 一丝不挂的新生儿躺在熊皮地毯上，这种传统的婴儿图片属于淫秽的吗？否。蹒跚学步的婴儿一边洗澡，一边探索自己的身体构造，这样的图片算淫秽的吗？她对自己产生的好奇心本质上是淫秽的吗？基本可以确定地回答：否。[16] 但是，家庭对数字技术无处不在的使用，提供了比以往任何时候都更容易获取潜在色情（或令人不适地打擦边球的）影像的机会。

我们要谨慎使用儿童色情法，当心试图用它来应对21世纪的惯常做法和行为——那些私密的数码影像，原本不是出于骚扰、虐待孩童或其他邪恶目的而拍摄，如果用严格的法律来审视它们，就会误将其当成巨奸大恶。青少年之间出于自愿"发送情色短信"，已经导致对分享自己、朋友或亲密伙伴图像的青少年提起刑事诉讼的先例；而且按照要求，被判定的肇事者要被记录在案。[17] 私密环境下普遍存在的数字行为正在导致重大的刑事后果。没有迹象表明，在熊皮毯子上给新生儿拍裸照的父母可能会招致类似的司法追究。主要的区别在于，青少年发送情色短信的做法属于色情行为，而父母在僻静的泳池边给孩子拍摄裸泳照片的做法却不是色情行为。法院给出的司法解释是，儿童色情法的初衷不是要"惩罚那些观看或拥有裸体儿童照片的父母——照片本身并无恶意"。[18] 但最好还是避免被法庭传唤，然后围绕一张照片展开如下辩论：什么情况下它是无害的？什么情况下它又是违法的？

清白被玷污，这只是儿童遭受成年人违法犯罪活动或其他危险活动威胁的一个方面。与此同时，儿童的身份信息也面临威胁。即使是那些可用的电子数据非常有限的儿童，也会成为犯罪分子

　　　　　　　　　　　　　　　　　　晒娃请三思

的目标。对于某些犯罪行为而言，青少年面临着比成年人更大的威胁，这恰恰是因为他们的数据一片空白。对于身份盗用者来说，一个有着长期合法信用记录的成年人与一个还没有信用记录的幼儿，前者社保号码（简称 SSN）的利用价值是低于后者的。[19]父母不太可能把子女的社保号码发布到网上，其他拥有儿童社保号码的机构也不太可能这样做。但是，由于内部存在安全漏洞，或者来自外部的数据盗窃，孩子们的社保号码还是会流传到网上。

在分享孩子信息的过程中，父母、老师和其他看护孩子的成年人会将孩子的个人信息发布出去，而这些关键信息可以被不法分子用来盗用孩子的身份。回想一下汤米降生时父母在 Facebook 上狂喜的发帖情形：所有看到帖子的人都知道汤米的全名、出生日期和地点。很长一段时期内，这些信息可以以汤米的名义被他人用来创建虚假的个人信用，或者用于其他目的。查看帖子的人还可能知道汤米的身高、体重，以及出生时的其他情况。如果发帖内容显示，妈妈还在使劲分娩的过程中，而爸爸却在产房里吃比萨，那么大部分的跟帖评论会将该帖子标识为"# 不称职的爸爸"。

即使以最直接的形式出现，这类信息也可能不是身份盗用者要窃取的核心信息。但是，我们要意识到，人们在以数不清的方式使用私人信息，并通过使用这些私人信息为数字生活提供安全保障。例如，许多网站的安全问题都会要求用户提供个人信息；这里隐含的假定前提是，只有真正的账户所有人才知道这些信息。然而，随着个人生活的细节信息从婴儿期开始就被放到网上分享，这一假定的前提越来越漏洞百出。要求一位 60 岁的老人和一位 16 岁的孩子说出各自所上小学的名称，这样的安全问题对前者更能起到保护作用。对于婴儿潮时期出生的人而言，没有多少人会知道这个问题的答案。对于现在的青少年而言，许多人会知道答案，或者从这个孩子留在社交媒体上的个人资料与别的渠道查询到他的学校。考虑到围绕这类信息实行的标准做法，从青少年的电子数据踪迹中就可以轻松获取这类信息，这就让他们面临极大的风险。

风险不容小觑，像犹他州司法检察总长办公室这样的执法机构，正在创建专案组或组织专门力量来解决儿童身份盗窃问题。[20]其他相关部门也正在通过调查或别的手段来应对这一威胁。例如，2018 年冬季，纽约州司法检察总长就针对使用窃取的身份信息——包括窃取的青少年身份信息——来创建社交媒体自动应答程序开启了一项调查。[21]2017 年秋天，美国司法部部长向所有学区发出预警，指出越来越多黑客将学生数据作为攻击目标。[22]一些学区甚至通过支付赎金的方式来赎回被盗取的学生数据。[23]

身份监控服务供应商——比如 AllClearID 公司——现在针对孩童推出身份信息保护服务。2015 年，医保公司 Anthem 的数据失窃，客户及其家庭成员的个人信息被泄露。随后，该公司对受到影响的孩童和青少年提供了身份监控服务。[24]这里存在一个悖论：要想保护孩子的身份信息，他们的父母就必须为他们进行身份信息登记。还有一个悖论：即便父母已经为孩子完成了信息登记，一旦 AllClearID 公司发出预警，说存在孩子身份信息遭遇盗窃的可疑活动，那么在问题还没得到解决之前，父母必须提供一种或多种形式的个人资料，以证明自己的身份，以及他们与受影响的孩子之间的关系。[25]这就对我们提出了要求，必须通过分享更多的私人信息以保护孩子们的私人信息免受损害。然而，如果

　　　　　　　　　　　　　　　晒娃请三思

提供身份信息保护服务的公司自身运作出现了安全问题，那该怎么办呢？这就陷入了"＃恶性循环"。

我们最关心的是保护孩童和青少年的身体不受侵犯。互联网诞生之初，孩子们的线上活动就引发了人们对孩子人身安全问题的关切。这种关切不仅使人们恐慌，而且催生了富有成效的应对办法。我们一路"驱车"前来，驶过了"信息高速公路"的地带，进入"数字通道四通八达"的地域，也在不断发展对儿童线上安全的理解和应对方法。

我们讨论的不再仅是从公路边跳出来劫持孩子的绑匪，尽管这样的绑匪也还存在，比如，孩子可能会被跟踪、威逼，或者遭遇其他形式的骚扰，到底是哪种情况，还要视孩子父母的活动而定。[26] 我们谈论更多的——甚至谈论最多的——是隔壁的小恶霸以及近在身边的威胁。孩子可能会受到同龄人（甚至同龄人父母）的跟踪、威逼，以及遇到类似的危险。这种骚扰可能会给孩子造成毁灭性的后果，包括自杀。

"全球第一例网络欺凌案……［涉及］数字时代或可称为'直升机家长'的极端例子"中，一位母亲因"参与——至少冷眼旁观——对一名13岁女孩的骚扰"而遭到刑事诉讼；侵犯者是她的女儿以及她的雇员。[27] 受害女孩自杀身亡。她的女儿和受害者"曾经是朋友，两人关系时好时坏；她们曾恶语相向，都有过不怀好意的举措"。[28] 最终，这位母亲被判定无罪。

有时，数字世界可能会成为第三方对孩子直接进行人身攻击的渠道——比如绑架或性侵害，也可能成为性贩卖和奴役孩童的渠道。[29] 贩卖、奴役或以其他方式对儿童实施剥削的犯罪组织者，通过挖掘社交媒体信息来确定下手目标。迄今为止，对这一犯罪过程的讨论似乎集中在年轻人对个人信息公开方式方面，以及他们和犯罪分子直接互动的方式上。如果要说父母和其他成年监护人在这个过程中扮演了什么不光彩的角色，那么答案似乎是疏于监管：那些缺少父母（或其他渠道）强力支持的孩子，往往更容易落入犯罪分子布好的陷阱。

因此，问题是父母和其他成年监护人如何做好看护人的角色。这里有个实例，是关于一名英国青少年遭受奴役的事情。孩子的妈妈失去了工作，自然就削减了她的零花钱。结果，她不是和朋友待在一起，而是花更多的时间上网。正是在网上，她落入了黑帮头子设下的圈套。[30]

我们不让孩子外出，但是通过数字技术，我们让外面的世界闯入我们的私密空间。我们让孩子们的个人数据随处漫游——无论这些数据是由我们生成的，还是在我们的协助下由孩子生成的。在孩子们探索人生的初始阶段，我们亲手将噩梦引入了家门。

虽未违法但晦暗不明、具有冒犯性和违法嫌疑的活动

对于那些在法律框架之内运作，或者游走在法律边缘的个体和机构，孩子们的数据也是非常宝贵的资源。但是，他们对这些数据的使用更多是为了实现自身目标，而不是为了保障儿童利益的最大化。这类做法越来越为我们所熟知，例如广告行业使用的"精准投放"。甚至那些看似安全的机构提供的服务——比如公立

学校的网站——常常为这样的"精准投放"和相关做法提供了便利。[31]

除用于市场营销之外，孩童数据也被用于我们不太熟悉的其他方面，从而对儿童和青少年当下和未来的生活前景产生不利影响。我们不知道这些机构就这一方面到底在做什么，而且也无法真正搞清楚，因为"当你的数据存储在计算机上总是存在信息泄露的风险。隐私政策可能明天就会发生变化，使这些机构在未经明确许可的情况下，就可以使用你过去的数据"。[32]个人数据的应用非常广泛，已知用途以及潜在用途包括（但不限于）以下几个方面：基于数据的大学录取决策、[33]人事招聘、保险服务、信贷产品、消费交易和司法决策。[34]

有时，一家机构会出于自身目的，使用他们内部存储的数据。比如，一所大学可能会建立自己的数据分析和预测模型，据此做招生决策。或者，它可能会用老办法，通过谷歌搜索获取信息。如果波莉姨妈没有将她在 Instagram 上的发帖设置为私密状态，那么这所大学将如何看待汤米的违法活动？有时候，一家机构会依赖一家或多家第三方信息搜集供应商开展业务，这些信息供应商被笼统称为"数据经纪公司"。[35]这些公司形成一个不断扩张、鲜为人知且监管不严的行业；他们为许多大家更为熟悉的行业提供服务，例如消费信贷行业。这方面对于孩童数据的使用情况，我们大多要么完全不知情，要么一知半解。部分原因是有意为之：数据使用者可能不想让大家清楚地知道他们用你的私人数据在干什么。部分原因是顺水推舟：我们大多数人看不到身边数据使用情况生成的矩阵，以及由此产生的后果。但是，数据经纪公司却能看见我们，他们"出售的信息［包括］那些孩子在车祸中丧生的父母的姓名、强奸受害者的姓名，以及艾滋病患者的姓名"。[36]

最近，福特汉姆法学院（Fordham Law School）法律与信息政策研究中心（Center on Law and Information Policy，简称CLIP）的研究团队做了一项调查，"试图了解学生信息商用市场的情况"。[37]该市场是更广范围针对儿童和青少年学生身份以外的数据经纪服务市场的一部分。

CLIP研究团队得出的结论是，总体上"学生信息商用市场缺乏透明度"。[38]该团队确定了"14家确凿无疑在出售和推销学生信息的经纪公司，或者过去从事过这项业务的经纪公司"；同时指出，这个清单并没有将从事这项业务的所有经纪公司一网打尽。[39]在这14家公司提供的服务中，甚至有"年龄低至2岁孩童的数据"，还有一份"'为14至15岁女孩提供计划生育服务'的客户清单"。[40]研究小组的报告显示，研究成员"通常无法确定，经纪公司从哪里获取他们手头的学生数据"，但是"教育机构似乎不是数据经纪公司获取学生信息的源头"。[41]

然而，即使校方没有将学生数据清单提供给商业公司，学校里的成年监护人也会以其他方式把学生信息提供给学生数据经纪行业。尤其是"老师和生活指导顾问，在全校开展的各项调查活动中，会被征用为数据收集者，从而参与到商业和营销活动中去"。[42]家长和学生还通过线上调查等工具，把敏感信息提供给他人，并最终进入商用学生数据经纪公司的掌控范围。[43]这些信息带来的后果是，学生可能会收到非常具体的邀请。例如，"美国红十字会［对CLIP研究团队］回应说，他们对一名曾经的［血液］

晒娃请三思

捐助者发出邀请，将其确定为未来潜在的献血人员，以'促进特型血液匹配项目的顺利开展'；这些都要基于学生的血型、种族、性别，以及'诸如含铁水平这样的验血结果记录'。"[44]

现在，让我们把讨论的焦点转向日常生活，看看在日常生活中我们是如何将孩子的数据信息泄露出去，以致第三方能根据含铁水平向他们发出邀请的。为了方便讨论，我们要假定一个具有现实意义的场景，让这一陌生领域为大家所熟知。设计这个场景的目的是阐明日常生活中看似无害的数据收集何以能够带来无人知晓的意外后果。随后，我们还要讨论几个实际发生的案例。

第三章

纳尼亚之外：问题远超你想象，"衣橱"[1] 天地隐忧多

窃取身份信息的盗贼和其他犯罪分子的目的，是要盗用孩子们的身份。"大数据"分析网站感兴趣的不是获取他人身份信息，而是要用这些信息做事情。[2]通过大数据，人们想要达成的目标是，用孩子们的信息来影响孩童从事的活动、面临的机遇以及发展趋势；同时，进一步帮助数据使用者实现他们的目的。身份盗用者利用孩子的社保号码、出生日期和通讯地址，以孩子的名义申请信用卡。大数据本身不是窃贼。通常情况下，大数据领域开展的各项活动并不违法，至少不会突破法律的底线。但是，大数据的生态系统可以在模糊的空间运转，从孩子及他们的成年监护人那里悄无声息地采集碎片信息，并从中挖掘更多的信息，然后，将这些信息分享给无数其他人，以实现各种不为人知的目的。

走到这一步，你的直觉感受是什么？这些坏分子——孩童身份盗用者及其他人员——有没有让你感觉到晒娃行为存在着极大

风险，以至于你对这种做法产生了不同的想法？如果要打个比方，你是倾向于把这种威胁比作雪崩（恐怖而罕见），还是比作暴风雪（危险但可控）？如果你的想法有所变化，认为这就是一场暴风雪，而不是一场雪崩，那么你对其中隐藏的风险评估发生了怎样的变化？如果你生活在暴风雪天气司空见惯的地区，那么某些时候，你可能会在暴风雪中驱车前行。如果你在晒娃，你的孩子的个人信息面临大数据"暴风雪"的考验，你会紧急踩下刹车吗？

魔幻"衣橱"[3]

让我们暂时把窃取身份信息的盗贼看作人们刻板印象中的窃贼：他闯入你的屋子，拿走你的财物。这样，你的物品不见了，你因此受到伤害。也许，大数据窃贼更像那位来你家院子收购物品的商贩：他购买了你从奶奶那儿继承来的旧衣橱，在你眼中，这衣橱毫无用处，但是商贩却在衣橱中发现了一沓珍贵的家庭照片，以及你的祖上传下来的其他宝贝，并将这一切据为己有。

这个类比虽然有用，却没有说清问题的全貌。让我们先看看这个类比能说明什么问题。大数据并不是偷窃，你并不排斥它；你甚至会铺开地毯，表示热情欢迎，因为你并不知道大数据的存在；或者你可能也知道，但是认为大数据在帮你。也许，大数据是在帮你，至少不是在伤害你。

现在，让我们看看这个类比行不通的地方。在你与数字技术及相关的大数据互动的时候，一个典型的特征就是你会立马获得好处。这就超出了失去一件不想要的物品所能涵盖的范围。为了让这个类比更为恰当，我们不妨说，大数据更像这样一位商贩：他上门来收购物品，免费送给你一个新衣橱，然后拿走那个旧衣橱。然而，这里还有一个漏洞，因为大数据的一个典型特征是，它并没有剥夺你使用自己生产的信息的权利——它只是为了达成自己的目标而使用你的信息。我们甚至可以这么类比：这位商贩为你留下衣橱里能找到的一切的复制品，然后根据他的目标使用他的那一套东西。但这里还存在另外一个问题，即在大数据的世界里，通过与数字技术打交道，你在持续不断地创造新的数据。你留在身后的数据痕迹并不是一整套数量有限的财宝，而是一整套不断增长的数据宝藏；而且，除非你在使用数字技术，否则这一整套不断增加的数据根本就不会存在。

现在，我们的类比得到了完善：上门收购的商贩拿走了旧衣橱，送给你一个新的；只要你不把它扔掉，新的衣橱就会持续不断地给你带来更多的好处。这就像有了一台袜子匹配神器，你就永远不用担心把袜子弄丢了。那么，魔幻衣橱有什么不好呢？也许你在想，多年之后，终于要找到属于自己的魔幻世界"纳尼亚"了。呃，也许吧！或许实际情况是，衣橱那边并没有女巫等着你，而是衣橱本身中了魔法。衣橱开始了解有关你和你家人的许多事情，而你竟然没有意识到这一点。

比方说，你用魔幻衣橱收纳你女儿的衣服。[4]衣橱开始给你女儿的袜子完美无缺地配对，但是你并没有注意到，它把每只袜子都复制过了。同时，衣橱还为你的女儿选好了每天要穿的衣服，以及与之相匹配的袜子。可是，衣橱是怎么选出适合当天活动的着装的？衣橱送到你家的时候，你允许它与你 iPhone 上的日历进行信息交换，这是通过衣橱背面内置的传感器实现的。这套感应系统与你女儿衣服上安装的传感器相连接，因此智能衣橱就把衣服的数据与从你 iPhone 日历上了解到的信息综合起来，告诉你女儿应当穿什么衣服。

忘了狮子和女巫吧。不妨设想，仙女玛丽·波平斯（Mary Poppins）住进了衣橱！这可是帮了大忙，你太喜欢它的魔力了，所以你根本不去想魔法衣橱还在了解你女儿的其他信息。你不会询问衣橱，它是不是通过你的手机日历列表中的条目——"家长会通知转发：校园欺凌问题 @ 下午 2 点"——明白了她在学校的表现。你不会去思考这样的问题：它是不是从女儿服装上的尺码签就可以搞清楚她长得有多快。你也不会去想，衣橱是不是将它的全部发现当作秘密珍藏。你的女儿看上去棒极了，每天早晨你还会花 5 到 10 分钟的时间，在 Instagram 上发布她的照片，并打上 # 女性力量的标签。

现实生活中，我们使用孩子的数据所做的事情，实际上很像这个魔幻衣橱。为了能够免费或低价获取这些高效、有趣以及可以互动的电子服务及产品，我们正在将不断增长的、孩子们的私人信息分享给那些技术供应商。你可能没有意识把孩子的多少信息分享了出去；技术供应商又会如何使用这些信息；他们会将这些信息让渡给多少身份不明的第三方使用。根本不需要虚构，我们就生活在一个名副其实、刺探的眼睛无处不在的世界里。

离开幻境"纳尼亚"，回到现实的生活

说完了虚构的魔幻衣橱，现在我们来讨论现实生活中我们很可能使用的魔力无穷的物品，以及其他形式的数字技术。你在训练孩子上厕所的过程中遇到了困难，于是在 Facebook 上发帖。Facebook 公司就把这条信息作为数据点，并把它添加到围绕你建立的信息库，同时把它添加到与第三方分享的任何信息中去。玩具娃娃芭比和艾摩，新来的保姆，这些都是数据。问题根本不是"谁会对这类孩子的个人信息感兴趣"，而是"谁不会对此感兴趣呢"。

这种情况已经发生了吗？是的，的确发生了。对于他们采用的手段和涉及范围，我们的理解只是刚刚开始。技术在快速革新，与数据相关的主要市场缺乏透明度。这些因素和其他因素结合起来，使我们在这场大数据的战役中——借用数据安全专家布鲁斯·施奈尔（Bruce Schneier）的说法——就像大卫遇到了巨人歌利亚，力量悬殊。[5]

我们知道的是，对于父母在线上分享子女信息的做法，联邦法律和州法律几乎没有设限。[6]一旦个人、公司或非营利组织从父母那里获得了这些信息，就没有什么法律能限制他们如何使用这些信息。

现有的法律限制来自通行的法律规定，或只适用于特定接收人或实体的法律么。我们缺乏具体的法律条文和监管措施，用以解决父母透露子女私人信息的法律权责。一些重要的限制来自刑法。父母不能盗用子女身份，制造儿童色情制品，从事其他伤害

子女或让子女卷入其中的犯罪活动。消费者权益保护法和合同法要求公司遵守自己的服务条款和政策，为客户提供最佳服务，履行他们针对儿童数据使用所做的承诺。

联邦法规《儿童线上隐私保护法》(*Children's Online Privacy Protection Act*)确实限定了许多公司直接向13岁以下的儿童收集信息和使用这些信息。具体的限定内容是什么？该法律涵盖的公司只有获得孩子父母的许可，才能收集和使用这些数据。[7]对教师群体也有类似的法律限制：除非另有规定，否则教师必须获得家长同意，方可分享学生的私人数据。[8]

对于某些政府部门和教育领域之外的一些机构而言，获得家长同意并不是决定性因素。例如，按照法律规定，即使得到了父母的许可，少年法庭也不能将庭审的有关信息分享出去。

现在，我们似乎回到了讨论的起点：总体上，围绕父母这个中心形成了基于家长许可的数据分享格局；在此框架之下，孩子们的私人信息得以被分享和使用。在得到父母的许可之后，子女的私人电子数据就可以被分享了，无论是家长们自己动手，还是让其他成年人和机构来分享，这些信息都会跨越时间限制，以极快的速度穿行于各种实体空间。[9]

数据经纪公司

通过汇总和分析电子数据，数据经纪公司推动着这一潮流的发展。经纪公司将此数据出售给第三方。然后，数据购买方利用离散的数据点或者更大范围的成套数据做出数据驱动的决策，以实现他们自己的目标。[10] 有公司为那些愿意付款的个人和机构收集、存储和分享有关数据，这并不是什么新鲜事。在这一领域，从 20 世纪延续至今的机构就包括：消费信贷机构、房地产经纪公司，以及招聘行业的猎头公司。

现在，我们处于数据公司的发展期。借用美国前国防部长唐纳德·拉姆斯菲尔德（Donald Rumsfeld）的话来说，相比我们对"已知的把握"（known knowns），我们似乎面临着更多"已知的未知"（known unknowns）。我们知道，数据经纪公司的服务范围广泛，但是对数据经纪公司的监管却非常松散。即使有监管，总体上也只针对特定的行业。例如，从事信用报告的数据经纪公司会受到信用决策方面的法规的约束。[11] 而有些经纪公司收集的却是儿童信息。[12]

数据经纪公司通常"选择退出"而不是"选择加入"（某个行业）。同时，从经纪公司移除个人信息的流程各不相同，困难重重，而且可能收效甚微。我们无法确切知道到底有多少数据经纪公司。我们也不知道他们都是如何收集数据的，与谁分享这些数据，以及出于什么目的。我们不可能轻而易举地知道，是否可以对他们黑箱里的数据点提出异议；也不知道如何表达我们的异议。数据的完整性是个问题，数据的安全性也是个问题。我们不可能通过看新闻就轻松地发现，我们自己的数据或者我们孩子的数据是否被哪个数据经纪公司泄露了出去，因为我们不知道哪些经纪公司拥有我们的数据。

但是我们知道的是，孩童数据是数据经纪公司的热销商品。[13]

我们对数据经纪公司的市场已经有相当不错的直觉判断。他们提供的业务极可能进入我们的生活——至少有这个可能性。其主要的业务市场包括：信贷、保险、教育和人才招聘。[14] 不知道针对儿童数据还存在哪些无法预知的、新兴的未来市场。比方说，随着收集和分析的数据所涉及的孩童的年龄阶段越来越提前——甚至包括了孕前和妊娠阶段，会不会出现这样一个市场：给还未出生的胚胎或胎儿提供"生命"保险服务？如今，父母可以为子女购买人寿保险。如果保险经纪公司可以从孕情检测软件和其他渠道收集数据，那么他们就可以向待产父母提供保险产品，把医疗和其他成本的风险都包括进来，当然也可以把流产带来的情感和心理伤害都纳入保险的范围。

为胎儿买"生命保险"似乎匪夷所思。然而，这也不是纯粹臆测。Target 公司就成功识别出哪些客户怀孕了，并据此向他们推销产品；还识别出一位怀孕少女，并告知了她的父母。[15] Target 公司能够根据他们在实体商店和数字业务中收集到的数据，对客户进行数据分析。[16] 谁曾想到，购买卫生棉球意味着怀孕呢？

在电子商务领域里，有些公司的使命是为客户提供健康与保健服务，尤其是与生殖相关的服务。例如，HelloFlo 公司"提供一种护理套餐，以帮助成年妇女和少女顺利度过她们生活中的各个转型阶段。同时，我们还为您提供（有针对性的）教育、启智和娱乐内容"。[17] 最初，这家公司以提供订购业务起家，专注于（为女性客户）提供卫生棉条和卫生巾；公司在提供"提醒业务的同时，还会在恰当的时机将合适的产品送到客户手中"。[18] 该公司早期针对青春期少女推广的"月经初潮套件"，可以说"多少具有

　　　　　　　　　　　　　　　　　　　　　　　晒娃请三思

颠覆性，且一炮走红"。[19]

HelloFlo 公司向用户保证，他们会保护客户隐私。然后，他们采用数码公司经常使用的典型而宽泛的语言，将其产品和服务包装起来加以推广："我们也会借助［您的］个人信息调整社群服务，从而适应您的个体需求，也便于研究我们的网络和各项服务的有效性，为我们的社群开发出新的服务工具。"[20] 这样的"个人信息"——可能包含用户的月经周期以及其他健康问题方面的数据，似乎是一片沃土，可以孕育出与私密生活相关的、新的商业工具。

因此，私人市场的某些领域——从实体商店到基于电子业务的保健公司——已经在收集，某些情况下甚至在挖掘生殖健康方面的数据，据此开展业务。比较合理的预期是，私人市场将会根据这些数据开发出新产品和新服务。产前"人寿"保险的基调实际上是这样："产前维生素，日日须珍惜；按量按时服，母安子欢喜。多花一美元，免得事后烦；观音错敲门，我们有爱心。"对于这里的措辞，唐·德雷珀（Don Draper）可能会皱眉头，但是他一定会对其中流露的开创精神钦佩不已。

儿童数据挖掘的主要市场

让我们从对未来的预测回到当下：许多为孩子的未来做出关键抉择的个人和机构已经在使用——或者在尝试使用——某种形式的数据驱动决策方式，帮助他们进行抉择。他们采用的数据工具的范围和类型各不相同。有些个人或机构可能会从数据经纪公司那里购买个人资料，有些可能会创建自己的数据库，甚至建立临时数据库。但是总体说来，"拿来"的做法是毫不含糊的。有些服务和机会对青少年的未来可能至关重要，而这些服务和机会的把关人却是这样一批人：他们根据青少年电子数据的踪迹来确定，大门到底要打开还是紧闭。

在教育一线，我们知道大学会查看申请入学的学生在社交媒体上的资料。当然，他们也会查看申请人的学籍档案。而且，在大学招生录取中，"使用大数据生成的预测分析面临极少的法律界定；其中涉及的大数据的来源包括社交媒体上的发帖、考试成绩和人口统计数据等。现在还没有法律禁止大学从社交媒体或其他公开的信息渠道收集学生信息"。[21] 而在就业市场，以下做法似乎越来越普遍，招聘者"会查看［求职者］在社交媒体上的资料，将其整合到'求职者跟踪系统'中来"。[22] 且"目前还没有任何可用的法律限制，以防止基于个人［社交］网络信息产生的歧视性做法"。[23]

这里还有个问题：学校和招聘者是否会关注父母对孩子的公开评价？这极有可能。那么，我们是否知道，教育机构和各个行业的决策者对此类信息做何反应？并不。[24] 你的孩子可能会被标记为"较好"或"较差"的候选人，评价依据是你在向公众开放的网站——比如发布的博客——为他们构建起来的形象。如果这些社交媒体上的内容不公开，那么其潜在影响尚不明朗。然而，即使数据经纪公司目前还没有拿到父母在私人社交媒体上分享的孩子的信息，一旦社交媒体公司的隐私政策发生变动，我们就会让他们得手。

我们知道，一些保险公司已经在使用智能技术和其他预测分析软件，帮助他们计算风险大小和保险费用。有些孩子从出生开始就在使用"Owlet牌婴儿靴"这样的"魔法"物品，随着年龄增长，他们会申请更多的保险产品，因而保险公司的这种做法可能会越来越普遍。[25]我们知道，在消费信贷行业，基于你在社交媒体上的活动，信贷机构在寻求给你评分的方法。[26]你的孩子可能尚未申请信用卡，但是一旦时机到来，你在社交媒体上对孩子发表的评论，就会成为发卡机构在决策过程中要考虑的部分因素，这会发生吗？

也有证据表明，政府部门和政治团体越来越多地依赖电子数据从事各种活动。这些活动带来的潜在后果，可能比孩子能否进入某所大学读书要严重得多。它击中了年轻人的要害，决定着他们能否参与民主决策，并受到以民主的方式创造和维护的公民权利与自由权利的保护："如果一个社会任由监控设施泛滥，那我们就不能指望它会保持自由民主的本色。"[27]随着孩子们长大成人，第一次参与投票选举，他们会收到什么样的数字内容？他们会对此做出什么决策？我们知道，在参与民主的活动中，量身定制、精准投放的内容发挥的作用越来越大。[28]想一下，对汤米·索和他的"小匪帮"进行精准宣传，会产生什么样的效果：满月时怀上的孩子对"毛人"广告可是有天生的好感！或许可以这样，广告中出现的是毛茸茸的、友善的怪兽，而且最好是红毛怪！

其实，根本不用想象未来的情形。我们在现实生活中就能看到孩童的私人电子数据与公共领域之间的互动。政府部门对电子数据的使用也会对儿童期的少儿产生影响。众所周知，政府部门使用各种各样的监控手段，包括使用脸部识别软件及预测分析工具，进行数码监控和社会管理。[29] 我们不清楚在该领域内孩童和青少年是否会被排除在外，或者得到特殊保护。[30]

我们知道，学校和执法机构越来越依赖电子工具来落实和追踪纪律管理情况。违纪学生不仅要被送到校长办公室，而且他的数据可能会进入司法系统，从而在他改过自新的过程中对其表现进行跟踪。[31]

我们也知道，执法部门会对社交媒体进行监控，并在社会管理过程中从社交媒体那里获取数据。[32] 你分享的信息可能会让你的孩子卷入违法事件，给他们留下洗刷不清的污名；或者你所从事的活动虽然合法，却不受大家欢迎，这就让你的孩子极易受到他人的伤害。

有一点需要指出，有时候父母会在社交媒体上对孩子遭遇的危险情况进行描述，这反倒会对孩子起到保护作用；相对而言，这种情况对孩子造成的隐私危害也就算不了什么。比如，如果发生了绑架事件，父母对此进行网络直播，就可能有助于执法部门对事态进行监控，从而有利于保护卷入其中的孩童。[33] 一方面，父母使用社交媒体会提供一个解决问题的窗口，有利于政府部门快速介入此类悲剧事件；另一方面，社交媒体也会起相反作用，成为此类事件的帮凶。如果参与绑架的犯罪分子心理不健康，就会受到诱惑，想在社交媒体上出一时风头，这可能会导致她做出错误的决定，对自己的孩子实施绑架。[34]

我们还知道，执法部门也在以出乎人们预料的全新方式使用

　　　　　　　　　　　　　　晒娃请三思

社交媒体，从而可能导致孩子的私人数据被公开。以俄亥俄州的那位警长为例，他在 Facebook 上贴出了几张图片，图片显示小汽车前排座位上有一男一女，他们因过量服用海洛因而失去知觉。那位女士的小孙子就坐在小车的后排座位上，小男孩在照片中清晰可见，因为这位警长并没有对小男孩做"隐身"处理。当被问及为什么要如此决定时，这位警长的解释是提高公众意识非常重要，要让大家认识到阿片类药物成瘾可能带来的悲剧后果。他解释说，无论如何，没有人会记得那个小孩。[35] 这引发了全国性的大讨论：这位警长的行为是否恰当？是否在保护孩子隐私和公共安全两方面做到了平衡？很不幸，这场讨论可能让更多的人记住了这个孩子。

我们知道，执法部门和更为广泛的司法系统越来越依赖电子数据的收集和分析，据此做出重大决策和行动。包括要在哪里部署警力，将已经定罪的罪犯关押多久，以及如果该罪犯被保释出狱，要对他提出什么样的要求。[36] 技术公司的员工已经在签署承诺书，立誓不会创建某类执法信息的数据库——比如"穆斯林身份信息登记"。[37] 这类声明恰恰反映出一种越来越普遍的势头，即政府部门的行为是由数据驱动的。总的说来，这样的声明仅仅是表明姿态而已。

政府部门可能不需要建立新的数据库或者使用新的软件，以接触那些能够决定人们归属于什么宗教团体的信息，以及有时与宗教相关联的身份特征——比如种族身份。举例来说，各个学区都保存着孩子和他们的家庭的详细记录。按照本届政府制定的政策，美国移民海关执法局（US Immigration and Customs

Enforcement，简称 ICE）加大了在学校附近落实移民政策的执法力度。不难想象，ICE 可以要求学校将其电子数据分享给执法人员，这样，ICE 就可以对数据进行挖掘，找出与移民身份相关的信息。[38]

第三方技术供应商既然给学校提供技术服务，就可以通过学校接触到学生和他们的家庭的数据。也不难想象，移民海关执法局完全可以从这些第三方公司拿到他们想要的数据。对于 ICE 提出的要求，学校或公司会如何答复没有既定规程；无论答应还是拒绝，他们之间的交涉若非完全在我们的视野之外，至少大部分的情况无法被我们看到。如今的"老大哥"是已扩展的家庭联系网络的一部分，"他"经常给你提供难以拒绝的电子数据服务。对此，你别无选择——因为这样的服务一开始就不是由你选择的。

个体身份：声誉和自我认知

我们已经讨论过，孩子们的电子信息会将他们暴露给犯罪分子，或者导致危及安全的情况发生；同时，我们还讨论了第三方决策者如何使用这类信息，对孩子们取得的成就进行评估，以决定他们能否获取某些机会。现在，让我们谈谈一种老掉牙的风险，即对孩子们的人际关系和个人生活造成的干扰或伤害。孩子们现在或未来会遇到各个年龄段的人，这些人都可以到网上了解有关他们的信息。

这类问题与第三方决策者带来的风险相似，它关注的是合法

（或者在法律灰色地带）使用孩子们身后留下的电子数据并对其做出评判时所涉及的问题。不同在于，这里讨论的重点是，这些数据如何对孩子们青春期和成年期的人际交往产生影响。反过来，这些人际交往又会影响到孩童和青少年的声誉（包括现在和将来）以及自我认知（即对他们是谁以及他们要成为什么样的人的理解）。对于比喻意义上的"老大哥"我们已经谈论得够多了。现在，我们要讨论实际意义上的兄弟、姐妹以及各色人等。

声 誉

你的声誉由其他人对你的叙事和期待构成，与他们耳闻目睹的叙事相关，而不是你对自己的理解。这种感知性的叙事是你与他人建立起各种人际关系的核心要件。在这些叙事中，部分基于事实，部分来自合理推断，部分纯属主观臆测，甚至部分是无稽之谈。姑且不论能否培育声名，你总会有自己的声誉。而且，你的声誉会传到那些你素未谋面或者永远没有机会见面的人那里，当然也会传到你所认识的人那里。

关键在于，这里说的是人与人之间的关系，不是你和那个离你一臂之遥、吞吐数字的智能机器之间的互动。两个问题：（1）大学招生负责人使用数据分析程序来决定某位少年能否进入他梦想的学校，他会怎么理解这位学生家长在社交媒体上给孩子创建起来的"形象"？（2）祝贺！祝贺！他被梦想的学校录取了！那么，同为大学一年级的新生，他的室友看到同样的"形象"，会说什么呢？我们先讨论第一个问题，然后讨论第二个问题。

让我们站在这位大学一年级新生的角度想想看。也许招生负责人认为，小时候你装扮成彼得·潘（Peter Pan），即兴表演音乐剧的样子很可爱。但是，你刚认识的室友却是个混蛋，他毫不留情地嘲笑你 5 岁时的样子，并拿出视频为证。这是因为，你的父母将 Facebook 的隐私状态设置为"朋友的朋友"可见，而你这位室友的表哥的女友的姑姑的训犬师的助手，是你母亲的"闺蜜"。当然，即使在数码时代来临之前，混蛋们也能找到嘲弄他人的"弹药"；但是在那个时代，嬉闹童年的秘密时刻已经尘封在一去不返的过往，因此也得到了保护。若是回到那个时代，你的室友就只能拿你在学校做过的事情开涮了。比如你曾在楼梯口呕吐，或者大学时代发生在你身上的其他囧事——如抓拍的照片："天呐，糟—糕—的夜晚！ #（照片）脸上的污秽，#（照片）未加滤镜"。这些事让你的室友成为 a#$%^（讨厌鬼），不过他看起来仍然像个谦谦君子，因为这和你在六年级时遭受的嘲弄相比根本算不了什么——当时，那帮八年级的家伙拿着你表演彼得·潘的视频捉弄你，太尴尬了。你也没有告诉妈妈到底发生了什么事情，所以她从来就没有把那令人讨厌的视频删掉。其实，当时的情况是，你同学的父母比你的同学还要恶毒呢。[39]

并非只有同学可以在互联网上查到你的信息，你遇到的成年人也可以在 Google 上搜索——即使他们是在黑莓手机上用拇指打字。因此，在你的老板见到刚刚成年的你之前，他已经从可以获取的有关你过去的电子信息中过滤出你当下的形象了。

举例来说，你大学毕业后就职的第一家公司的人力资源部可能会告诉你的老板，不要在网上搜索你的信息，因为他们可不想让老板看到与你相关的某些敏感信息（比如，你的父母在网上发

晒娃请三思

布的博客显示，处于青春期的你对自己的性取向产生了困惑），以防你事后控诉这些信息影响了老板对待你的态度。尽管如此，你的老板可能还是会搜索，毕竟好奇是人的本性。Google 搜索引擎提供的资源可是我们人类无法抵制的诱惑。[40]

即使在数字时代之前的年代，你的老板也会对你心存好奇。但除非她认识青少年时期的你，或者认识某个早就认识你的人，否则她很难了解你在青春期经历的焦虑。而如果她的确早就认识你或认识认识你的人，那么她就有了更加鲜活的语境，借此理解你对性取向的纠结了。这样，她就可能对你多少有些感情，至少心存友善。她也可能会受长期以来形成的行为规范的约束，知道应当如何与现实社群里的小辈打交道。[41]

如果一个成年人不了解你的童年，她第一次看到以数字形式呈现出来的你，（人际交往的）行为规范能够发挥什么作用呢？这很难说。她正在查看的关于你的信息已经过时，也不是你提供的，还缺乏具体语境。因此，随着你对她了解的深入，你需要自己去探索，了解她当时掌握的信息在多大程度上影响到她对你的认知。

在这种情况下，我们就没有成套明确的规范可循。你该不该假定，每个人在见到你本人之前都在 Google 上搜索了你的个人信息？你要不要假定，每个人都可以通过社交网络，找到你的父母在 Facebook 上留下的信息？别忘了，还有 Twitter、Instagram，以及家长博客群这样的社交网站呢。你无从得知他们看到了什么，没有看到什么。你也不知道这事该如何说起。尽管使用互联网来了解一个人是普遍的做法，但如果你与他人交谈时的开场白是这样的，"你可能已经知道，一直到 10 岁我还在尿床，我妈在她的博客里提到过这事"——那就真是太尴尬了。[42]

实际情况是，你总被一种冷不丁出现的、令人不安的感觉包围着。你知道，有关你的电子数据将极大地影响你的声誉。可是你无法知道所有这些数据到底是什么，什么时候、什么样的人可以拿到这些数据。你也没有可靠而有效的方式进行干预，以控制这些信息点进入别人对你的阐释中。这可真令人沮丧，不是吗？

现在，让我们回到对成年后的自己的讨论。我们管不了青少年的脑子里到底在想什么。但我们确实要留意，作为成年人，我们采取的有关孩子声誉的行动，其限度到底在哪里。也许，更为恶劣的情形不是前文讨论的"与某个成年人第一次交往"的情形，而是孩子们信赖的父母和其他成年人通过社交媒体调解孩子与其他他们爱的人之间的关系。

设想一下，为了争夺孩子的监护权，父母双方陷入一场恶斗。[43]妈妈可能会在 Instagram 上贴出一张 6 岁大的女儿送给她的情人节贺卡，上面用歪歪扭扭的大写字母写着"你是我的 #1（头号）亲人"。但是，如果她的前夫，即女儿的爸爸，看到帖子后勃然大怒，对这位妈妈甚至可能对女儿心怀怨恨，后果会如何呢？也许，这是妈妈叫女儿这么写的，目的是帮她得到女儿的完整监护权。这就把女儿置于窘境：到了周末，爸爸前来探视的时候，针对此事她不得不向爸爸做出解释——尽管她对爸爸如何看待那张贺卡毫无头绪。另外，如果爸爸恰恰在星期天观看足球赛的时候喝了太多酒，那他可能压根儿不会听女儿解释。他会认为，女儿在为对方"球队"效力；同时，女儿可能会认为，自己没有资格留在这个"球队"。这种消极互动不仅会给当下的生活，还会给久远的未来带来损害。

作家帕姆·休斯敦（Pam Houston）曾经说过，我们讲述的有关自己的故事塑造着我们的生活，同时也可以"在他人与我们的生活之间竖起高墙"。[44] 而他人讲述的关于我们的故事也有同样的影响。数码世界里，不只小孩会受到讲述的故事的影响。对成年人来说，数字生活的方方面面，似乎在不断地重塑发生在初中和高中阶段最为糟糕的人际互动。[45] 这种压力可能会影响我们，让我们静心反思谈论孩子的方式。我们是否觉得自己是迫于某种压力才把孩子和家庭的信息分享了出去？这是否因为，数字世界让我们恍惚间又回到了中学时代的"储物柜"前，要等着瞧瞧到底谁才是最酷的？（学校现在还有储物柜吗？）[46]

作为成年人，我们总是面临这样的问题：你喜欢某个帖子吗？不喜欢吗？如果真的喜欢，我们就可以表示喜欢，还可以与他人分享，也可以在 Twitter 上转发。当然，我们也可以嘲笑它，因它发火。这显然是在按照青少年的气质和心理状态行事，我们争风吃醋，将这样的行为方式发挥到极致，无时无刻不在家里、汽车里，以及其他地方反复上演。每次刷到别人的状态更新，我们一次次地像中学时代那样担心颇有人缘的那些女生正聚在更衣室里窃窃私语，说着我们的坏话，或者担心总有一帮狐朋狗友的那些男生会把我们锁在更衣室里。

"状态更新"（Status update），斟酌一下这个说法吧。它指的不是针对一项"活动"的更新，也不是对"想法或感觉"的更新，而是"状态"更新。在现实世界中，我们不会问人家，"你的状态是什么？"当然，在技术层面（如婚姻状态、职业状态、纳税申报状态、航班延误状态等）和口头交流中我们会用到这个说法（"嗨！亲爱的，你什么状态啊？加班吗？或者，能签收一下猫砂吗？沃尔玛的电子运货员在屋外呢"）。

但即使在这些情况下，该词也往往集中指向确定的事情，而不是一般意义上的"过得怎么样啊？"。当然，肯定也不是体贴入微的问询："面对一天当中躲不过去的种种压力和稍纵即逝的快乐，你的感受如何？你对自己和身边的人有什么新的认识吗？你怎么理解自己经历过的失败和挫折？"

我们的"状态"是，四处奔波，心情时好时坏；有时喜不自禁，有时蒙受羞辱；有时像个 16 岁的孩子，暗自担心大家会忘记自己的生日——尽管我们心里清楚，社交媒体会提醒他们。

某种程度上，我们日常生活中面临的困境要比莫莉·林瓦尔德（Molly Ringwald）在电影《十六根蜡烛》（*Sixteen Candles*）中饰演的女主人公的处境还要糟糕。该电影于 1984 年上映，是一部向青春致敬的影片，讲述了女主人公遭遇冷落和救赎的故事。她认识的每一个人似乎都忘记了她 16 岁的生日。不像现在，当时人们手头可没有用来提醒他们的数码设备，因此她可以原谅最亲最近的人忘记给她过生日。不过，那个有颗金子般的心的帅哥最终找上门来！于是，其他人对她的忽视也就没什么大不了的。至少在那一刻，她最在意的人看到她了。

如今，我们都像是影片中的莫莉·林瓦尔德。我们都"深陷这种可能"——被他人拒绝或认可的可能。[47] 这基本上就是我们大部分时间所处的状态——尽管我们尽力免受它的干扰。当然，当我们被"怀旧星期四"的网络社交风潮所裹挟而加入怀旧行列，

　　　　　　　　　　晒娃请三思

那些时光也会带给我们快乐——因为它给我们乏味的日常之茶加进了一勺恰到好处的牛奶。我们给蜷缩在茶壶旁的猫拍了可爱的照片，若是发了这样的照片却没人点赞，那就将其抛在脑后吧。忘了茶的醇香。这猫就像茶水，索然寡味，对吧？LOL（大笑）！有人吗？有人吗？布勒在吗？

下次我们要拍这样的照片：紧贴茶壶的旁边放猫，猫的旁边放孩子，因为人人都喜欢猫的图片。[48]我们的照片要像21世纪的玛丽·卡萨特（Mary Cassatt）的绘画！或者，像是儿歌《山谷农夫》（*The Farmer in the Dell*）的现实版：农夫带着老婆，老婆带着宝宝，他们给宝宝拍照。他们在网上分享孩子的照片和发生在孩子身上的其他事情，部分因为这是呈现人们社会"状态"的通用货币。我们现在对晒孩子的迷恋，就像1985年前后人们对水洗牛仔裤的迷恋，成了必不可少的标配。该收手了。或者，我们要收手吗？

对于每个人来说，这都是一个很难回答的问题。我们可能会站在那个已经成熟的自我的角度来回答。但是，受到各种因素的影响，我们举棋不定。自我发展的多个阶段在我们身上同时并存，这是数字人生的基本要求——"永不忘记"是互联网的功能，这也影响着成年人。已经成为过去的种种自我并非在网上出生，也不是在网上长大，却在网上得以重生。与孩子们相比，我们很幸运。可以说，我们人生的根基比他们要牢固。我们有学位，有工作，结过婚，有孩子，生活还算过得去。当然，我们也一度辍学，被人瞧不起，也经历过离婚和流产的磨难。最新状态：我们经历过，现在又在路上。"道路在脚下延伸。"[49]

我们分享生活中的各种"历险"时——无论是为11点钟的（或第二顿）早餐泡了什么茶，还是那天下午与哪条"恶龙"进行了一场恶斗，我们都是那个敲板钉钉的人。我们盘算着要跑多少步就可以赶超"恶龙"，或者可以跳入无人驾驶汽车加速逃离时，我们是那个扣好表带或者系好安全带的人。我们是那些点头同意的成年人，把设备连接到网络，把自己的信息分享了出去。但是，我们并没有确切的把握，到底在分享哪些数据，分享给了谁，为什么要分享，以及别人将如何处理它们。我们在传播自己的数据而不是孩子们的数据时，同样在以下几个方面面临着普遍的困惑：隐私政策、服务条款，以及使用数码技术引起的其他变数。

但是，这两种危害在问题的源起、涉及的范围以及产生的影响方面迥然有异。先知情，后同意。尽管这种做法有其局限性，但是在数码的世界里，它为分享个人数据提供了有效的操作框架。否则，构成我们法律制度的基本原则——自主性和主体性——就失去了牢固的基础。那么，我们是否已经在"藏宝图"上找到了那个完美的"X标记点"？当然没有。我们有许多充足的理由需要考虑数字隐私及与之相关的各种改革。

固然，有好多理由要求我们考虑如何改进成年人使用网络的方式，但相比之下，还有更为紧迫的理由迫使我们审视应当如何分享孩子们的信息。法律允许成年人吸烟，饮酒，参与赌博，发生不检点的性行为，以及开展其他对个人和公共健康有害的行为。法律不允许我们的孩子做这些事情，并规定成年人是孩子们福祉的首要守护者。这个制度并不完美，但如下所述，该框架在伦理、情感和实用性方面有其核心价值。

晒娃请三思

我们成年人负有更大的法律和道德责任，不能 @#$@（搅乱）孩子的生活。若是 @#$@（搞糟）了自己的生活，我们仍然有很大的回旋余地。在这个世界上，我们的人生阅历比孩子们丰富多了。我们花了大把时间，或多或少地搞清楚了自己是谁，也花时间获取了一些资历和人脉，可以帮助我们实现自己的目标——无论我们的电子"档案"对我们作何评价。我们对自己造成的危害根本比不上我们对孩子们造成的危害。他们还有更长的人生道路要走。

当然，在数码生活中，我们也会遭遇障碍，以至于影响现实生活。常见的情况是，我们受到电子信息的误导，或者对电子信息做出了错误的判断。如果高中时的女友或男友冷不丁地发来信息，而我们却和对方调起情来，那我们的婚姻可就遇到坎儿了。在此类事件以及我们与其他"故知"在网上发生的各种情事中，我们可能更多是想要找回过去的自我，想要换个角度审视我们的生活，并非旧情复燃。[50]

我们现在面临着更大的潜在风险，这些偏离了家庭生活正轨的岔道会将我们引入险象环生的未知地域。只要点几下鼠标，我们就可以超越时间和空间的限制，不必像过去那样，要带上斗篷和匕首才能实现那些阴谋诡计。惠特曼（Whitman）说，我们有无限的可能。[51]也许数码世界只是在兑现 19 世纪提出的有关"无限自我"这一超验观念的承诺。

我们的数字生活也可能会通过其他人（而非我们自己）的数字选择而滑出轨道，撞开护栏，一头栽进"现实"生活。和孩子们一样，我们可能会成为他人违法、犯罪或不道德行为的受害者。

其中涉及的某些行为与发生在孩子们身上的情形别无二致，或者大同小异。我们的身份可能会被他人盗用，可能会遭遇网络欺凌或欺诈。通过传播真实的私密照片或者用修图软件合成的私照，我们就会变成色情行业的物料。

法律认为，在数码世界里，发生在我们身上的侵权行为不及发生在儿童身上的侵权行为那么严重。美国联邦最高法院判定，藏有儿童色情图像将被视为犯罪，这符合美国宪法的宗旨——即使图片占有人并没有制作这些图像。[52] 最高法院的解释是，这些图像本身就是犯罪，而不只是过往犯罪行为的证据。这是因为，这些图像的存在及被他人观看破坏了未成年人身体的整体性。就法律层面而言，未成年人无法授权他人创建和传播此类图像。与此相反，在取得本人同意的情况下，其他成年人拍摄或分享该成年人的私密照片是完全合法的，当然，未经同意即构成犯罪。[53]

成年人与孩子不同，我们可以对网上开展的许多活动进行法律授权，或拒绝授权。然而，我们又和孩子们一样，对他人在网上的恶意或者考虑不周的选择往往控制有限。愤怒的同事在Facebook 上对你大发雷霆，将你们的私人误会公之于众。反复无常的朋友在 Instagram 上晒出你们醉酒后在泳池边拍摄的比基尼照片，传阅这一本该留在拉斯维加斯的时刻。好心的医生可能会开出"智能药片"，利用监控，监督我们吞下苦口良药。[54]

这些和类似的选择威胁着我们的隐私，还会对我们现有的及未来潜在的机遇造成影响。老板会因为相信同事发布的言论而将我们剔出升职的名单吗？慈善庆典筹划委员会正直无私的主席，会因为我们的不当行为而拒绝我们参与活动吗？这件事我们可以

　　　　　　　　　　　　　　　晒娃请三思

用一句"谁在乎"而将它置之脑后，但其他事呢？假如我们发现医生开出的"智能药片"太苦，无法下咽因而拒绝服药，我们的健康保险费会增加吗？基于我们在数字生活中做过的和未做的事情，其他个人和机构又会怎么看待我们呢？

自我认知

莎士比亚告诫我们要忠于自己。[55]这说起来容易，做起来难。父母在网上为孩子创建了各种数据，这些踪迹会影响孩子自我认知的发展。固然，4 岁大的孩子不可能上 Google 搜索自己的信息，更不可能到 Facebook 页面上查看父母亲发布的有关自己的图片。但是，孩子们越来越习惯于在很小的年龄阶段就让父母给他们拍照，并且要求将信息发布（或不发布）出去。

通过"婴儿逗乐"（infantainment）的方式，技术供应商还面向所有青少年大张旗鼓地推销智能设备，以及其他类型的技术产品和服务内容。[56]许多程序或设备都可以从孩子那里直接收集有关数据。[57]蹒跚学步的幼童还没有达到申请信用卡的年龄，因此父母决定了孩子可以接触电子设备和服务的条件。

从很小的年龄开始，父母就在塑造孩子在数码世界里的自我认知，这反过来塑造了孩子整体上的自我意识。有些父母甚至涉足商业领域，将孩子们的生活故事变成商品，从而将这种做法提升到一个全新的水平。这是我们下一章要讨论的话题。

成人在孩子婴幼期所做的数据抉择可能会闯入孩子们童年和青春期的生活空间，参与塑造这些空间，并从中获取数据；还会从数据的受众、使用目的和数据的有效性三个方面改造这些数据。[58] 如此一来，孩童期的情形就发生了改变：从自由嬉戏和探索的人生阶段转换成一个由无数第三方技术公司进行监视、跟踪并加以分析的人生阶段。青春期本身就是一个尝试性的、躁动不安的人生过渡期，是通向自我做主并担负起更多个体责任的必由阶段；它是探索新的边界，做出新的抉择，并在犯错中学习的人生阶段。没有这样的发展机会，即失去了尝试各种活动和担负起相应责任的恰当时机，青少年很难发展起真正的自我意识。没有机会犯错，也就不能从错误中汲取教训，青少年很难成长为性情豁达、思维灵敏、意志坚韧的人。[59] 当他们发现自己可能永远走不出不可避免的失误或愚蠢决定的泥沼，他们就会变得非常死板，也可能更为鲁莽。无论是死板还是鲁莽，自由探索的"梦幻岛"（Neverland）一旦受严重干扰，就会对青少年未来形成健全的自我人格构成威胁。[60]

说到这里，应该有人要举手提问了——声音从教室的后方传来："那么，你是在说，要让'迷失男孩'（Lost Boys）在他们的余生永远迷失下去吗？这样，他们不就成了大麻烦吗？"是，也不是。

我们的确希望彼得能够离开"梦幻岛"。但是我们希望他在时机成熟、有了适当理由的时候再离开。我们不希望海盗将他赶走——以那种被海盗强迫着走跳板的危险方式。我们也不想看到"迷失男孩"发动暴动，或者盲目地跟从温迪回到文明世界。我们确实认为，来到温迪的家里他们能够帮上大忙：他们难道没有看到脏盘子摆得到处都是？

从青少年走向成熟这个过程，不可避免会带来一些损失。但是，并非一切都丢掉。琼妮·米切尔（Joni Mitchell）说到了点子上，她唱道："一天一天过去，每天都有失去，每天都有收获。"[61] 幼稚懵懂被知识所代替；由父母哄着入睡逐渐变成向着梦想进发。没有既定的路线图可以告诉我们，要在什么时候，出于何种原因，并以何种方式离开梦幻岛。理想的状态是，目的地和行程本身都可以赋予生活以意义，并提升我们对生活的理解。我们希望，从童年开始就培养起根深蒂固的自我意识，使之成为引领我们前行的力量。不幸的是，我们有很多理由相信，数码世界的"结构性转变"[62] 将引发一场身份认同的"大地震"——即便身份认同的内核还没有被彻底摧毁。

这是错误的警示吗？难道我们正在经历的这场震级高达7.0的地震还不足以将儿童期和青春期打开一个缺口，反而将人们困在了里面吗？难道技术把我们幼童化到如此的地步，以至于我们听从了彼得的呼唤，"永远不要长大！永远不要长大"吗？有人认为，技术公司给我们提供的"机器家长"越来越多，这类电子产品和服务"均可归入'我这个25岁的大男人，依然希望这些东西能够像妈妈那样替我做事'这一类别"。[63]

基于这样的观念，讨论的走向发生了变化：数码世界不是在摧毁孩子们的儿童期和青春期，而是让儿童期和青春期跨越传统边界，重塑成年世界的图景。在当下和可以预见的将来，围绕青少年的真正威胁不是成年人将摧毁"孩子"的本来含义，而是某种孩童心态将削弱"成年人"的应有之义。我们将把个体的职责拱手让给机器人和其他的数码技术，让它们为我们解决各种或难或易的问题。这样一来，房间里唯一真正的成年人拥有的只不过是人工智能，而不是真正意义上的智慧。于是，我们宣布自己"真的完全不了解生活"。[64]

这种看法有牢固的辩证基础。不必到别处寻找，只要看看技术生态系统中"向哥们儿看齐"的思维方式便可知晓，青少年生活中某些根本不值得称赞和缺乏自律的做法在受到推崇。[65] "快建速弃"给人们的行为定下了基调。可以说，这影响着我们会拥有什么样的产品和技术——尽管这种开拓创新的文化只限于少数人形成的圈子。那我们就让（这帮）"小混混们"和"传统的绅士们"在远处的街角一决高下，斗个你死我活。现在，让我们在地图上找找看，大部分人处在什么位置。

每个成年人都越来越普遍地生活在这样的世界里："魔幻"物品无处不在，可爱的"怪兽"沿街飞来，[66] 街上的汽车在自动驾驶。我们是否已经跨越了那条鸿沟，进入了成年期，还是来到了威利·旺卡（Willy Wonka）的工厂*？ 如果连我们都不能确定自己身在何处，不知道自己到底是真正成熟还是表面成熟，那么当我们的孩子长大，他们难道不是面临着比我们多得多的困难吗？[67] 若是家里有个名叫 Oompa Loompa 的机器人替我们干活，我们怎么教导孩子把家里的垃圾清理出去？类人机器人已经诞生，其内置编程可以对数字指令做出回应，将我们订购的商品送进家门，放置到指定位置。我们不必给它零花钱。它反倒让我们越来越多地

---

* 威利·旺卡是 1964 年罗尔德·达尔（Roald Dahl）的小说《查理和巧克力工厂》（*Charlie and the Chocolate Factory*）中的巧克力制造商，他挑选五位幸运的孩子参观自己的巧克力工厂，并引发了一段奇妙的故事。此小说后被改编为电影。——译注

　　　　　　　　　　　　　　　　　　　　晒娃请三思

远离日常生活的物流工作。

但是，数字服务行业和投入这个行业的人力，更多是在执行任务而非从事设计工作。我们仍然需要下订单——要么手动下单，要么自动执行设定好的订单，然后才能收到订货。我们仍然需要考虑到底需要什么，何时需要，并与相应的数字服务供应商分享这些特定的数据点。也许，人工智能的兴起能让我们教会机器人安排事务，为下周在家里给哈克举办生日聚会进行筹划（借用一位母亲的思维，并把它和日历上的所有数据结合起来）——使用下一代哈利·波特（Harry Potter）式的"家养小精灵"，[68] 以确保完美的生日礼物自动得以挑选、包装和投送。

一些零售商在朝着这个方向发展，将数码技术与人的能力结合起来，将更加便捷和定制化的购物体验融入我们的日常生活。这种混合式服务既有来自传统实体商店的尝试，也有来自数码公司的创新。他们提供各种形式的商业活动模式，把技术与人工结合起来，推动这种混合式服务向前发展。

例如，沃尔玛公司已经在"测试新的送货理念……比如将包裹送到客户的家里，并把日用品存放到冰箱里"——这是通过与"智能家居"服务供应商合作来实现的。[69] 在这种模式下，数字购物将与人工送货相结合。送货员将通过数字方式进入你家的屋子：利用手机上安装的应用软件，你将能够控制送货员的入室过程，并对整个过程进行监控。[70]

在数码技术的使用上，其他公司侧重于帮助客户买到他们想要的产品，而不是将产品送进客户的家里。根据你声明的偏好，流行服饰配送服务公司为你"搭配"并配送鞋子、服装和饰品，从而帮你减轻部分决策负担。[71]

　　不过，这只是向可以用于管理（而不只是协助管理）的人工智能迈出的一小步——尽管这是踩着漂亮的鳄鱼皮高跟鞋迈出的一小步。你还是需要输入大量的个人数据，在选择款式的时候仍然需要人的参与。的确，那种好像花了一点小钱却享受到一流服务的感觉，是吸引我们的部分原因。当那种能够对我们的事务进行组织的人工智能出现时，我们才真正找到了解决家务管理问题的方案，而这一切传统上常常是由妈妈张罗着完成的。举例来说，人工智能产品注意到我们要出席一个产品推介会，于是它先搞清楚我们要穿什么样的外套，什么时候穿，然后下订单，并将新买的服装挂到衣柜里，替换原来的衣服。这样一来，在"魔幻"衣橱还未开拓市场之前，我们已经将它淘汰出局。抱歉，阿斯兰！但是，这并非我们个人之间的恩怨。希望我们在下次风险投资大会上能够再见。

　　当人工智能接近了妈妈的想法，或者能够对家务活动进行安排，它会不会让管理家务的人变得不那么成熟？具有管理功能的人工智能或者其他越来越智能化的新兴数码技术，会对成年生活带来什么影响呢？毫无疑问，人工智能将从成年人的常规事务清单中移走某些任务和决策权。

　　例如，尽管你的机器人拥有所有相关的数据，你也不会让它代你行事，答应从 Tinder 约会平台上发起的求婚。但是，这种变化将对 18 岁及以上年龄群体总体上的"成熟商"产生影响，这牵涉的可是一个非常复杂的算式。仅仅因为某些任务和决策被划归为成年人应该做的事情，并不意味着这些行为和职责就是"成年"

晒娃请三思

的内涵。过去，我们期待居家的家庭女士会制作黄油或者做刺绣。但是，今天的妇女并不亲手制作乳制品，也不动手缝衣服，难道我们能够据此断定她们不够"成年"吗？原有的线性方程是"我们将生活任务组 X 外包给 Y"，而人工智能或多或少地把这个方程改为"我们将生活任务组及生活决策组 X 外包给 Y"。但是，在选择和训练机器人的过程中，只要依然存在某种程度的主体意识和监管，我们就不会像彼得·潘那样永远停留在"长不大的状态"，以至于无法"成为成年人"。

数字技术是否会让我们陷入比"怀旧星期四"更为严重的怀旧风潮？要想对此进行计算，涉及的另外一个关键变量是正在成年的一代人在虚度"原地打转的岁月"前将会如何打发闲暇时光。[72] 如果他们给的答案是，"机器人在洗衣服，在缴税款，或者在安排孩子坐上无人驾驶汽车去上学。这时候，我要趁机多玩电子游戏"，那就很难认为数字技术对人的成熟有促进作用。如果答案是另外一种情况：在机器人打扫卫生的时候，"我要抓紧时间完成每天 30 分钟的有氧运动，要花更多时间陪孩子玩泥巴，要在当地的慈善厨房里做义工"，那就很难认为数字技术带来了成年人的巨婴化。想要成为成年人，我们必须亲自洗碗吗？换个思路，我们能不能担负起职责，确保餐具以一种高效、公平且不存在剥削的方式被洗净？不，彼得！你不能把这些活儿留给温迪去做。让她做可不能算数哟。

孩子长大后，无论他们是亲手洗碗，还是用机器人洗碗，都需要一种强烈的自我意识；只有这样，他们才能参与和探索这些问题以了解做一个真正的成年人到底意味着什么。这些问题不会只在 18 岁或者 21 岁的年龄才出现。我们人生道路上迈出的每一步都会反复遇到类似的问题:"在人生的这个节点上,有意义地活着到底意味着什么?"做个有本事的 8 岁儿童意味着什么?要知道怎样骑自行车吗?可以不写连笔字吗,还是说写连笔字才是最好的?真正甜美的 16 岁是怎么回事呢?毕竟,自行车轮取代了手推车轮,汽车车轮又取代了自行车轮。你要结识那个拥有超酷小车的家伙,并成为他最好的朋友吗,还是依旧和阿奇在一起,开着他的旧车一同去打猎?你们的友谊可是和这辆老汽车一样,既可靠又舒坦。

在孩童期和青春期,如果孩子们没有足够的空间自由探索,他们就很难为建立真正的自我奠定基础。内心深处没有了自我意识,那就很难去思考所有问题,更别提得出什么结论了。

数码技术给青少年带来的干扰在我们生活的中心地带引发了一场"地震"。是的,数码技术造成了成年人的低幼化,这导致成人世界的地貌里出现了各种裂缝。不过,对成人世界的破坏只限于表面,并非结构性的。

成年人对孩童期造成了威胁,孩童化也对成年生活造成了威胁,然而前者造成的威胁要更大。成年人针对孩子们的数码生活所做的决策,对孩子们的童年生活造成如此大的破坏,以至于青少年个体和作为人生发展阶段的孩童期都无法修复。数码技术确实助长了孩童期那种"让妈妈去打理"的生活态度,并使其侵蚀到孩子们成年后的生活。不过,那些已经建立起自我认知意识的成年人已经具备了自理能力和责任感,他们知道怎样抓住数码技术带来的建设性机遇,从而避免潜在的破坏和危害。

我们是否为所有孩子提供了均等的个人发展机会？在儿童发展机遇方面，美国存在令人心碎的不平等现象[73]：贫穷、虐待、忽视、性侵，以及基于以下因素而遭受的歧视——种族身份、性取向和移民身份；有些孩子缺乏医疗保健、心理保健和牙齿保健的机会，教育体系薄弱，父母和监护人滥用阿片和其他成瘾性药物，孩子们面临枪支暴力、欺凌和环境毒素等问题。

这些问题和许多其他深层结构性问题剥夺了太多孩子开启美好人生的根基——安全的童年。这些困顿和匮乏状况以数不清的方式降临到孩子们身上。值得注意的是，对于有色人种的青少年来说，他们卷入违法犯罪活动的风险在增加。最为紧迫的问题是，这会导致致命的后果，影响青少年的成长。孩童和青少年需要成长空间，使他们能够对一系列选择进行探索，甚至要允许他们犯错，让他们在过程中学习和成长。

到底是一把玩具枪，还是一把真枪？ 12岁的塔米尔·赖斯（Tamir Rice）再也没有机会回答这个问题了。当时，他在市政公园里玩耍，一位克利夫兰的警察开枪射杀了他。随后，他14岁的姐姐朝他跑了过去，警察也"将她摁倒在地，戴上了手铐"。[74]但塔米尔玩的其实是把玩具枪。

塔米尔的死亡只是许多案例中的一例。太多的有色儿童和青少年——尤其是非裔青少年，在遭遇致命的司法力量或个体时失去了生命。事实证明，如果家庭成员中混合着各种移民身份，那么这个家庭的孩子在上学时也会遇到危险——联邦移民局的官员可能会在家长送孩子上学的途中将他们的父母拘留。[75]

对于这些孩子及其父母来说，他们拥有的美国公民身份并不能给他们提供保护。虽然美国最高法院已经明确声称，即使没有取得合法的移民身份，公立学校必须给其辖区内的所有青少年提供教育，[76] 但这也无足轻重。移民家庭面临艰难的抉择，既要让家人待在一起，又要保证孩子能够接受正规教育。许多混合着不同移民身份的家庭，都选择让孩子留在家中。这样，学校就游离于我们民主生活的核心地带之外，变成隐形的地狱，可学校本身并没有做错什么。

人们对公立学校产生恐惧，学校生源在流失，这超越了本届联邦政府移民政策所能左右的范畴。值得注意的是，年轻人和成年人实施的枪支暴力正在夺取青少年和成年人的生命。这浇灭了我们对学校持有的信念：学校是一个受到保护的安全空间。枪支暴力预防演习成为一项新增的消防演练。躲藏到桌子底下可能是应对这种威胁的有效办法——若是冷战时期遭遇了核弹攻击，这种办法同样有效。不过，核弹攻击只是一场从未变成现实的噩梦。

诚然，儿童期和青少年时期是建立真实自我的基石。对许多孩子而言，如果拥有这样的童年可望而不可即，那为什么还要倡导这种理想呢？这难道不是将障碍化小并将我们当中的脆弱群体边缘化了吗？

实际上，我们的目标是要深化和拓宽我们的集体职责，以保护所有孩童和青少年，让他们拥有理想的童年。就目前的状况而言，这种集体职责支离破碎。重新思考我们与数码技术的关系，不会消除（社会结构中的）"断裂带"——正是这些"断裂带"的存在让一些孩子拥有安全保障，却也让另一些失去保障，或者遭受创伤。就算我们在 Facebook 上少发帖，我们的孩子也无法获得

　　　　　　　　　　　　　　晒娃请三思

更干净的饮用水。事实上，如果完全将社交媒体或其他数字工具从宣传倡导的工具包中剔除，我们向集体目标迈进的步伐就会减缓。[77] 但如果进行反思，我们就能以一种更加注重隐私保护的方式朝着这些集体目标加速前行，这对孩子的健康成长更加有利。

反思的时候，我们都要考虑困扰我们的结构性问题。我们要对成年人使用数字技术的做法进行反思，并不意味着对成年人在其他领域的决策不必仔细探究。实际上，成年人在某一领域（比如日常生活中对数字技术的使用）进行自我反思，并在思想上朝着为儿童期提供更好保护的方向转变，就有望促进这种转变在其他领域发生，而非相反。

现在让我们把目光转向"商业晒娃"领域。在该领域中，父母关注的是青少年生活经历的正向价值，并用金钱来衡量这一价值。乍一看，商业晒娃行业与那些导致儿童忍饥挨饿、被人遗弃，甚至导致儿童死亡的种种令人沮丧的社会缺陷相隔十万八千里。将儿童和家庭的生活经历商品化，并使得这些经历趣味盎然，从而吸引来大批观众，给晒娃者带来了营销业务、各种赞助，以及其他方面的收益。

这个过程中，涌现出许多梦幻般的美妙故事和闪光点——这既是实情，又是比喻。与此同时，它也呈现出"梦幻岛"上令人诧异，有时甚至令人惶恐不安的海盗行径。这时，商业晒娃的内容可能会顿然失色，露出青面獠牙。人们趋之若鹜，那就让我们看看他们到底在看什么。看一看，即使在没有涉及明显的金钱交易的情况下，成年人如何通过电子手段来利用孩子们的私人生活，而这又反映出商业晒娃行业怎样的现实情况和潮流。

第四章

我的人生如此"晒"：孩童和生活的商业利用[1]

　　让我们仔细看看某些孩童和青少年的私人生活受到父母严重侵犯的一种特殊形式——商业晒娃。在这一相对新兴的领域里，孩子们充当了明星。商业晒娃是为了获取经济收益，收益可能立竿见影，也可能随着业务的发展在未来得到补偿，或者在目前或将来，表现为其他盈利形式。收益的来源多种多样，包括与企业达成营销协议，以推广特定产品或服务，或者以其他合作或交易形式出现——比如，加入 YouTube 公司的合作伙伴项目。[2]

　　律师提醒：商业晒娃是父母或其他第一监护人（非老师或其他受委托的成年监护人）实施的行为。老师或其他受委托的成年监护人有时也会参与（而且确实参与了）商业晒娃或类似的活动，[3]但是他们参与晒娃活动的频率远远低于孩子的父母。

　　通过 YouTube 频道、博客、Instagram 网站的个人主页，以及其他数字平台，参与商业晒娃的父母以家庭日常生活为素材，创建公众能够看到的创收内容。这种娱乐形式可以看作 2.0 版的电视真人秀。尽管比较成功的商业晒娃人士通常都和某些公司有业务关联，利用这些公司提供的架构或平台，但是他们不需要好莱坞式的摄影棚，也不需要电视台。父母可以自己拍摄视频或照片，书写故事或展开描述，以捕捉孩子生活中的每一个细节：从坐便器中的第一堆便便，到高中毕业舞会上的狂欢之夜。他们可以加入不断壮大的"小网红"（microcelebrities）的行列，生活在"某个特定群体中，并小有名气；但这也是一种行为方式：无论谁在关注，都把自己当作名人加以展现"。[4]

在商业晒娃行业中，晒娃实践本身和产生的结果千差万别。通过各种背书和其他交易，有些父母赚取了数百万美元的收益。[5]还有更多的家长，在从事有些学者所称的"希望（获取收益的）劳动"（hope labor），即免费工作，希望以后有机会获取收益补偿。[6]晒娃行业中还有提供支持服务的第三方，他们帮助这些家长开拓市场，建设品牌，提供其他数字技术方面的策略。但是，无论孩子们喜欢与否，孩童和青少年通常是露脸最多的人。

在思考商业晒娃时，请检查一下你自己的隐私范式。例如，你是否依然认为隐私可以用于交易，即隐私是可以用来换取服务或商品的秘密？无论你对隐私持有何种看法，最好看看你对商业晒娃行为的反应是否和你对隐私模式设想的结果一致，借此测试你的隐私观念的可靠性。你是否认为，商业晒娃会对青少年的隐私、人生机遇和自我认知带来风险？为什么会有风险？或者为什么没有？你在这里给出的答案是否与你对其他非商业领域晒娃风险的评估相似，还是不同？当你发现你的答案与你的隐私范式中的某些要点相互冲突，你就可以从这些要点出发进行反思。你能把自己对隐私的理解表述出来，并借此对这些章节中提出的问题进行全面且始终如一的解释吗？

这些问题也可以拿来质询你对儿童期和青春期的理解。了解了一般的晒娃做法之后，我们现在着眼于商业晒娃的讨论，那么你对儿童期和青春期的概念有什么新的认识？本书正在描画的愿景是，在这些人生阶段应该鼓励孩子们嬉闹，允许他们犯错，并从错误中学习，促进孩子自我意识的发展；你对此持有什么样的看法？如果这种观念引发了你的共鸣，原因是什么？如果也有"杂音"出现，又该如何修正？如果你认为，在成功的商业晒娃语境下，对孩子隐私的侵犯和涉及的相关风险都是可以接受的，这就意味着你对青少年及隐私观念持有不同的看法。也许，你是站在实用主义的角度界定儿童期和青春期，认为这两个人生阶段是在为孩子进入自力更生的成年阶段做准备。在这种概念框架之下，商业晒娃就不应当引起人们的忧虑，反而值得庆祝。

在本章的开头，让我们做一些有趣的尝试，采用律师的风格来思考问题。首先，让我们挑战一下这个基本前提：商业晒娃常被理解为数字世界里出现的新现象。姑且让我们满足于这种看法吧。（或者不妨接受这一看法，以便我们继续讨论下面的问题。）接下来，本章要对商业晒娃中的几种主要叙事类型进行描述。在描述的过程中及完成描述之后，本章要对其中涉及的风险进行讨论——商业晒娃把个人的事情变成了其他每个人的事情；这就涉及家族生意在法律、伦理和现实方面的一些重要风险和机遇。

这里的讨论也为我们理解一般晒娃活动提供了新思路。在商业晒娃活动中，金钱占据着中心位置。在非商业晒娃领域里，金钱似乎未能进入人们的视野。本章对商业晒娃的阐述可以帮助我们理解，财务考量怎样影响了所有成年人在儿童数字生活方面的选择；这也有助于我们看清楚，这些财务考量与我们对做家长（尤其是做母亲）的理解到底是如何互相影响的。此外，这里提出了一些令人不安的问题：我们是否在接受网络霸凌为当今育儿的一部分？在商业晒娃和非商业晒娃活动过程中，我们以数字形式创建了各种有关孩子们的生活故事，如此一来，我们是否在鼓励孩子进行表演，而不是在教育他们要做真实的自己？

商业晒娃是新鲜事物吗？

在继续讨论之前，让我们做一个律师最喜欢玩的游戏。做法如下：有人发表意见，然后你说"错！"随后那人反驳，而你甚至都不用听。他（或她）说什么都没关系，你只要坚持说："错。"这个游戏很有趣，可以永无休止——特别是在感恩节晚餐时你对叔叔这样做，或者在夜行航班上对坐在身边的陌生人这样做。

我们将尽量让这个游戏既简短又有趣，并希望它对我们的讨论有价值。观点陈述：商业晒娃是 21 世纪独有的创新，旨在通过新兴的数码技术，以前所未有的方式，将孩子们的私人经历兑换成货币。回应：错！商业晒娃只是将两种我们熟悉的育儿做法结合在一起：其一，父母总是在分享孩子的事以共情；其二，父母总要打理家庭财务。

父母总是在和别人说自家孩子的事情。父母经常和其他孩子的父母交流，也和专业人士——比如老师和医生交谈。在杂货店，如果孩子把货架上的糖果打翻在地，父母就得和收银员攀谈，以示歉意。父母也需要与其他孩子的父母保持联络，寻求他们的建议，在彼此的帮助下正确看待孩子的问题。可以说，参与商业晒娃的父母的行为，只是利用了最近发展起来的人际联结模式，扩展了自己的社交圈子，以寻求他人的帮助和支持。

既然有些父母从中赚了钱，这难道不是一件好事吗？家庭企业一直是美国经济重要的组成部分。只要看看电视剧《草原小屋》（*Little House on the Prairie*）便可知晓：（家里的两个孩子）劳拉和玛丽要担负起维持农场正常运转的职责。[7]商业晒娃比较成功的父母只是该剧中"爸爸"和"妈妈"的现代版——要求孩子以适当而有限的方式，为维持一家人的生计做贡献。

这样的说法并非虚妄之言（律师可能会这样辩驳），但是并不能令人信服。商业晒娃并非另外一种交流形式或家庭企业形式。它们不管是在类型还是涉及的范围方面都有所不同。商业晒娃交易的是私人经历，而不是让孩子去完成诸如挤牛奶这样的任务，而这些私人经历顷刻间就会传播到世界各地。刚过去不久，广为人们接受的隐私规范还在保护这些人生经历免受公众的审视呢。设想一下，我们回到1990年。如果有家长付费，在高速公路边的广告牌上宣布："我家的女儿刚有了初潮！"我们一定会觉得非常怪诞。如果将孩子的这次经历制作成视频，发布到YouTube网站，这有何不同？[8]

就本质而言，两者之间别无二致。YouTube网站和广告牌都将孩子成长过程中的某一时刻广而告之。两者之间的核心差异更凸显了商业晒娃与更为传统的人际交流形式或家庭企业形式之间相去甚远。YouTube 平台免费使用，而广告牌却要收费；前者可以传遍全球，后者只能抵达本地受众。

说句公道话，YouTube 确实可以给人们提供一个交流互动和接受教育的平台，这是广告牌或其他实体媒介无法提供的。诚然，这些好处有助于发展社群和学习知识，总体上在发挥积极的作用，但并不能抵消其侵犯隐私的罪责。我们刚刚有幸躲过了广告牌潜在的、侵犯孩子隐私的发展阶段——但即使当时发生了这种侵权行为，也不会造成现在这么严重的后果。现今，我们在信息高速公路上加速前行，侵犯着孩子们的个人隐私。

商业晒娃叙事脚本

商业晒娃是一种新现象。当商业晒娃内容出现在你身边的小屏幕上，你看到的可能是其发展的第一阶段——家庭恶作剧；接下来，YouTube 的算法可能会建议你观看更为极端的内容[9]——婴儿和小猫玩耍，以及青少年和老虎嬉闹[10]。此处对于商业晒娃的主要叙事类型所做的总体呈现，可以看作是一边走路一边用手机拍摄的一系列模糊镜头。这里的描述并不是当前整个商业"晒娃空间"的全部图景，不是沿着时间轴对其演变所做的完整分析，也不是对影响所晒内容的所有变量所做的分类。[11]这里呈现的"镜头"反倒只是为了看清商业晒娃如何展开叙事，从而让我们的讨论得以继续，免得浪费时日进行调查研究。[12]

商业晒娃的叙事类型主要有三种：记录人生阶段，表现日常活动和基于善举的网络社群。[13] 这三者之间的界限恰似"走路时用手机拍摄的照片"一样模糊不清。对于某一特定的商业晒娃实例而言，其中可能包括不止一种叙事框架。

每一种叙事类型都会有子类。例如，家庭恶作剧类型的视频可以归为一种特定类型的活动；而有关如何与孩子做"手工"的建议可以算作另外一个子类——尽管二者似乎存在交叉重叠，"手工"类型中的明星幼童可能会用泥土代替咖啡，并称其为艺术。[14]

在所有叙事类型中，晒娃者通常都希望在如下两者之间找到平衡：其一，营造一种仅限于"你知我知"的真实性；其二，无可挑剔的表现。[15] 这种策略对所有晒娃的父母都适用——尽管他们在这种平衡中各有侧重。实际上，这种模式是商业晒娃的魅力所在，是家庭环境下精心策划出来的时时刻刻。叙述者简直就在说，这也可以发生在你的家里，不过我们可比你们"酷"多了（眨眼的表情符号）。

故事中主要叙述者的形象通常会对这种平衡产生细微的影响，还会把其他变量引入。如果是产后妈妈在讨论产后发胖，她可能会采用闺蜜来访、两人一起喝咖啡的故事模式。私密关系是这一叙事模式的重中之重。场景呈现非常微妙，目的是避免而不是凸显一种叙述者在屏幕那边（而不是坐在咖啡桌对面）的感觉。相比之下，如果是单亲父亲在捉弄处于青春期的女儿，[16] 那就要采取相反的策略。父亲的设局是显而易见的，叙述者的语气会邀请观看者参与到玩笑中来，其目的更多是为了抖出引发笑点的包袱，而不是对话和交流。幸运的是，数字技术尚未发展到能够让扔出的奶油馅饼飞出虚拟空间，从我们的计算机里破屏而出。

人生阶段

　　商业晒娃叙事脚本的第一种类型是记录孩子的不同人生阶段。这在很大程度上是所谓的"妈咪博主"的领域。她们创建自己的网络日志，谓之博客。"妈咪博主"这个词用途广泛，也包括了视频博主（即那些通过视频记录自己生活的人）和以母亲身份在Instagram及其他社交媒体上创建和呈现数码内容的人士。参与这一活动的女性中，有人认为"妈咪博主"这个字眼对其不敬；[17] 有些则敞开怀抱，欣然接受。[18] 本书中的用法只是客观描述，不作贬义理解。

　　这里的人生阶段既涵盖家中孩子的年龄变化，也包括他们身心发育的不同阶段。家长（通常是母亲）基本都会将他们的体验和情绪流露出来——不管他们讲述的是孩子的哪一段人生经历。[19] 他们记录下来的人生阶段[20]通常包括受孕、孕育、分娩、新生儿、婴儿、幼儿、学龄前、少年期和青春期这些不同时期。

　　在这些人生阶段，博主讨论的是大部分父母都熟悉的话题。例如，有关受孕的对话可能包括备孕的过程，或者不孕不育的烦恼。通常情况下，这些对话会涉及宫颈粘液及其他生理功能方面的细节信息；而这些信息原本只是说给亲密伴侣、医护人员或者可以信赖的亲朋好友听的。[21] 一篇有关幼童的博客，可能关注的是幼儿向学龄前儿童的过渡——家里添了个新生儿，他／她就要当哥哥／姐姐了。[22]

　　这些话题中，许多都是20世纪50年代的母亲们聚在一起喝

　　　　　　　　　　　　　　　　　　晒娃请三思

咖啡时谈论的。但是，另外许多话题也带上了 21 世纪的独特风格，比如，哪些品牌的婴儿监护仪可以让父母安心，或者哪些生育追踪设备可以帮助他们生下小宝宝，而这些小宝宝也正需要婴儿监护仪来照看他们。[23]

无论是采用传统方式还是数码方式晒娃，对孩子们不同人生阶段的分享都包含着对其他父母的慷慨帮助和建议。这些建议可能以医学或科学的面目示人，也可能是纯粹个人的育儿经验；当然，也可能介于这两者之间。无论采取哪种方式，叙述者通常对其谈论的领域（如生殖医学）缺乏正规资质。[24] 不具备专家资质的人员能够向数百万人提供育儿建议，这种新做法极大地扰乱了两种传统信息获取渠道：个人关系网络（包括亲戚、朋友和社区成员）和有资质的专家使用的传统平台（比如印刷出版物）。这种变化对个人和公共生活造成的实际的和潜在的影响非常巨大，而且相当复杂。[25] 其中涉及的许多内容已经超出了本书讨论的范围。

现在，让我们仔细想一想。商业晒娃领域似乎存在一种自我强化的循环模式——一旦成功，就会激励父母分享发生在子女和家人身上的事。基于家长身份和行为，若是这位妈妈被大家认可，奉为育儿专家，她就会晒出越来越多的育儿经，这就进一步强化了她的身份。某种程度上，特定的育儿选择是否有效无关紧要。如果不成功，她就可以将这次失败晒出去："莫在你家尝试！"——这依然是有用的数据点。

商业晒娃圈外的父母似乎在消费这些内容——至少在消费其中的部分内容，因为这被当成了一种专业知识资源。无论是否真的相信，只要消费和参与该内容互动的人次越多，这些内容在各种数字平台上分享得就越多。这是因为受到广告商额外奖励的刺激，也是因为算法对其重点推送。反过来，分享转发得越多，父母和其他观众就越相信这些内容。这种对内容可信度的持续强化会提高商业晒娃者的个人信誉，从而提升其个人影响力，鼓励他继续分享更多的内容。

在此循环过程中，人们很少或者根本不关注信息的准确性，换句话说，创建的内容中传递的信息是否精确，并非人们首要关注的焦点。在任何节点上，信息的准确性都可能不是有意义的变量。在养育孩子方面，可没有期末考试，也没有专业同行对网上提出的建议——比如如何让孩子睡得更踏实——进行评审。无须从任何监管机构获取资格证书，你就可以分享自己在不孕不育方面的体验，其中也会夹杂看似专业的医学数据。如果你声称自己有"MD"（医学博士）学位，而实际上"MD"却表示"Mama's Dishin"（妈妈在揭短）。这时，你可能违反了多项法律条规，包括无资质行医，以及虚假广告宣传。[26] 但是，如果你分享的是自己的经验和与医学、科学或类似领域相关的个人见解，而且没有误报资质和说谎，也没有类似的恶意行为，你就不可能违反法律。

联邦贸易委员会已开始关注社交媒体上的"网红"所从事的电子商务活动。这类商务活动可能涉及一些从事商业晒娃的父母。不过，联邦贸易委员会关注的焦点是透明度的问题："网红"为促销的商品和服务背书并从中获取补偿时，要有透明度。[27] 至于商业晒娃者宣称的"专家"建议对消费者会产生什么影响，晒出的内容是否有失公允，或者是否存在欺诈行为，似乎都处在监管部门意识雷达的边缘地带。

这些内容可能会部分融入典型的商业晒娃叙事，成为讲述个人经验的重点。而观众或读者可能会做出错误的选择，将这些内容推而广之，用于自己的育儿实践。这种叙事的潜台词是："这是我的个人经验，希望在你那里也能起到同样的效果！"这样的声明与向潜在客户承诺某种特定效果完全不同。例如，一家床垫公司许诺，如果你家宝宝使用他们公司的床垫，睡眠质量一定会得到 100% 的提升，事实证明这是虚假宣传，那么该公司的做法就涉嫌违法。[28] 相反，如果一位妈咪博主说，她提出的睡眠建议对自己的孩子有效，并且希望对你的孩子也有效，这就不存在不公平或欺骗行为。（当然，如果她收了床垫公司的钱，按照公司要求向其他人推荐了床垫，并承诺收效 100%，但又没有透露她与这家公司之间的财务交易，那就违反了要求真实性的广告法。）

围绕孩子人生阶段开展的商业晒娃活动，似乎呈现出这样一种趋势（至少部分做法在朝这个方向发展）：它正在成为一个传播"专家信息"的空间，而这里的"专家信息"基本上来自没有资质且不受监管的所谓育儿"专家"。[29]"育儿专家"的建议传播广泛，涉及的育儿主题方面的信息不够准确，也不够完整，甚至具有误导性。这些信息会像病毒一样到处传播。更糟糕的是，这可能会传播真正凶险的"病毒"。[30]

日常活动

商业晒娃的第二种叙事类型是日常活动。这一类型的主题范围较广，从艺术到手工作品到滑稽搞笑的恶作剧，其重点在于父母和孩子一起做活动，或者在孩子自己从事此类活动时给予指导。其中一些是极为寻常的家庭活动。比如，YouTube 网站上 WhatsUpMoms 频道的创建者就是从家庭旅行建议的网络搜索中寻求灵感，将其作为创建分享内容的主要来源。[31] 其他常见活动包括家庭度假 [32]、运动 [33] 和家居装饰 [34]。

有时，这些活动超越了日常琐事，成为富有灵感的创造。与其无所事事地度日如年，还不如装饰一下你的屋子，让它变得超凡脱俗吧！

其他类型的分享在家庭生活中不太常见。家庭生活中的许多时刻会在无意中产生幽默效果。比如，你不小心把洗衣液倒进了洗碗机。哎哟！搞错了，泡泡飞扬，笑声响起；或者你干脆将错就错，乘兴玩起来。这与通过精心策划并成功"捉弄"家人而引发的笑声截然不同。若被捉弄的家庭成员是个孩子，这种恶作剧可能让人笑不起来。

对于家庭恶作剧阴暗面的详细考察，不能只限于屏幕上呈现出来的部分。它向我们揭示，在商业晒娃活动中，孩子们被置于何等脆弱无助的地步。在最为极端的情况下，这类晒娃活动向世人展示，父母的行为也会触碰法律底线，构成虐待儿童罪或未能尽到监护职责罪。

最近，一家法院裁定，来自华盛顿特区的一对夫妇未能对他们的两个孩子尽到监护职责。原来，这位父亲在 YouTube 网站的 DaddyOFive 频道发布了一系列视频，展现对于"大部分旁观者而言……什么行为很像是虐待儿童。"[35] 尤为令人不安的是，在一段视频中，父母把可消逝的墨水泼洒在儿子的卧室里，并向他大发雷霆，又喊又叫，还骂儿子把屋子搞成一团糟可是遇上大麻烦了。

　　　　　　　　　　　　　　　　晒娃请三思

然后，他们告诉孩子"这只是个玩笑，老兄！"这时，孩子自然非常生气，他们又嘲笑孩子，说不要发那么大的火。[36] 这个典型脚本在很多晒娃视频中都反复出现：他们先把孩子置于不恰当或危险的境地，捕捉孩子必然会有的情绪反应；接着透露这"只是个恶作剧"；然后，他们把这一幕记录下来，还不忘嘲笑孩子竟然受不了这点委屈。

　　法院下令，必须把这两个孩子从他们家里转移出来，交给其他人照看。孩子的父母已经暂时封停了自己的 YouTube 账号，他们拥有大约 75 万粉丝。许多视频观看者向政府部门揭发了这个家庭发生的危险行为。[37] 事态的发展表明，这位家长发布的YouTube 视频，虽然侵害的是自己孩子的隐私，却构成了犯罪。这是因为，他们让外人目睹了在这个家庭里正在上演的恐怖事件。这也表明，正是为了生产新颖且能够带来轰动效应的视频内容以博眼球，才促发了后续恶劣的危险行为。

　　无论你怎么理解其中涉及的复杂因果关系，在有关隐私和恶作剧的讨论中，两个基本要点是明摆着的。第一，恶作剧事件一旦进入数码世界便失去了控制，人们再无法将其从互联网上清失掉。尽管这位家长在 YouTube 上的 DaddyOFive 频道已经消失，但是视频的内容就像真正的墨水（不是可以消逝的那种），在互联网上留下点点墨迹。互联网上的众多主播会不断导演这样的事件——无论"演员"是否喜欢。更何况，这位家长先前发布的视频内容可以通过其他线上渠道轻松获得——比如对于其他观看且发表了评论的观众，他们的 YouTube 频道上依然留有记录。

　　正如一位著名的 YouTube 评论员所说，即使这些评论是针对

"许多虐待孩子的方式"以及为什么这种做法不可取所展开的分析，即使这些分析经过深思熟虑且令人肃然起敬，它们带来的实际效果仍给其他人获取这些视频提供了方便。[38] 视频涉及的男孩名叫科迪（Cody），在他的父母发布的大多数所谓"玩笑"视频中，科迪是被捉弄的对象。看来，他在这个家庭里经历了一场噩梦。某种程度上，只要这段视频永远存在于网络，他就要继续遭受噩梦的折磨。

对于科迪来说，这事关他现在和未来的人生机遇。决策者们根本不需要通过经纪公司来挖掘，也不需要通过算法来分析，以了解他童年时期的私人信息。他遭受的屈辱、恐惧、愤怒，以及其他许多情绪就明摆在那里。一个人要多么无情，才会把他经历的不幸怪罪到他身上。

不过，让我们换个思路来思考一下："这当然不是科迪的错。但是，想一想儿童期的创伤对幸存者的一生会带来怎样潜在的影响吧！也许，我不想让我的孩子约他一起玩耍。也许，我不想让他来我的班里上课。也许，我不想让他在暑假里到我这儿来打工。"这些说法都有道理，只是对科迪不公平。决策者所承担的角色会使这种假定的缺陷发展成为针对科迪的非法歧视。[39] 也许更重要的是，从孩子的角度出发，他们可能会让科迪难以结交到朋友，让他无法做自己——不管那个自己将来到底会是什么样子。

讨论隐私和恶作剧的第二个基本要点是，当今许多孩子都是父母恶作剧的对象。不过"恶作剧"之间存在差异，像科迪经历的这种实际上是对孩子的虐待和忽视，而有些恶作剧则没有达到这般恶劣的地步。低级趣味的恶作剧，或者根本不好笑的恶作剧

　　　　　　　　　　　　　　　晒娃请三思

基本上不会违法。然而，尽管父母在晒娃过程中尽量避免触碰虐待和忽视儿童这条法律底线，当今商业晒娃和普通晒娃的故事中确实存在令人不适的次要情节——父母针对孩子的恶作剧。

孩子们是天然的喜剧天才。幼童觉得重复老把戏很有趣："把勺子扔在地上，然后尖叫，等爸爸捡起来。再来一次。"父母们也很有趣：他们可以让勺子开口说话，与刀叉谈情说爱，和盘子私奔。祝福他们！也许，只有这一家人在欢笑。不过，要让现实生活继续下去，我们的确需要这么一勺"糖"。

但如果我们是以孩子而不是自己为代价来取乐，也不是与孩子一起欢笑，其中的甜美就变味儿了。以深夜电视节目主持人吉米·基梅尔（Jimmy Kimmel）为例，他每年都会组织万圣节恶作剧活动：父母假装把孩子讨来的万圣节糖果都吃光，然后将孩子们的反应拍摄下来，把视频分享到线上。[40] 2017 年，吉米·基梅尔在 YouTube 播出标题为"我告诉孩子我吃光了他们全部的万圣节糖果"的视频，是各位参与活动的家长的视频集锦，观看人次超过了 280 万。[41] 实际上，吉米收到了来自全国各地的父母发来的参赛视频。以下是剧透：对成年人来说，拿走幼童的糖果是再简单不过的事情；但对幼童来说，这并非易事，他们很难接受这就是事实。对有些孩子来说，简直是天翻地覆；有些孩子则竭尽全力保持镇定，可是内心早就崩溃了。这玩笑深深地伤害了他们，把眼下万圣节的欢乐一扫而光，并且颠覆了"父母值得信赖"这一基本观念。[42] 它带来的只是廉价（甚至带有虐待狂意味）的笑声。

如此多的父母参与了这场活动，这就引发我们思考一个令人不安的问题：成年人的幽默品位有多大程度是建立在我们应当视为欺凌的行为之上呢？[43]欺凌是一个饱含争议的词语，也许可以使用"网络欺凌"这个字眼，来描述潜藏在某些商业晒娃行为和一般晒娃行为背后的动力。

过去十年左右的时间里，教育人员、立法者和其他决策者越来越关注此事，考虑如何解决青少年之间的欺凌行为，以及如何保护孩童和青少年免受由此带给他们的伤害。[44]从许多方面来看，数码世界加剧了这种风险和挑战，因为孩童和青少年可以通过各种设备和平台昼夜不停地参与交流互动。[45]决策者的普遍反应是，各州必须制定新的法律法规，或者对各州现行的法律法规进行修订，以便在欺凌行为发生时，教育工作者和执法人员可以采取措施进行干预。

让我们看看某州打击欺凌行为的法律规定。这条法规将欺凌定义为"针对另一名学生实施的单一重大事件，或一系列事件，涉及书面、口头或电子通信，以行为、手势或任何组合形式……对受害学生造成情绪困扰"。[46]该法明确规定，欺凌涵盖"基于学生真正存在或感知到的个体特征而导致的权力失衡所引发的行为"。[47]这条法规仅在学校范围内具有法律约束力，因此条文中使用了"学生"这个字眼。可以看出，这是条有关孩子如何对待其他孩子的法律。

现在，让我们做个思维实验，将该法律条文中的"学生"换成"未成年人"，情况会怎么样呢？这条法律会禁止这类事件发生，即对 18 岁以下的人造成情绪困扰的重大事件，包括基于一个人的年龄而产生的权力失衡所引发的事件。将你的孩子的困扰公

晒娃请三思

之于众——从孩子们那里拿走他们的万圣节糖果，把他们的情绪反应拍摄下来，并把视频分享给全世界的人观看——似乎符合调整后的法律规定所禁止的事。不管用什么办法来衡量，这都是对孩子造成了情绪困扰的重大事件。这个恶作剧事件本身就存在权力失衡问题。父母的角色使得成年"恶作剧实施者"能够拿到糖果，子女的角色使得子女处于依赖父母的地位。如果父母说糖果没了，她怎么能将这些糖果追索回来？实际上，孩童的角色还确保家长会从孩子那里得到他们认为值得拍摄的情绪反应，因为从心理发展的角度来看，儿童极可能会对这种"恶作剧"产生强烈而复杂的反应。

那么，要不要找警察来介入这种情况呢？不。不会有涵盖父母和其他成年监护人的反欺凌法的。[48] 这样的法律可能会违宪，而且一定含糊不清，过于宽泛。尤其不能针对父母，因为这可能会阻碍父母采取积极行为保护孩子的安全：比如，你告诉只有13岁的儿子不能开你的车，因为他还没有成年，而这却让他伤心地哭了。政府如果基于父母和孩子各自的角色，禁止哪怕是一桩对孩子造成"情绪困扰"的"重大事件"发生，就会被视为管理过度，以致违反宪法的规定：保护（公民）养育和教育子女的自由权利。[49]

其他成年监护人与孩童之间的权利关系——比如师生关系或教练与运动员之间的关系——不会和亲子关系受到同一层级的宪法保护。但是，这些亲子关系之外的其他角色确实承担着特定的法律职责，要求这些成年监护人根据孩子的年龄情况进行决策，以确保孩子的安全，但仍有可能对孩子造成情绪困扰。因此，涵盖父母之外的成年监护人的反欺凌法也可能过于含糊和宽泛，无法成为真正意义上的法律。

尽管法庭不会就丢失的万圣节糖果案件开庭审理，但是成年人有能力思考，而且应该思考我们在日常生活中坚持的一些常规做法。[50] 我们不需要法律来告诉我们，欺凌自己的孩子是不对的。我们确实要考虑，如何向孩子们解释这种做法：可以拿走他们的糖果，让他们痛哭，并将哭泣的情形拍摄成视频，分享给他人观看；但是，他们如果对其他小学生做同样的事情，就会在学校里遇到麻烦，当地的执法人员可能会找上门来。

我们对孩子解释，他们不能喝啤酒，不能驾驶汽车；那就欺凌而言，我们能以近似的方式给出正确的解释吗？近似的解释是："你现在还不能这么做，等你长大了就可以了。"我们就不能给出一个合乎情理的解释——基于我们共同坚守的礼仪规范，秉持我们选举的官员为学校制定的反欺凌法的精神，以此来教育我们的孩子吗？我们如果还不能，就应该重新考虑万圣节的恶作剧行为：加入捉弄孩子们的行列，或观赏其他家长怎么捉弄他们家的孩子。从根本上说，我们应该反思当下对这种做法的接纳态度——我们接纳了业余爱好者或专业人士分享出来的、以孩子为捉弄对象的"恶作剧"。这更多是病态取乐，而不是长大了就能做的事情。

基于善举的网络社群

商业晒娃叙事脚本的第三种类型是基于善举的网络社群。让我们看看，当天性中的善良天使占了上风会是什么情形。许多参与商业晒娃活动的父母，试图帮助自己的以及别的孩子和家庭摆脱困境。这种商业晒娃类型主要表现以下叙事内容：它反映了一种同舟共济、战胜困境的精神风貌；或者，超越了战胜困难这件事本身，反映出一种齐心聚力、为了共同的高尚目标而奋斗的精神理念。

与其他两种叙事类型一样，这个宽泛主题有许多种呈现方式。一个常见的子类就是对困境做出回应。例如，涉及患有重病、不治之症的孩童或家庭[51]，或者涉及各种身患残疾的孩童或家庭[52]。这些父母的晒娃故事可能包括如下博客内容：通过分享日常生活中"正常"的一面，以及病痛给他们带来的负担，他们要消除慢性疾病给他们的人生强加的污名。

另外一个叙事子类介于逆境叙事和平权叙事之间。这类晒娃内容涉及以下的孩子或家庭：在他们所在的社区、州或国家，某种意义上，他们也许被贴上了"非传统"或"非常规"的标签。他们往往在生活中承受着独有的压力和困难，这些压力和困难恰恰来自与他们交流互动的个体和机构，而非源于身体或精神方面的健康状况。因此，这里的商业晒娃活动涉及 LGBTQ（即女同性恋、男同性恋、双性恋者、跨性别者和酷儿群体）家庭和混血家庭。[53] 晒出的儿童或家庭的经历可以给观众和读者提供前行的动力，也给他们自己加油打气。这里触及的核心问题是我们熟悉的"伙伴扶助系统"：如果你想要达成某个目标，那就先找个志同道合的帮手，或者找一百万个帮手。

有时候，真正的目标是找到一百万美元（或者接近一百万美元）的资金，用来支付患病儿童或残障儿童的医疗费用及其他需求。[54] 为了实现这一目标或者类似的目标，这类商业晒娃活动的

"财务属性"相比其他类型会更为明确。乍一看，在基于善举的社群空间里，这种对金钱的关注似乎与我们的直觉感受背道而驰，也似乎有点不合时宜。我们不禁要问，在人人都奋力前行，朝着非物质性的远大目标奋力迈进时，为什么要在这只浩荡前行的队伍的头顶降下一阵"阴雨"（即谈及明确的财务目标）？为什么不去掉价格标牌，让共同目标的"阳光"普照呢？这种商业晒娃运作模式难道不是极具剥削性吗？这难道不是在利用人们对孩子的同情心赚取金钱吗？

这些质疑不是没有道理，但他们忽视了五级飓风，却看到了毛毛细雨。赚取金钱的这场"阴雨"正是为了实现"阳光普照"所做的努力。真正的"风暴"来自许多家庭面临的沉重的财务负担和压力，因为许多家庭的孩子身患重病或者身有残疾。通常情况下，即使他们享有医疗保险，这些家庭也要面对难以克服的经济负担和苦不堪言的抉择：他们是要用现有资源来支付抵押贷款，还是要为子女购买可以为其提供服务的动物帮手？保险公司和其他财务资源都不会将这部分支出包括在内。这些权衡和取舍触及父母职责的核心——要为子女当下和未来的福祉筹划。法律为父母履行这些职责打下了基础。[55] 父母总是想为孩子提供最好的条件。

这里涉及的财务需求因此仅在技术层面属于商业行为：利用数码市场来创造经济收益。从本质上讲，这可能有关他们的生死存亡。如果病患儿童或残障儿童的家庭能够全方位获取可以利用的资源，这些家庭就不会如此迫切地将孩子们的医疗信息向世人分享，借此来感召他人，激发人们伸出经济援手，帮助这些家庭以及处于相似境况的家庭抚养孩子，从而让孩子们能有一个成功

晒娃请三思

的未来。当健康和生命面临威胁，隐私就可以卖个大价钱了。

这是否会陷入"现在借钱，日后多还"的窘境？我们的消费信贷领域里充斥着这种业务——尽管风险是金钱，而不是隐私和人生机遇。一个常见的例子是发薪日贷款。借款人会拿到一笔短期贷款，条件是他必须在下个发薪日将所借款项、利息及其他费用一同还清。借款人会写一张支票给放款方，让对方在即将到来的发薪日兑现；或者，借款人放款方授权登录他／她的电子银行，从账户中提取资金。

好处是，这种贷款产品给贷款信用度不高、没有存款或者缺乏其他资源的借款人提供了一种弥合财务缺口的办法，以便能够履行时效性很强的义务——比如付房租或者购车的分期款项。不幸的是，他们可能会陷入滚雪球式的债务陷阱。可以预见，他们将无法负担三位数的贷款年利率（简称 APR）外加本金，而这一切必须在下一个发薪日扣除。[56] 因此，发薪日贷款的危害性如此之大，以至于国会明令禁止，不许放款方向武装力量提供该产品。[57] Google 公司的搜索引擎也对发薪日贷款公司实行封锁，禁止他们投放产品广告。[58]

然而，捍卫发薪日贷款做法的人士认为，这是一种很好的机制，它给缺乏其他筹款渠道的借款人提供了必不可少的生存机会。批评人士则说，这种解决方案带来了更大的问题，加剧了财务状况的不稳定性，增加了财务状况彻底崩溃的风险。尽管各州在将来可能会采取更为统一的联邦监管方案，但目前州与州之间的法律系统对于这类做法和其他因素的权衡回应各不相同。不过，底线还是有的，尤其对基于互联网开展的发薪日贷款业务更是如此，因为这类业务可以跨越州和州之间的边界进行。这里的底线就是，潜在的发薪日贷款业务中的借款人需要自己决定，代价多高才算超出可以承受的限度。这也适用于其他潜在的、购买高成本和短限期贷款产品的借款人——例如，涉及汽车所有权贷款，付款方式灵活且利率不定的抵押贷款，或者医疗贷款。

身患重病或身有残疾的孩子的父母也面临同样的窘境。与商业借贷相比，商业晒娃方面的法律和监管机制少多了，对于晒娃可以有多少空间的法律信息就更少了。通过商业晒娃，孩子们的医疗信息被分享了出去。由于他们年龄还很小，因此很难对其中涉及的成本和收益做分析评估。对于一名与癌症做斗争的孩子而言，一旦病情公之于众，在以后的人生中，他／她会受到欺凌吗？这会剥夺他／她接受教育的机会及其他机遇吗？这会给他／她带来别的负面后果吗？即便如此，承受人生道路上的这些冲击总比他／她流离失所要强吧？父母可是宁愿把其他的家庭费用抛在一边，支付了孩子的治疗费用。

还有一个潜在的比照点就是非营利组织的做法：非营利组织把那些和健康问题做斗争的孩子的境遇分享出去，作为活动宣传的一部分，以便为这些孩子和处于类似境地的孩子争取到相关的服务。[59]这些宣传活动在整体上有助于改善孩子们的生活，而不是损害他们的生活。当然，这种比较有其局限性，非营利组织会受到多重决策结构和管理结构的限制，而家庭是没有这些限制的。

在非营利组织中，信托人在董事会议上指导该机构开展这类宣传活动；而在家庭里，父母在厨房讨论，发帖求助，或展开GoFundMe筹款活动就行，他们比其他任何人都更了解自己的孩子。两相比较，哪一种方式更好？一方面，父母是凭情感进行决策，虽然这完全可以理解；而非营利组织的董事会和工作人员比较专业，他们可能会对其中的成本和收益做出更好的分析评估。另一方面，如果你的孩子危在旦夕，需要立即进行医疗救治，非营利组织冗长的审批程序和多重目标就会成为障碍，你就很难实现自己的财务目标。可以这么说，与任何其他领域相比，这里讨论的商业晒娃更关心孩子们的福祉，以及如何向他们提供关爱。

性别视角

说完了商业晒娃领域的三种叙事类型，现在让我们探讨一下家庭里负责看护孩子的角色。在许多异性恋家庭中，更多情况下是母亲而不是父亲在承担这一角色。[60] 在所有单亲家庭中，女性家长是压倒性的大多数，这就让母亲成为家里唯一照看孩子的家长。[61] 如果一个家庭中有两位母亲，那位更"女性"的家长会承担起这一角色。因此总体而言，更多的女性而不是男性在承担家庭中看护孩子的角色。

商业晒娃的做法是在拿家里的活动做交易。有些商业晒娃的叙事类型甚至关注的是看护孩子以外的话题，但这也不妨碍多数叙事类型会源自，至少是牵涉第一监护人。与其他监护人相比，第一监护人更贴近儿童和家庭的生活经历。由于第一监护人通常是女性，因此母亲在商业晒娃活动中的角色和职责就相当复杂。

直截了当地说吧，支撑起商业晒娃活动的力量是那些把自己从事的工作和育儿活动结合起来的父母，尤其是那些将自己挤入公司发展客户的传统渠道中的女性。不过，这些女性为守护孩子们的利益增加了另外一层防护措施。即使她们收了人家的钱，但既然有实实在在的人用切身感受讨论产品或服务，为什么还要相信公司给出的陈词滥调呢？助力商业晒娃活动的女性，已经找到了利用这层新增防护措施的办法，创造出更能"呈现本真"（实际生活）的空间——至少为讨论新话题创造了空间。如果没有参与商业晒娃活动的女性站出来，谈论月经期使用的产品和服务、生育追踪器，以及其他的女性保健产品，我们能够看到这类产品如此蓬勃发展的市场吗？

但是，在这些新出现的讨论话题中，其中之一就是关于孩子。除了对母亲晒娃的做法作伦理分析，即分析它会如何影响女性赋权、女性主义文化和消费文化，一个无法回避的现实情况是，商业晒娃行为涉及你的孩子。也许你在考虑生个孩子，或正在采取一些备孕措施，或者已身怀六甲，或正在抚养孩子，或正在承受失去孩子的苦痛。你总归属于其中的某一种情况，或者好几种情况兼而有之。否则，无论从何种意义上理解母亲这个字眼儿，你都不能算作是位母亲。

根据这个定义，如果你在商业晒娃领域很成功，也意味着某种程度上你在分享自己的私生活。[62]同时，这也意味着你在分享孩子们的私生活。这是涉及家庭生活的生意，只不过交易的产品不是夫妻店里出售的五金器皿，而是你自己的生活——各种人生体验、思想情感和奋斗历程。成为孩子的第一监护人并没有剥夺

晒娃请三思

你的伦理权利，所以你有权以这种方式出卖自己。但同时，这并不意味着你得到了授权，可以公然出卖孩子的隐私——就因为他们依赖你，以及你对他们投入了许多。我们很难在妈妈和宝宝之间画出一条泾渭分明的界线，对于婴儿和幼童更是如此。但我们一定不能忘了画出这条线区分彼此——即使我们清醒时的每一分钟和我们休息时的大量时间都被孩子耗费掉了。做母亲会彻底改变你在生活中承担的角色。我们能否把握好限度，在不过度暴露孩子羽翼未丰的自我的前提下，讨论这一人生转变过程中经历的酸甜苦辣？ [63]

表演与真我

现在，让我们再做一次有趣的律师游戏：反对！这里所涉及的为人母者过度泄露孩童隐私的问题无法回答，因为这个问题建立在一个错误的前提下，即商业晒娃活动刻画的是孩子们真实的自我。在制作用于商业晒娃活动的视频时，如果孩子是在表演，而不是在呈现本真的自我，是否还会涉及隐私问题呢？

法官会说：反对有效！这时，法官对本次反对的裁决就改变了法庭辩论的走向。就当下的讨论而言，这改写了我们对话的思路。

我们可以对这里的反对意见做出如下回应：在晒出的内容当中，有多少是即兴发挥的，又有多少是实实在在的真实情况，这很难界定。考虑到该行业缺乏透明度，以及视频中人员之间的关系难以求证，也许我们无法确定这两种情况孰多孰少。[64] 也许，整个万维网只是一个舞台，所有的孩子都是演员。也许，部分网页是个舞台，所有的孩子不仅仅是在表演。这样看来，我们做出以下表述似乎最合情理：商业晒娃活动的内容介于虚幻与事实之间，而大部分内容都涉及某些表演成分。

　　如果我们接受这个前提，认为在大多数的晒娃活动中，呈现的内容至少都有那么一点儿虚构的成分，这是否消解了隐私问题？甚至可以进一步认为，这种情况下，隐私问题根本就不存在？我们极有可能会说：是的。毕竟，观众在观看那个幸运的主演在学校表演戏剧时，也不会有这个想法："他是个地道的彼得·潘，一定和父母有很多纠缠不清的过节，不希望自己长大成人。"观众会意识到，那个穿着绿色紧身衣的孩子，是在按照成年人编写的故事脚本表演孩子的角色。如果说，演出的戏剧表现的是孩子在成长过程中与妈妈的冲突，那是因为剧作家编写了这样的情节。即使参与表演的孩子把自己的个人感受隐藏了起来，他也可以通过一种共通的情感体验与观众交流。

　　然而，如果故事场景不在学校礼堂，而是转换到手机上安装的应用程序，那么这层由故事的虚构性带来的隐私保护层就失去了它原有的效力。这两种场景之间存在几处巨大的差异，这些差异侵蚀了虚构角色可能会提供的隐私保护功能。首先，两种场景中的观众不同。学校礼堂里观看演出的观众数量有限，而且他们大概和表演者在实际生活中属于同一个社群。如果是在网络上发帖，视频呈现的是做哥哥的首次见到新生的弟弟 / 妹妹时的情形，那么观看该视频的人数就可数以百万计，而且这个孩子和这些观众之间缺乏社群纽带。[65]

其次，作者身份的呈现方式不同。剧作家的身份一目了然，戏剧作品就是她的创作；而在商业晒娃活动中，母亲会影响孩子的行为，但是她尽量把对孩子的影响作用隐藏起来。就发挥的功能而言，母亲可能充当的是记者的角色，记录孩子的所作所为；或者，她可能承担了分析孩子行为或分析自己反应的角色。母亲的反应通常是关于怎样照看孩子的，但尽管这些看护行为的焦点集中在孩子身上，母亲的行为和孩子的行为却被刻画得泾渭分明。这种叙事手段产生的效果是，孩子在视频中的表现完全是他自己的反应，并非出自父母的创作。

再次，观众接近人物的方式不同。一出戏剧中的人物归属于出演这一角色的所有演员。当然，一旦演出谢幕，这种归属关系便告终结，人物就回归到创作者著作权的约束之下。相比之下，在商业晒娃的视频中，人物本来就代表他自己一个人，而且只能代表这个人。现实生活中的那个人恰好与"数字舞台"上的那个人物拥有相同的姓名。

更何况，有时候那个人还太小，无法理解别人要求他装扮一个角色是什么意思——无论商业晒娃的作品花了多大气力，给这个孩子创设了一个多么虚假的"自我"。一个再明显不过的例子是把新生儿沿产道降生的"旅程"记录下来。新生儿根本无法理解，"做你自己"和"演好你的角色"之间有什么细微的差别。然而，即使不是新生儿，年龄大一些的孩童和青少年也可能无法理解这种区别。这种挑战既是孩子们人生发展阶段的一大特征，也形成了商业晒娃叙事的体裁类型。

参与商业晒娃活动的母亲希望她的观众能够感受到，视频中的人物刻画是对孩子真实的写照，因此她选用家庭场景作为故事背景。可以设想，这位母亲也意识到，视频博客的消费者很精明，不会把博客中的每个细节都当真。每个父母都知道，在美好的一天，带着孩子一起烘焙食物，成功率可能只有10%，而90%的情况是搞得一团糟，反正绝对不会是100%成功——除非"＃上帝保佑"。然而，她还是基于某种身份认同在做这笔交易——尽管洁净的不锈钢器皿和干净的脸蛋也掺杂进那么一点"偷窥"的成分。

孩子和家人坐在自家的厨房里，家长试图向孩子解释：这一时刻，你既是你自己，又不是你自己。这个问题是关乎人"存在"的智力挑战，堪比莎士比亚的戏剧独白。若是孩子意识到，视频观看者、广告商和其他利益攸关方在以各种方式回应他的表演——点赞、发评论或金钱奖赏，想解释清楚这档子事就变得更加困难了，因为这涉及你为何要向观众表演的动机问题。最初，制作晒娃视频是"艺术模仿生活"，后来就演变成"生活模仿艺术"。走到这一地步，孩子在商业晒娃活动中到底在扮演谁的问题，就演变成另外一个核心问题：这个孩子到底是谁？

"真诚做自己"是不同人生阶段面临的挑战，也是不同"表演"阶段面临的挑战。[66] 在数字生活的舞台上，日常演出都面临这样的挑战。即使有些家长并不打算将他们的数码生活变现，他们也会迎合观看视频的人。你根本不需担心孩子会把面团搞砸，最后只能拿去喂狗；也不必担心要把面团提前做好，藏到一边，以保证拍摄到烤制流程的图片，好向人们展示面团是怎么变成曲奇的。看起来，一般的晒娃领域可能比商业晒娃更能呈现真实情况，因为在一般的晒娃活动中，父母无法得到其他参演人员和化

晒娃请三思

妆团队的支持，也没有营销顾问和其他人员的帮助，更没有创业目标要达成。这样，他们可能会优先考虑其他目标，比如建立人际关系或者排遣情绪等老一套的做法，使视频看起来似乎更加关注内容的真实性。然而，即使在非商业化的晒娃领域，内容的呈现也并非总是"不用滤镜"（"#nofilter"）。

非商业晒娃领域同样面临这一基本问题：如果呈现出来的生活不完全是真实的，那怎么会有隐私问题？[67] 部分虚构部分真实的一段视频是否会涉及隐私权益的问题？简单说来，如果发帖中的人物刻画从现实生活中汲取了大量素材，并被当作现实生活分享了出去，还以某种方式回到了现实生活，并对现实生活产生了影响，那么隐私问题就是存在的。

较为详细的回答是，商业晒娃活动中涉及的受众、作者身份及人们与人物接近的方式，在一般的晒娃领域同样是突出的因素。这些因素在各自领域内造成的影响也存在差异：商业晒娃活动涉及数百万计的观众，另外还关乎工资收入；相比之下，普通晒娃涉及的观众只限于妈妈大学时的好友，妈妈从事的只是"玩乐工作"（playbor，即将娱乐和赢利的动机融合在了一起）。[68] 但是，即使非商业晒娃领域也涉及财务问题：父母、老师和其他受委托的成年监护人会用孩子们的数据来"付费"，从而获取免费或低价的数字服务。下一章，我们将对这种在商业晒娃领域和普通晒娃领域兴起的"数字童工"作更为深入的探讨。

商业晒娃活动和非商业晒娃活动共有的基本模式是，父母邀请大量难以控制的观众参与到晒娃活动中来，而且这些观众和晒出的家庭或孩子可能没有任何实际联系。[69] 父母将孩子的行为当成真实的表现呈现给观众，却隐去了他们自己在过程中扮演的创作者角色。父母给孩子分配了一个角色，使用了孩子的姓名，生活在他们的家里，更糟糕的是，孩子认为这就是他自己。在某个时候，孩子可能会意识到观众对这种人物刻画的反应。姑且把商业晒娃领域中显性的财务利益放在一边，这里可能会出现"生活模仿艺术，艺术又反过来模仿生活"的内生循环；这个循环过程中，孩子的选择、他对世界的体验和自我认知，都要经受晒娃"滤镜"的多重过滤。

你认为孩童和青少年的自我意识价值几何？你会不会将孩子们送到仓库去，让他无偿做工，以获取你想要的录像带？当然不会。那么，你为什么会在网上心安理得地分享孩子如厕训练遭遇困境的场景，并以此为你的"晒娃大业"创造收入，或者换来你想要的、表面上免费的社交媒体服务呢？为什么我们的法律体系允许你做出这样的选择？在下一章里，我们将探讨我们的法律体系中有关儿童、父母、家庭和其他成年监护人的主流"迷思"。正是这些主流"迷思"使得成年人对儿童期和青少年实施"隐形电子攻击"成为可能。

第五章

离开"梦幻岛"：回望来时路

根据诗人威廉·华兹华斯（William Wordsworth）的说法，孩童乃成人之父。[1]从诗歌和法律中，人们都能深深体会到这样一种信念：从婴儿期开始，自我的蓝图已经基本绘就；同时，年少的自我应当得到某种特别的呵护。我们不用争论先有鸡还是先有蛋；不用争论自我是天生的还是后天养成的。不过，做出如下表述应该没有问题：成年的我们是从"雏鸡"阶段自我孵化而来的。咕——咕——！

更具挑战意味的是，华兹华斯的诗句想要表明，孩童担负着培育自己的工作。也许，孩童并非我们设想的那样，在父母和其他成年监护人巨大的影响之下长大成人。如果华兹华斯的本意只是想说，（就人生的发展阶段而言）孩童先于成人，他完全可以直截了当地说出来。"父亲"这个字眼本身就蕴含着替孩子做事，担负起养护孩子的职责。这意味着，他会出于仁爱而生出某种程度的"无知"，甚至会出于慈爱而给予孩子某种程度的"忽视"，这或许对孩子大有裨益。在这里，我们并非要放任孩子，任其发展到小说《蝇王》（*Lord of the Flies*）所呈现的那种无法无天的地步。[2] 我们更多考虑的是彼得·潘或者查理·布朗（Charlie Brown）的情形：大人不会干预育儿室发生的事情，或者至多时不时地在背景中无谓地喊几声而已。[3] 孩子们自然会创造奇迹。

不过，如今在"梦幻岛"发生的事情并不停留在"梦幻岛"之内。孩童的私人生活有其自身特点，以富于想象、尝试和探索为特征。这样看来，孩子们似乎比以往任何时候都缺少这样的私人生活。"梦幻岛"在遭受攻击。但是，攻击并非来自蓄谋已久的海盗，而是来自法律对以下几方面持有的一系列过时的、相互冲突的错误观念：青少年的发展、家庭生活和教育的本质是什么，以及孩童和青年面对的民政、商业和其他领域的性质是什么。这些观念部分基于客观事实，部分基于主观臆测，而且根深蒂固。因此，我们完全有理由将它们称为法律界的"迷思"。采用"迷思"这个标签并不意味着人们可以忽略它们的存在。恰恰相反，这意味着它们具有持久的力量，即使我们想忽略也无法做到。

在讨论这些迷思之前，先回到我们的对话中来，探讨一些新的问题：你认为法律是如何理解儿童期和青春期的？法律是否认为孩子们是脆弱的，需要父母和政府的保护？法律认为青少年反复无常，不论他们在学校、街道或别的地方，都需要加以控制，对不对？或者，你认为法律在用完全不同的另外一种方式看待青少年？

基于你对儿童期和青春期的理解范式，你认为法律在哪些方面的理解是正确的，在哪些方面的理解有误？在你看来，总体而

晒娃请三思

言，法律对儿童期和青春期的理解在青少年的个人生活中是如何体现的？你是否认为，法律的设想与落实之间存在差距？这种割裂在总体上是正面的、负面的，还是视具体情况而定？

　　总体说来（并非专门针对数码世界而言），你认为隐私权的概念如何影响着法律对孩童和青少年的理解？你是否意识到，在这里，法律对隐私的理解与你自己对隐私的理解在理论框架上比较相似（或者不同）？二者之间的区别在哪里？这种差异有没有引发你的忧虑？你是否认为，法律应该有单一的（或者一套）隐私概念，还是人们应该在法律规定的范围之内尽量自由地形成自己的隐私定义，这是不是隐私观念的应有之意？

　　在阅读本章内容时，请思考一下，本章提出的法律迷思是否与你对儿童期、青春期以及隐私的理解范式产生共鸣。本章提出了三条法律迷思，正是这些迷思导致"梦幻岛"遭遇围困的局面，并且阻碍着我们重建青少年"王国"并将它归还给合法主人的努力。这些法律迷思是针对身处家庭、公共领域和市场的孩子建构起来的。只要揭开了这些迷思的真正面目，你就会发现法律对儿童期和青春期的认识往往是错误的。充其量，法律针对这一话题呈现的只是精神分裂的症候。[4]

　　由于认识方面存在错误，采取的方法又不能始终如一，因此所有的晒娃活动都是合法的，或者至少无法清晰地判断是非法的。于是，晒娃这个缺乏监管的"游戏场"给成年人提供了极大的回旋余地，却没有给孩子们留下多少可以保护自己的空间，和可以用来捍卫儿童期和青春期这两个重要人生阶段的空间。当我们需要彼得和他的"捣蛋帮"的时候，他们又在哪里呢？

迷思之一，家是情与理的港湾：保护父母权威是在保护子女隐私及机遇

法律为父母对于子女生活和未来的决策权提供了超级保护。[5]这里的假定是，父母最有资格为他们的孩子做抉择。这就必然引出另外一个假定：保护父母对孩子的掌控权也就是在保护孩子们的权益。家庭单位在本质上被视为私人空间[6]—— 一个安全空间，孩子可以在此培育"成年自我"。父母可以决定谁能进入这个空间，他们可以（或多或少地）决定孩子在家门之外从事的活动，他们可以决定家里发生的事情中哪些私密信息可以与外人分享。法律认为父母会做得很好。[7]

只有在家暴、离婚或类似的情形之下，即家庭出现问题时，政府才会参与到家庭决策中来。[8]除政府之外的第三方（如私人公司）只有在受到邀请的情况下方可参与到家庭事务中来。因此，根本不存在除政府之外的第三方可以合法强行进入一个家庭的情形。[9]这样一来，父母就应当担负起守卫家庭这座"城堡"的职责。

但是，如今的孩子不再生活在一个由边界明确的实体空间组成的世界。这一转变标志着数字世界带来了根本性的变化。[10]这就很好地解释了为什么会出现所谓"直升机监控式的父母"（helicopter parent）[11]；这种现象是随着特权阶层试图拓展汤姆·索亚式的美国实体的边界而产生的。

无线技术直接翻越了刷过油漆的实体围栏。通过数字设备和服务，商品促销信息、各种观念，以及除家庭关系之外的其他人际关系成为家里的常客。[12]有些是可见的：例如 Kindle 登录

　　　　　　　　　　　　　　　　　　　晒娃请三思

界面上弹出的广告，在输入密码后，你就可以让家里蹒跚学步的孩子观看《小老虎丹尼尔的邻居》（ *Daniel Tiger's Neighborhood* ）。（"大——尼——，塔——格——。妈妈，我要大尼——！塔——格——！现在就看！"[13]）有些东西却是隐形的：Amazon Echo 软件到底录制了多少音频，谁会听到这场有关"大尼塔格"的母子较量？[14]

如今，守护家门的父母像极了动画电影中那只名叫娜娜（Nana）的小狗[15]，尽管肩负着守卫达琳家育儿室的重任，但是那天晚上，彼得·潘还是把孩子们带走了。娜娜已经尽力了，它根本不是外来力量的对手。彼得·潘太有魅力了。除此之外，他到底是什么？是个幻影还是个男孩？夜空在召唤，星空图预示着无限可能。孩子们才不在乎彼得到底是什么，只顾着随他而去。

在那个重大的夜晚，娜娜被关了起来，它无法进入育儿室。但是，与此不同，我们成年人可以自由行动。然而，这种自由却是我们问题的一部分。也许，我们既像娜娜，又像达琳家的孩子。我们对数字世界兴趣盎然，就像达琳家的孩子对"梦幻岛"着迷一样。[16] 想要在智能手机上玩一把游戏吗？尽管身处现实世界，我们却可以追击那些虚构出来的怪兽。想要在 Facebook 上跟踪高中时代的男友吗？那就把我们自己与超级可爱的宝宝的照片发布出去吧，好让我们的前男友看看他们都错失了什么。是的，赶紧动手吧！

成年人还无法掌控置身其中的数字世界，因此我们通常都是糟糕的守门人。当我们使用数字技术改善自己的生活时，孩子们的需求和喜好可能会被置之脑后，或者忽略。无论出于有意还是无意，我们都把自己的需求放在优先考虑的位置上。即使我们的意图是用数字技术改善孩子们的生活，我们可能也不够了解自己到底在做什么。更何况，孩子们可能不希望我们卷入他们的数字生活呢。[17] 然而，法律高看了我们，似乎认为我们了解情况，因此要求我们参与到孩子的数字生活中去。我们是孩子们的警卫团团长，因此法律要求我们全权负责，周密决策，以决定是否要把孩子们的个人数据分享到网络上去，或者决定什么时候可以分享，以及为什么要分享这些数据。[28] 但是，关于电子数据隐私的法律制度并未给我们落实这些任务提供便利条件。

隐私权法是个大杂烩[19]，就像魔法师斯内普（Snape）教授课堂上的魔药一样[20]。问题是隐私权法并没有给家长配备一件哈利·波特的"隐形衣"，以便用来裹藏孩子们的电子自我。[21] 总体而言，法律要求我们基于授权体系而运作。[22] 法律指望我们自己去查找、阅读和理解相关的隐私政策、使用条款，或者其他的法律工具，正是这些内容界定了第三方可以拿我们孩子的数据做什么。然后，法律希望我们能够综合考虑各种因素，最后授权第三方实施他们拟定的行动。

在大多数情况下，我们并不会执行完所有这些步骤。我们可不可以仔细读一下小字号条款？当然可以，但是大体说来我们注定不会这么做。阅读和理解所有小字号条款是一件非常困难的事情——即便还不至于说无法做到。[23]

不用阅读这些小字号条款，我们轻击鼠标就同意了"一揽子协议"，成功登录社交媒体网站，或者连接到我们要使用的婴儿监护仪。[24] 即使想要查阅小字号条款，我们也可能无法找到它的确

晒娃请三思

切位置。[25] 我们即便找到了，尝试着阅读了，也可能无法理解其中的内容。[26] 我们即便理解了条款的内容，也可能永远不知道当事公司是否违反了其中的规定。[27]

即使发现确实存在违反规定的情况，我们可能也不会在意。毕竟，我们都愿意把孩子垫着纸尿裤的照片分享给数以万计的亲朋好友，当有公司决定让广告商来窥视一下，我们又会花多少心思真正地关心这件事情呢？

如果的确很在意，我们可以求助于侵权法，以便采取可能的补救措施；[28] 或者，我们可以通知联邦贸易委员会，对该公司违反自身承诺的隐私政策或其他服务条款的行为进行制裁。[29] 不过，即便能够成功，胜诉的进程可能非常缓慢，而且成本高昂。我们依然无法将隐私泄露这个"妖怪"重新收押到宝瓶中去。[30] 这是因为，相比于前数字时代，他们不再以原有的方式制造妖孽了。

一些部门建立了隐私法落实保障体系，从内部提供了更为强大的隐私保护措施，以确保孩童的私人电子数据不会泄露出去。众所周知的一个例子是联邦《医疗保险迁移和责任法案》(*Health Insurance Portability and Accountability Act*，简称 HIPAA)，该法案规范着医疗系统中与患者相关的信息共享。[31]

另外一个人们可能不够熟悉的类似例子是《家庭教育权利与隐私法案》(*Family Educational Rights and Privacy Act*，简称 FERPA)，该法案禁止那些接受联邦资助的学校（几乎涵盖了全国所有的学校）在学生的"教育档案"中共享"个人身份信息"，除非他们拿到了家长的书面授权书，或者符合该法案中列举的信息共享免责特例。[32] 在所有联邦隐私法的法律体系中，《家庭教育权利与隐私法案》采取了全面而强有力的措施，限制成年人分享孩童的个人电子数据，其收效也最为明显。

但是，《家庭教育权利与隐私法案》自身存在严重缺陷。首先，该法是针对实体世界而编写的，因此放在老师书桌上的"苹果"就是一种水果，而不是一部手机。当初制定该法案的时候，人们根本想象不到当今世界的数字技术和电子数据的收集无处不在。正如研究隐私的学者埃拉纳·扎伊德（Elana Zeide）所言："FERPA 的监管机制基于这样的假设——如果没有个人或机构采取行动，那学生的教育档案就很难被分享出去。"但是，到了今天，"根本不需要知晓信息，也不需有意为之就可以把信息透露出去"。[33]

太多的设备和服务都在收集大量的数据，背后的动机五花八门。这就导致学校很难掌握学生的哪些数据被收集，谁在收集，以及为什么要收集这些数据。这些都是非常关键的问题，决定着被收集的数据是否是受 FERPA 法案保护的、"教育档案"中学生的个人身份信息。坦率地讲，通过电子设备收集学生的信息时，学校根本搞不清楚这些行为就是在创建《家庭教育权利与隐私法案》保护的、带有学生身份信息的"教育记录"——即使人家就在这么干。其中用到的设备可能包括"上体育课时学生使用的可穿戴健身设备"[34]或者数字监控摄像头。

而且，学校里收集的某些数据可能不在《家庭教育权利与隐私法案》的管辖范围之内，或者至少难以说清楚。例如，元数据（即关于数据的数据）属于教育档案吗？从这些及许多其他方面来看，在与数字技术服务供应商分享学生数据时，该法案的要求根本无法完全解决这一过程中出现的重大隐私问题。[35]

晒娃请三思

其次，《家庭教育权利与隐私法案》建立在"父母同意"的运作框架之上。根据法律条文的规定，在对置换隐私风险和教育收益的复杂情况进行权衡和判断时，父母通常拥有最终决定权。[36]这就极不现实，甚至可以说是幻想。让父母在家里阅读和理解隐私权政策及数字技术的使用条款，是难度很大的一件事。实际上，父母根本无法做决定，因为他们很难获取孩子在学校里使用的数字技术方面的信息——这是父母经常遇到的情况。[37]

再次，《家庭教育权利与隐私法案》并非完全基于父母同意的框架运作。法案中有特例条款，允许学校在未经父母同意的情况下分享学生的个人身份信息，父母甚至有权选择不去了解学生信息分享事宜。这就意味着，对于许多分享学生个人身份信息的活动，父母的控制权有限，或者根本没有控制权。[38]最常见的特例是"合法的学校官方"行为，它允许学校与第三方分享学生的个人身份信息——只要涉及的第三方机构从事的是学校的分内之事，他们的工作在学校的掌控下进行，而且不会把数据分享给其他人。[39]

如果学校（或者学校里的人员怀揣良好的愿望，比如寻找新的教学资源的老师）不是通过协商然后签署书面合同，而是通过轻击鼠标同意了"一揽子协议"，这些要求就可能很难实现——这意味着，如果没有征得父母同意，学校就分享了学生的个人身份信息，学校也就违反了《家庭教育权利与隐私法案》。[40]相较于这种技术层面的违法行为，还存在更为重要的实际危险：没有协商签署的合同，学校就不可能对相关活动积极监管。这样一来，学校的教职员工怎么知道第三方公司到底在用学生的数据干什么？他们有没有在挖掘学生数据，对学生做分析预测，并将得到的结果用于市场营销或其他目的？他们有没有将这些数据出售给其他的第三方公司使用？有时候，这些问题的答案是肯定的，这就可能会让学生的个人身份信息落入数据经纪公司和其他人的手中。[41]

《家庭教育权利与隐私法案》还有个胞弟常常被人们遗忘，即《学生权益保护法》(Protection of Pupil Rights Act，简称 PPRA)。这是另外一项关乎学生隐私的联邦法律，它起源于允许"父母获取联邦资助的实验性教学材料"。[42]《学生权益保护法》是在数字时代到来之前创建和修订的。[43] 修订后的法案虽然文辞笨拙，但确实可以用来解决当下面临的挑战：学生的私人信息以数字方式脱离了学校的掌控，最终落到第三方手中，被用于与教育无关的其他目的。

根据《学生权益保护法》的规定，在公立学校，从幼儿园到 12 年级阶段，学校"必须为父母提供选择退出的机会，以避免他们的孩子参与那些涉及收集、披露或使用学生个人信息的活动，这些活动的目的是市场营销或出售信息（抑或，把这些信息提供给其他人，并用于此类目的）"。[44] 该法案将"个人信息"定义为"可以确定个人身份的信息，包括学生或父母的姓名、家庭住址、电话号码或社保号码"。[45]

因此，在与收集学生个人信息的教育技术供应商开展合作之前，学校就应该确定，供应商是否会将这些信息用于市场营销或与此相关的目的，以及供应商是否会把这些信息转交给数据经纪公司或其他人，以用于此类目的。然后，我们要让父母能够选择退出。然而，父母在事前给予同意的权利要大于接到通知后选择退出活动的权利。实质上，《学生权益保护法》又增添了另外一层

晒娃请三思

告知程序（即使没有落实到位，至少也是法律规定），对于父母来说可能很难读懂——假如他们的确收到了电子邮件，或者在孩子书包里面那根遗忘了整整一周的香蕉底下发现了通知单。

数字时代，父母远非孩子们个人隐私的完美守护者。尽管如此，法律还是将隐私守护职责中最大的份额分配给了父母。这就像小说《动物农场》（*Animal Farm*）中发生的情形，当过多的动物都在为农场操心，履行这些职责就变得更为复杂。这凸显出大家共同面临的风险：没有哪个动物能够真正地掌控全局。问一问小说作者乔治·奥威尔（George Orwell），他准会说：动物本来就不应该自己照顾农场。[46]

如今，父母并不能完全承担起守护孩子隐私的职责。在这种情况下，是否还有其他人或机构有能力且应当担负起守护者的角色？下面要讨论的迷思将分析"青少年容易受到伤害"这一观念本质上是一种误解；同时，我们将对儿童期监控之风的兴起进行探讨。

迷思之二，孩童需要惩戒：监控及其后果

杰克和吉尔要上山，一路有艰险。杰克摔倒了，头破血流真凄惨。吉尔摔倒了……这首童谣并没有告诉我们接下来发生了什么。但是，我们可以猜想，他们振作起来，又快快乐乐地上路了。然后，他们又一次次地摔跟头。

成长就像登山，不会一帆风顺。我们会摔出淤青，这既是比

喻，又是实实在在的描述。有些伤害是自找的，有些伤害是他人造成的。其中大部分的伤害都在正常范围之内。研究神经科学的专家[47]、心理学家[48]和其他学科的专家大致认可这样的观念[49]：从孩童到成人，一个人的成熟历程不是线性发展的。儿童期由一系列不同的发展阶段构成，充斥着各种挣扎，在许多情况下都需要通过"犯错"来学习。

法律宣称必须考虑儿童期的本质特征，而且法律认识到孩童不够成熟，因此不能要求他们跟成年人一样为自己的行为负责。[50]相对于成年人，法律更倾向于原谅孩童所犯的错误。但是，法律没有充分认识到儿童期区别于成年期的那些积极的特质；法律没有看到，相较于成年人，孩童和青少年有时会有自己的优势，而不仅仅处于劣势。[51]法律并没有促使玩乐成为孩子们的正当追求，成为真正的"儿童期的工作"（work of childhood）。[52]（甚至可以说，玩乐也是青春期的工作——尽管3岁到十几岁孩子们的玩乐形式各不相同。[53]）

现在，儿童期简直就是"监控之国"。[54]这大体上基于保护主义的理论。[55]孩童需要保护，因为他们不够成熟，容易冲动，所以只好给他们留出一条笔直且狭窄的道路。其余的人也需要保护，以免遭受孩子们疯狂 $%$（胡闹）的伤害。[56]父母[57]、学校[58]，以及执法部门[59]都高度警惕，监控青少年的生活。想要避免潜在的危险，你得看得见才行。有了强大而持续扩张的电子产品和服务行业的支持，通过监控设施，如今的成年人比以往任何时候都更容易获取"梦幻岛"内部的运行数据。[60]这些监控设备收集的数据不可能完全封存在技术供应商建立的特定数据库中。[61]

晒娃请三思

"监控之国"不只是为好奇而好奇，它还给"小猴子们"打开了窥视的大门。[62]一旦"监控之国"的船长了解到"迷途男孩"的行为，这些成年人马上会介入，伸张正义。结果，青少年群体中司空见惯的犯错和恶作剧却招致严重的后果。也许，处罚措施的初衷是好的，却让孩童和少年从错误中吸取教训这件事变得更加困难。而且数字技术也会被用来解决后续惩罚问题。[63]与监控得到的信息一样，这些敏感的数据也不可能完全处于锁定状态。[64]

从法律条文上看，我们的法律体系不会"惩罚"孩子。当孩童和少年犯下在成年人体系中将被量为罪行的错误时，他们会以"少年犯罪"的名义接受指控，而不是刑事犯罪。[65]这些犯罪人员将通过单独的少年司法系统来处理。如果孩童和少年犯有谋杀罪（以及类似的邪恶行为），处理办法在各州也会有例外。[66]在这类数量非常有限的案子中，少年犯将和成年犯罪分子一样在刑事法庭上接受审判。不过，总的来说，未成年人的犯罪行为都会通过少年司法系统审理。

那么，少年司法系统会处理什么样的不当行为呢？这个清单很长，"推搡他人演变成了殴打……顶撞教职人员演变成行为不轨或阻碍教学"。[67]对于少数族裔和有残障状况的青少年来说，这份清单还要更长。[68]学校对于制定这份清单非常上心，并且再三检查。每次对照检查时，他们会发现更多学生变顽皮了，而守规矩的学生更少了。通过"从学校到监狱"这条渠道，每年有成千上万的学生因为在校内犯下的违法行为被送入司法系统。[69]通常情况下，这些违法行为并非重罪。[70]除此之外，这些学生还要接受学校的处罚，例如校外停学。[71]这里存在一种矛盾：一方面，学校希望学生能够从所犯的错误中吸取教训；另一方面，学生犯错时，学校却将他们踢出校门。[72] 这样一来，学生哪里还有机会从犯错中学习？

理论上讲，学校的一些处罚可以通过法院系统进行。[73] 对于那些违法行为被认定为"真实存在"的未成年人，少年法庭会指派他们开展某些活动和服务，其目的在于"改造"，而不是惩罚。[74] 但是，"改造"措施看起来让人觉得很像是惩罚。[75] 改造的手段包括安置在教管所或安全设施中，同时也包括提供社区服务和补偿，接受治疗和戒毒咨询，严格执行宵禁，甚至包括断绝与"禁止联系"人员列表上的人员联系。[76]

改造措施还有很多。在假释期和缓刑期内，少年犯处于执法官员的密切监视之下；这个过程中，执法官可能会发现，该少年又违反了法院"释放条件"中规定的条款。[77] 毕竟，孩子就是孩子，如果跌倒了，他们会尝试再次站起来。同时，法院就是法院，他们想阻止孩子栽跟头，所以会按照法律条文的规定"帮助"孩子站起来。因此，法官们会针对这孩子的不当行为分派越来越多的"改造"措施。[78] 在履行法院指令的过程中，孩子们犯错"又快又早，而且屡教不改"。[79] 这样一来，即使最周详的改造措施也变成了徒劳的苦役。

具有讽刺意味的是，我们习惯性"保护"孩子造成的后果却让孩子们失去了童年和未来。[80] 当然，有时候，学校、执法部门、法院以及其他权威机构确实需要介入，以保护我们的孩子和社会。如果年轻人威胁要使用真枪实弹，那就绝对不能给他犯错和从中学习的机会。但是，手持玩具枪的孩子不应该被视为头号公敌，

晒娃请三思

不能将其射杀，剥夺其性命。[81] 相反，我们要给他游戏的机会，让他把事情搞砸，同时从成年人那里得到恰当而周全的反馈，然后让他继续探索，并搞砸更多事。对于青春期的女孩来说，如果她把带着胸罩的照片发给了男友，我们不应当以制作和散布儿童色情作品为由起诉她，不应当视其为性犯罪并要求她登记备案。[82] 但是，她需要了解这种自我暴露会带来什么后果，需要逐渐成熟，需要了解自己的性取向，需要继续探索性关系和恋爱关系。剥夺了这个过程，"梦幻岛"将会一片凄凉。缺少这一环节，奢谈让孩子们发展成为可以自我做主的成年人，让他们能够自我管理，发挥潜能，前景恐怕会更加黯淡。结果，我们培养出的可能是一群缺乏自信心和想象力的成年人。[83]

我们剥夺了这帮孩子的私生活，将其用于自己的商业交易。我们要谈谈下一个迷思：我们怎样将孩子变成了"数字劳工"——尽管我们宣称是在保护他们。

迷思之三，劳动市场是孩童禁地：父母有责

哈克·费恩（Huck Finn）决定"逃往那片土地"。[84] 这并非他一个人的想法。从 19 世纪中叶开始到 20 世纪初期，许多孩子真就去了西部。但是，这些孩子通常并非孤身前往。有些孩子搭乘"孤儿专列"（orphan trains）。[85] 这些孩子从拥挤的都市出发，前往西部边疆和美国其他地方，前往新的家庭，迈入新的生活。[86] 他们经历了冒险，有人也会让他们搭乘便车。[87] 他们被当作商品，

经常受人剥削。[88] 总体而言，"淘金热"兴起的时代并未使孩子们的童年成为人生的黄金阶段。

如今，我们看到 19 世纪之前的童年观念呼声再起，这是人们未曾预料的。我们认为，21 世纪是"直升机监控式父母"的时代，他们事无巨细地处理着孩子们的事务。[89] 然而，每天都在发生的情况却是，父母、老师和其他成年人监护人却把孩子们从舒适的家庭、学校和社区中心，推到了商业领域。作为电子数据，孩子们在儿童期的人生经历被捕捉、传输、存储和利用。通过这种方式，成年人自身、孩童和青少年都获得免费或低廉的数字产品和服务。19 世纪时，孩子们参与商业活动摆在明处；但是今天不同，这种事情大多隐藏在暗处。尽管孩子们的劳动价值在学校、家庭和商业领域总体呈上升态势，他们的劳动却隐而不显。[90]

孩子们从事的活动能够创收，可以给父母、老师或其他成年监护人带来利益。但是，我们不会让他们把孩子送到工厂，在那里全天候劳动。然而，实际上我们使用着儿童数据，做的就是这样的事情。父母、老师和其他监护人以数据的形式大规模"售卖"或交换孩子们的劳动。参与交易的第三方机构包括政府部门、非营利组织以及营利的公司。

从数字生活层面来说，当今的孩子也在前往狂野的"西部边疆"。[91] 乍一看，目前的法律体系对孩子们在市场中的角色定位似乎与"孤儿专列"时代的做法截然相反。我们的法律体系通常致力于保护孩童，使他们远离商业活动，或在他们确实参与商业活动时保护他们。[92] 联邦和各州制定的童工法对此做了限定，要求雇主不能雇用未成年人。一些重要的例外情况将在下文进一步阐述。[93] 在大多数情况下，合同法禁止未成年人涉足具有约束力的合同。[94]

我们甚至有专门的联邦法律，可以用来规范 13 岁以下孩童的线上行为。这是在美国联邦层面针对"（孩童）隐私进行全面规范的少数几项法律"之一。[95] 但是，该法律并没有禁止网上晒娃行为。实际上，尽管没有明确说明，该法对这种做法持宽容态度——因为对于孩子们的大部分数字活动而言，该法仍是基于"父母许可"这一总体框架在运作。这项法律被称为《儿童在线隐私保护法案》（Children's Online Privacy Protection Act，简称 COPPA），它对营利性的技术供应商做出如下要求："不管是将儿童作为商业目标，还是明知孩子未满 13 周岁却依然收集他们的私人信息"，在这之前必须征得孩子父母的同意，否则不许为这些孩子提供服务。[96] 就法律层面而言，取得未满 13 周岁儿童自己的同意是不够的。对于课堂上使用的教育技术，老师的许可可以代替父母的意见；前提是其他要求已经得到满足，包括教育技术公司收集和使用的数据仅限于学校系统内部使用，而不能用于该系统之外的其他目的（比如市场营销）。[97] 而且，即使在父母授权的情况下，收集的数据也不能用于"宣传（例如现身说法式的广告）或跨设备追踪"。[98]

《儿童在线隐私保护法案》从诞生到现在已经有 20 年历史了。"1998 年以前，根本不存在限制在线收集儿童信息行为的联邦法律。"[99] 2013 年，联邦立法对《儿童在线隐私保护法案》进行了修订。[100] 本次修订反映了联邦政府对"在移动设备和社交网络时代，儿童对互联网的使用有所增加"这一事实所做的积极而有建设性的回应；其中涉及的重大变化包括"将《儿童在线隐私保护法案》的管辖范围扩展到移动设备应用程序的开发商和第三方供应商"，相较于法案写就的年代，如今这些公司都与孩童发生了更多互动。[101] 这种对数字世界中青少年所处现实状况具体而微的关注表明，行政立法完全能够以一种灵活且高效的方式应对复杂的隐私挑战及机遇。

尽管如此，法典中保护性的法律条文不一定总能转化为现实世界中的保护措施。值得注意的是，2018 年的一项研究发现，在大约 6000 款以儿童为目标客户的安卓手机应用软件中，近四分之三的应用软件在没有"取得可以验证的父母许可"的情况下，"在互联网上传播敏感数据"。[102]

这个网站对于我 2 岁的孩子安全吗？对于我 12 岁的孩子来说情况又会如何？他们在收集孩子哪方面的数据？这些数据将流向何处？他们在用这些数据干什么？对于我 13 岁的女儿而言，又会是怎样的情形？《儿童在线隐私保护法案》只字未提是否要征得我的同意，甚至没有提及我是否有权了解他们在收集我女儿哪方面的数据。通常情况下，即使父母也无法落实法律赋予他们的权利，无法在了解具体情况后再决定是否同意授权。

对于父母做出的抉择，无论是关乎孩子们从事的数字活动，还是关乎父母自身的晒娃行为，孩童和少年在法律上都无权过问。对于父母和其他众多成年人来说，数字生活的大门总体上对他们敞开，他们可以在这片天地里分享和使用孩子们的私人信息。联邦和各州的市场监管法律及类似的其他法律，对于父母在网上晒娃的行为基本无所作为：父母可以在网上分享几乎任何有关孩子的信息。相对于父母，法律对老师和其他监护人的限制要多一些，但差别并不是很大。

这里涉及的市场监管法规的缺陷主要基于两点。第一个主要缺陷是，这些法律对 21 世纪从事劳动的含义理解不够到位，依然停留在过去。法律没有认识到，成年人对孩童私人数据的使用和传播皆依赖于孩童的劳动，这种劳动应当接受市场监管。法律认为，提供数字服务的公司是市场参与者，因此对其采取相应的监管。法律还认为，家长通过分享孩子的信息参与了这些服务，因此家长是该服务的消费者。法律进一步认为，使用这些服务的儿童直接就是消费者。法律没有认识到，这些成年人或这些孩子在某种程度上为这些服务提供了劳动。

这种失察是可以理解的。你以为你购买的是"魔幻衣橱"的服务，但是你没有完全意识到自己在为"魔幻衣橱"服务。它在不断获取你生活中开展的各种活动所产生的信息。如前文所述，我们可以将"魔幻衣橱"理解为小偷，或者以某种欺诈的方式向你出售的产品，至少整个交易过程并非完全透明。我们也可以将"魔幻衣橱"理解为某种类型的老板，在你未完全知情或未征得你同意的情况下，让你为它工作。如果你只是个孩子，衣橱是由父母给你安排的，那就可以说是你的父母让你为这衣橱——即"纳尼亚股份有限公司"做工。在这种情况下，人们很容易忽视整个算式中隐含的"劳动力"这一变量。你以为自己和孩子只是在处理日常生活中的常规事务。

现行的市场监管法规拒绝认可这样的看法，即"魔幻衣橱"和父母购买的服务都依赖于孩童的劳动。的确，法律体系内部尚未针对以下说法达成统一认识：认为人们只是消费者，他们在某种程度上使用个人数据购买所谓免费的在线服务。[103] 在当今现有的法律框架下，父母、老师或其他成年监护人分享未成年人信息的时候，或者让未成年人使用数字技术的时候（通过这种方式孩子们最终还是把自己的信息分享了出去），很难按照劳动法界定的含义将父母、老师或其他成年监护人理解为未成年人的"雇主"。[104] 因此，即使是父母以外的其他成年人，只要他们分享数据或提供设备给孩子们使用，而且目的是给孩子们提供教育、体育锻炼或其他非商业性活动（即并没有让孩子生产这些设备，或者让孩子从事类似的生产活动），他们的行为在法律上就不会被认定为"让儿童从事劳动"。

但是，如果我们从最宽泛的意义上理解"工作"，认为它是为了换取其他个体和机构提供的金钱及有价值的物品（或服务）而执行的任务，那么我们的确是在努力工作，以便获取"魔幻衣橱"和其他数字服务。与此同时，我们也在做其他事情——比如我们是消费者，这可能是更为核心的活动，但绝对不是我们所做的唯一的事情。现行法规的失察在于，它们忽略了在数字时代生成、使用和控制私人数据的复杂程度，没有看到在日常数字生活格局中用户付出的劳动和面临的风险。

当今市场监管法规的第二个根本缺陷在于，这些适用于儿童电子数据分享活动的法规尤其适用于保护父母的权利。孩子们的日常活动被转换成数字技术公司收集和使用的数据，这一过程多少包含孩童劳动的成分。即使法律认可这一说法，父母也将在很大程度上免于劳动法规的监管。根据联邦《公平劳动标准法案》

（*Fair Labor Standards Act*，简称 FLSA），即使子女年龄低于法定要求，父母也可以雇用子女从事几乎所有类型的工作。[105] 各州的童工法案倾向于照搬联邦法案的做法。[106] 说到分享孩子们的私生活，父母是守门人，若说有人在"雇用"孩子从事生产电子数据的工作，那也是孩子的父母在"雇用"自己的孩子。再次重申，父母拥有他们一贯享有的自主权，而且该权利适用范围很广，他们有权决定孩子是否要从事此类工作。

如果家庭企业牵涉以赚钱为目的的家庭事务分享，那会怎么样呢？当我们回到商业晒娃领域的童星问题时，对市场监管法规的分析确实会变得更加复杂。对于儿童做演员以及从事表演活动，联邦以及各州的童工法规和条例有特别的规定。如果最初父母只是让孩子在应用软件上做游戏，后来发展到拍摄视频记录这一过程，并将视频发布到网站上，还从应用软件开发商那里获取赞助资金，我们就已经迈入商业领域。

联邦《公平劳动标准法案》"允许任何年龄阶段的未成年人做演员或表演节目"。[107] 不过，晒娃视频中的童星扮演的是自己，因此很难说清楚他们到底算不算在从事"演员或表演节目"的"工作"。法律学者金伯利安·波德拉斯（Kimberlianne Podlas）结合《公平劳动标准法案》对真人秀电视节目中的童星状况进行了分析，他得出的结论是，该联邦法案不适用于此类情形："《公平劳动标准法案》未能涵盖出现在真人秀电视节目中的儿童，这要么是因为孩童参加节目并不等于他们在工作〔孩子只是把真实的自己呈现了出来〕……要么是因为他们完全有资格以儿童身份参加演出——该项法案并未将此类活动认定为童工而加以限制"。[108]

这种分析似乎也适用于商业晒娃领域出现的儿童，因为其中涉及的法律层面的变量是相同的：出现在屏幕上的孩童呈现的是本真的自己。另外，在商业晒娃活动中，负责孩童演出事务的通常是父母，而不是视频制作公司。更何况，《公平劳动标准法案》允许父母雇用自己还未成年的子女——假如该法案的确认为商业晒娃活动中存在"雇佣"关系。

有些州的劳动法确实可以用来规范商业晒娃活动。[109] 在联邦层面针对儿童演出人员缺乏统一监管的情况下，州级层面的法规便提供了基本的法律框架，可以保障儿童演员的福祉，并且有望给娱乐行业中孩子们的成年同事提供依据，让他们能够据此为本行业中的孩童争取权益。[110]

即便这些州级层面的法规可以填补联邦《公平劳动标准法案》的缺位，能够为规范儿童演出设定条件，但是目前尚不清楚，在许多州法律的司法阐释中，商业晒娃活动涉及的儿童明星到底算不算"演员或表演者"。如果他们表演的是本真的自己，那就不能视为雇来的演员。如果法律认为这就是雇佣关系，那么这些童星也是由父母在家里雇用的。州级层面的劳动法规通常反映联邦法规的态度，允许父母在家庭企业中雇用未成年子女。至于州级层面对未成年人的表演活动的监管，法律通常让父母承担首要职责并做出决策，但是，他们要遵守统一的要求：限制工作时间，孩子必须接受教育，（某些司法辖区）要求开立信托账户，等等。

不过，要实施监管并非不可能。例如，宾夕法尼亚州的《童工法案》（*Child Labor Act*）是这样表述的：根据"本法案，如果未成年人……在互联网上……或通过其他传播媒介进行模仿、艺术表现或创造性的表达，其内容可能会传播给观众，而且有人因为此次表演拿到了报酬，那么该未成年人就参与了表演活动"。[111] 该法案明确规定："如果未成年人参加了真人秀或纪实性节目，而且节目明显依赖该未成年人的参与活动，那么该未成年人也就是在从事表演。只要未成年人参与其中，而且只要有人因为未成年人的表演而获得报酬，那就足以认定其为表演"。[112] 这样一来，许多商业晒娃活动都符合这个定义：未成年人在表演真实的自己，未成年人是节目中的明星，而且家长从这项活动中要么实现了营销目的，要么获取了其他收入。

让我们假定该法案确实适用于商业晒娃活动，妈妈们和"制造流行"的家长们依然享有很大的自由度，完全可以将孩子置于聚光灯下。他们要遵循几点主要要求：要有演出许可证，工作时间要有限制，参与表演的儿童要接受教育，要设立信托账户，以便父母或其他监护人存入一定数量的资金。不过，禁止孩童参加表演的活动类型毕竟范围很窄，几乎所有我们熟悉的商业晒娃活动都是被允许的。即使像 DaddyOFive 这样的"恶作剧"似乎也合乎该条法规的要求——尽管依照有关"虐待和忽视儿童"的法规，这类"恶作剧"被禁止了。[113]

这样，我们又回到上面讨论过的熟悉观点：唯一真正能够阻止"晒娃活动"（既包括商业晒娃也包括非商业晒娃）的法律手段是刑法。[114] 即使在那些对商业晒娃活动进行立法限制的各州——比如宾夕法尼，如果处理得当，晒娃活动依然是合法的。在没有取得父母同意的情况下，老师和学校管理人员在可以分享的内容方面会受到更多限制。但是，如果学校将部分教育活动或相关任务外包给第三方，那么他们在与第三方分享学生信息时也会享有很大的自由度。

因此，无论在语言表述还是在适用范围方面，联邦和各州的劳动法规都未能承认这样一个事实：数字时代的"工作"不再局限于工厂车间或私人家庭的奶牛场。今天，我们许多人都在创建数据，以此换取数字服务，因此我们都为此工作了。实际上，我们几乎一直都在创建数据，只是没有意识到罢了。我们也一直在换取服务，只是没有意识到数据已被拿走。参与商业晒娃活动的时候，或者在非商业晒娃领域免费获取教学软件，并允许软件供应商了解孩子的信息时，我们让自己的数据和孩子们的数据参与了工作——至少是非严格意义上的工作。由于现行的劳动法规未能认识到这种 21 世纪的工作类型，而且将大部分的决策权留在了父母手中，让他们决定孩子是否要参与这类工作，因此在很大程度上未能让儿童的游戏活动脱离劳动市场。

数据是非常宝贵的产品。[115] 像大学这样的非营利机构也越来越多地参与进来。[116] 私营企业越来越重视收集和使用人们的数据。[117] 政府和其他主要部门也在做同样的事情。[118] 每个人都在使用和交换他们的数据，但是通常情况下普通人对数据价值的认识比不上与他们打交道的机构。就信息不对称的状况而言，有些机构似乎是有意而为。用户同意的那些小字号条款实际上让这些机构能够毫无约束地使用和分享用户的数据，这让他们获益良多。有些信息不对称反映出用户手中掌握的工具有限，这让他们无法理解交易条款，或者对这些交易条款毫不在乎。[119] 我们除非从事商业晒娃活动，否则根本无法直接用我们的数据获取一间屋子，或者餐

晒娃请三思

桌上的食品。但是，我们可以使用个人数据获取免费或低廉的电子服务，而这些电子服务可是实力空前，种类繁多。

我们只要还活着，就可以产出有关自己的信息。我们在工作时会生产数据，仅仅活着也会如此。只要回想一下汤米·索的情形便一目了然：围绕怀孕和孕育的过程，他的整个数字大厦就建立起来了。甚至我们去世后的情形也是这样：我们的数字自我比生理学意义上的更长寿，而且我们离世后它依然会产生强大的影响。[120]

过去的生活像幽灵一样可以继续发挥作用，这表明我们可以采取另外一种方式来思考数据。这种方式与我们把日常生活看成"生产数据的劳动"虽有关联，又有微妙的不同。我们不妨将个人数据视为一种货币。这是一种我们可以自由开销但常常视而不见的货币。毕竟，这种货币似乎取之不尽，用之不绝。

即使在银行没有存款，我们依然可以利用自身的数据交换以下服务：使用 Google 网站搜索信息，在 Facebook 上开展社交活动，以及享有更多其他服务。[121]常言道：如果你没在购买商品，那你自己就是商品。[122]在这种认知框架下，父母、老师和其他成年监护人花费的是孩子们的数据这种"货币"。而且这都是在孩子们毫不知情且未征得他们同意的情况下进行的。更何况，对于为什么要花费这种"货币"及可能造成的后果，我们并没有充分或周全的理解。

不管我们在此讨论的理论框架是为了理清父母、教育者和其他成年监护人对孩子们数据的使用构成"使用童工"这一事实，还是为了将这一行为理解为花费儿童数据这种"货币"，做个思想实验可能会帮助我们更好理解以下问题：这里讨论的安排是否让我们心有不安？为什么？

　　让我们设想有位朋友向你吐露了以下情形："我让一些私人公司派了一帮数量未知的陌生人来到我家，整天给孩子拍摄照片，而且无处不拍：不论是外出玩耍，在家吃饭，还是在浴缸里洗澡。不过请放心，在拍摄浴缸照片时，泡沫遮盖着孩子的隐私部位。然后，我授权这些公司，无论出于何种目的都可以无限期使用这些照片。作为回报，这些公司让我免费使用他们提供的服务。"

　　你可能觉得这种情况确实令人毛骨悚然。现在，让我们将这个思想实验再推进一步：你的朋友告诉你，所有这一切都是她安排的，作为回报，这家公司给了她一笔钱。这时，你可能会觉得更为可怕；并且，她可能已经违反了童工监管法规，取决于她身处哪个州。

　　这些设想的情形与社交媒体和其他数字公司开展的业务模式之间存在一些重大差异。其中一个就是，在实际的晒娃活动中，孩子经历的实体世界里看不到来自外部世界的限制。但这两种情形还有一个非常重要的相似点：无论是假定的情形还是实际的晒娃模式，父母、老师和其他成年监护人都在拿自己的孩子（或他们监管的孩子）的数据交换他们想要的服务。

　　让我们再推进一步，看看不久的将来可能会出现的实际情况。如今，成年人在自由使用子女的电子数据，使用这种"货币"获取免费或低价的商业服务。那么接下来，政府也会以这种方式为民众提供服务吗？对于某些我们认定为具有"公共"属性的服务，各级政府可能会采用"自行支付"的模式，比如刑事司法服务和消防服务。[123] 但是，当穷人迫于无奈或出于自愿选择"自行支付"

　　　　　　　　　　　　　　　　　　　　　　　　晒娃请三思

以获取想要的服务（例如获取公设辩护人服务），他们就处于劣势，因为他们根本没有可以用于支付的资金。有时候，无法支付意味着无法获取服务；有时候，这意味着需要"服务"的用户会被"市场俘虏"，必须向政府贷款。[124]这样一来，民众获得"服务"（例如为自己获取公设辩护人服务[125]），政府先买单；但是用户必须向政府偿还债务，这通常包含利息、滞纳金以及普通债权人无法拥有但政府这个"超级债权人"却可以利用的各种手段（比如从债务人工资中扣除）。[126]

在青少年犯罪的庭审程序及其他涉及父母和孩子的庭审程序中，"自行支付"的做法在全国各州已经被普遍采纳。现在，让我们看看这种方法在青少年犯罪案件的处理中是如何运作的。假如你的孩子所犯罪行被认定为"真实存在"，他就会被执法人员带走，接受"改造"或其他服务。作为孩子的家长，你会收到一张包括安置费、服务费和其他费用在内的账单。如果你无法按时足额付清账款，那这笔款项就成为你名下的一笔贷款，要在一定期限内偿还。如果到期仍未还清，你可能会因为"蔑视法庭判决"而遭受监禁。[127]

因此，我们有"自行支付"的运作模式。同时，在私人和公共领域中，我们在广泛使用各种监控技术。例如，汽车保险公司为成年假释人员或缓刑人员提供保险折扣，确保他们安全驾驶，并对他们进行数字追踪。[128]假如州政府递给家庭经济困难的父母一张巨额账单，告诉他们"自行支付"——因为犯事的孩子要接受"改造"，这时会发生什么事情？"你可以使用孩子的数据作为特殊货币来支付这笔账单吗？"

作为少年犯罪司法程序的一部分，政府已经在收集大量有关儿童和他们家庭的数据。但是，让我们假定，政府希望利用这种数据收集功能实施他们认为可以进一步在家庭环境下对孩子进行改造的措施，那么政府会说："你可以用现金支付账单，也可以用数据来支付。"如果选择现金支付，你每月都要支付一定数额的款项，外加因财务吃紧未能按时支付而导致的罚款，你可能承担不起所有的费用。如果选择用数据支付，你的孩子就得全天候佩戴这款具有视频传感功能的手表。如果数据告诉政府，你的孩子上学准时，三餐均衡，每天在屏幕上花费的时间不超过 30 分钟，能够完成所有功课，而且在规定的月份里能够每天晚上 8 点前上床睡觉，政府就接受数据支付方式，以此代替你本月应该支付的款项。

作为政府，我们还将审核拿到的数据，以确定是否还要制定其他更具针对性的规划，作为你的孩子假释和缓刑条款的一部分；同时要求父母本人遵照实施，以便你们能够更好地帮助孩子改造。因此，如果那块"手表"告诉我们你在吸烟、饮酒或摄入饱和脂肪，我们就会下达命令，要求你终止这些做法——如果你想要凭借当月的数据信用代为支付所欠款项。顺便说一下，现在和将来，我们还打算将你的孩子和家庭的数据用于有助我们开展工作的任何事情中去。你是不是觉得这可以接受？要想选用数据支付方式，你们必须和宪法及法律赋予你们的权利说再见，允许我们以任何方式处置你的孩子和家庭的数据。

为了更好地理解这种假定的情形，不妨想一想万事达信用卡（MasterCard）打出的广告：我本无价！[129] 从许多层面来看，数据的确无价。这是因为父母舍弃的不过是看似不计报酬的东西，

晒娃请三思

而非金钱，他们也没有因此而招致债务。对于父母来说，这似乎是一笔最划算的交易。另外一个原因是，如果这种做法行之有效，政府就会节省大量资金，免得以其他形式对假释和缓刑进行监督，以防再犯情况的发生。

我们也许会说，它"无价"是因为这个说法听起来很荒谬，但实则不然。数据就是钞票。也就是说，数据已经转换成钞票，而且已经被当作钞票在使用。只要给这种运作模式贴上一个标签："基于电子数据的少年犯改造项目"，你便参与到一项全新的政府倡议中去了。你可能会从中得到捐赠，从私人公司那里获取一款手表；作为交换，他们可以使用你的数据。

具有讽刺意味的是，孩子们面临成为网上数字临时工的风险。在互联网发展的初期阶段，它是个开放而有趣的新兴领域。从许多方面来看，互联网的这种品质仍然没变。但尽管数字世界声称，它给人们提供了无限可能，数字生活中的游戏精神却与孩子们渐行渐远，而这正是孩子们比其他任何群体都更需要的东西。我们能否创建一种机制，避免将孩子变成数字临时工，从而找到一种可以让孩子们开展游戏的办法？

"孩童乃成人之父"。与此类似，我们漏洞重重的法律迷思中也包含着真理的种子；循着这些真理，我们完全可以找到一条向前迈进的道路。在接下来的两章里，我们将讨论必须遵循的思想指南，这些原则将有助于我们进行道路探索，以构建这样一幅儿童期的生活图景：在当下和未来的数字世界中，我们有能力保护儿童隐私，并进而保护他们的发展机遇、主体性和自主性。

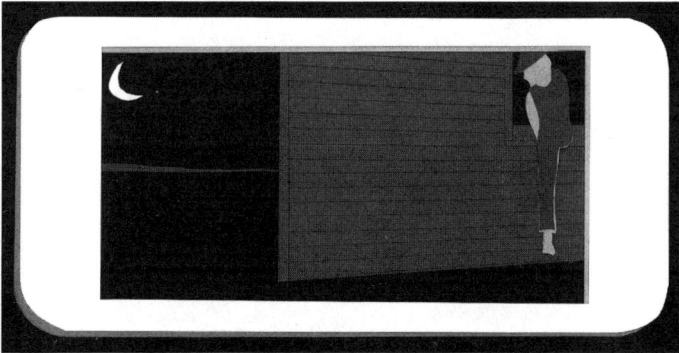

第六章

无人机的启示：数字时代孩童成长路径探索

法国在训练老鹰对无人机发起攻击。[1]老鹰非常擅长这一工作。在 21 世纪的今天，骑士精神可能已经寿终正寝，但是中世纪的一些做法却未消逝。我们可以从中得到一些启发。当然，这不会像一般人想象的那么简单。乍看之下，启发可能是旧时代胜过了数字时代。但让我们仔细分析一下，天空足够大，完全容得下无人机和飞鸟。因此，我们得到的启发是，这些不同层级的事物应当共生共存。如今，老鹰可以猎捕无人机，它们当然也可以猎捕小型哺乳类动物。而且，老鹰根本不需要一个应用软件来做到这些。

我们这些做父母和老师的，以及其他监护孩童和少年的成年人，与那些老鹰极其相似。我们生活在一个全新的世界里，到处充斥着各种数字物种。而且，凭着本能，我们做着父母、老师和其他监护人曾经为我们做过的事情。[2]我们喂养、庇护、培育并训练我们的孩子。我们离开"巢穴"为他们"觅食"；拿出第二笔抵押贷款，在我们的"巢穴"之上加盖一层新屋顶；然后，通过房产净值信用贷款将孩子送进大学校园。

今天，我们面临着这样的挑战：应该怎样训练自己才能充分利用我们的本能，做好养儿育女、教学和其他呵护孩子的工作，从而找到一条适应当今数字环境的道路？我们应该吸取的教训是：我们能够做的远远超出想象。我们可以让年少的孩子免受无人机的攻击——这不只是个比喻，无人机的确是潜在的威胁；我们要确保孩子能够展翅高飞。

作为家长、老师或者其他身份监护人，你的本能反应会将你带往何处？你有没有注意到身边的其他人也在做类似的事情？你有没有注意到，对于成年人应当如何对待儿童私人电子数据这一问题，公立学校、立法机关、法院、行政部门和监管机构这样的团体是如何反应的，他们的态度到底是积极的、消极的还是中立的？私立学校、私人科技公司以及其他类型的私营公司又做何反应？在私人生活和公共生活中，或者在私营部门中，我们是否要做出改变，另辟蹊径，为父母、老师和其他成年监护人建立一种新的关系，以塑造孩子们的数字生活和关乎他们当下及未来的人生机遇？你认为这些改变背后的动力因素是什么，是基于全局考虑的原则，还是基于细致入微的细节，还是两种情况兼而有之？无论你会给出什么样的答案，提出这类问题的目的是让你成为谚语中所说的"早起的鸟儿"，以便在识别和反思"晒娃"行为时"有虫子可吃"。[3]

本章先从思想实验开始。这是为了更好地探索我们本能反应，以及身边的人员和机构的本能反应。然后，本章后半部分和下一章将给大家勾勒"思想指南"，[4]为我们对待孩子数字生活的方式确定新的方向。儿童期和青春期应被看作由游戏所锚定的独特人生阶段。要允许孩子们犯错，从错误中学习，通过适度试错让孩子们发展他们的主体性和自主意识。

这里的"思想指南"并非一份待做事项的完美清单，也不是个人、立法机构或其他结构性改革可以依其行事的最佳做法。这只是个"导航仪"，是基于总体考虑的一些原则。[5] 这两章的确提供了一些可以用于改革的建议，有些是首次提出，有些可能已经为人所熟知；提出这些建议的目的是说明"指南"中的原则要如何实施。当然，这些都不是讨论的重点。这两章内容的目标是帮助我们在数字时代找到集体努力的正北方向，从而为孩子们营造一个富有意义的、以游戏和自我肯定为特征的成长环境。

与达琳家育儿室中的孩子们相比，我们手中握有更多可以利用的资源。法律为我们的家园和家庭提供了保护；我们竭尽全力教育行为不端的青年人走上正轨，而不是对他们实施惩罚了事。尽管我们对基于游戏的生活图景（目前）还没有非常深刻的理解，但是起码有了一定的认识：在法律体系内，有必要让孩童和少年进行探索，试探各种边界。我们的目标是让消费者以一种有意义的方式参与我们的资本主义市场。

如上所述，我们要承担的这些及相关的职责正在经历复杂因素的干扰和侵蚀，但是它们一点儿也没有消逝。数字内容永远处在难分难解的交融过程中。我们需要不断学习，习惯于把法律原则和其他方面的原则结合起来。正是这些原则影响着机构和个人的决策，决定着父母和其他成年监护人对孩童数据的披露。有了这样的原则，我们就可以针对各种情形采取富有成效的措施。下文便是其中一例。

思想实验：近在眼前的假定图景

在不久的将来，这里假定的情形就会发生：你 17 岁的女儿想去上大学，你在帮助她完成入学申请。申请需要她提供学术能力评估测试的"SAT 1"和"SAT 2"的考试分数，大学预修课程"AP"的考试分数，以及由"Tyke-Bytes"出具的"个人资本"评分。你不禁要问，"Tyke-Bytes"是什么鬼东西？你的语音助手 Siri 告诉你，"Tyke-Bytes"可是"你的孩子告别过去并走向未来的通行证呢"。你告诉 Siri 不要再朗读有关"Tyke-Bytes"的语音片段，要对此进行更为深入的挖掘。Siri 给出的回答是："Tyke-Bytes"是个商用数据库，存储着孩子们童年阶段的数据；它也是孩童即将步入成年阶段的"数据结算中心"。Tyke-Bytes 数据库会尽其所能汇总全美每个孩子的所有数据，然后打包销售给各种类型的机构和个人。其中最紧俏的产品是一套分数，用于评估将来儿童在教育、体能和就业等一系列领域取得成功的概率。

Tyke-Bytes 数据库会把这些"个人资本"评分分享给任何愿意付费且合乎法律规定的个人或机构——按照 Tyke-Bytes 的观点就是分享给具有正当需求的个人或机构。你和你女儿根本不需要做任何事情，这些评分自然会发送出去。收到你女儿入学申请的所有大学都会向 Tyke-Bytes 索取这些评分，而提交申请的学生本人则无须承担任何费用。Tyke-Bytes 数据库的确允许父母和年满

18周岁及以上年龄的青少年选择退出，不让该数据库收集和分享他们的信息。但是，Tyke-Bytes网站会向你发出警告，选择退出将会给你孩子的未来带来风险。"毕竟，"网页上"寻求帮助"的区域中活泼的智能服务助手会告诉你，"没有Tyke-Bytes分数的申请人就像没有安装安全气囊的汽车：你当然可以开车去兜风，但是何必冒险呢？"

Tyke-Bytes还未问世，但潜在的情形远非"如果相信仙子你就拍拍手"那么简单。[6]一些类似的服务已经在使用，它们将青少年在某一特定领域的技能简化成一个数字，例如网球技能评级通用系统（Universal Tennis Rating system）。[7]跨领域数据汇集与分析服务将使用孩子们敏感的电子数据，全方位生成各种分数，提供给形形色色的把关人，凭此对孩子们未来的机遇进行决策，这种情形距离当下正在发生的并不遥远。[8]

举例来说，福特汉姆法学院的"法律与信息政策研究中心"最近针对学生数据经纪业务开展的一项研究发现，高等教育机构在使用由商业经纪公司收集的数据开展招生。[9]这些数据在出售时被细分为特定的列表或"筛选条件"（"可以用来将收件人列表细分为不同从属类别的［各种］特征"），包括"种族、宗教和经济因素，甚至'愚笨程度'"。[10]目前，可用的列表或"筛选条件"包括"以居家学习为导向的基督教家庭"、"孩子临近高中毕业的犹太家庭"和"全美富家子弟"。[11]但是，数据经纪公司似乎还未给这些类属评定分数。

当然，我们假定的Tyke-Bytes商业计划会遭受其自身存在的一些漏洞的困扰，尤其是它缺乏那些受法律保护的特定领域的数据——比如少年司法系统的数据。（当然，那些它无法涉及的系统也存在很多漏洞，表面上受保护的数据确实可以通过这些漏洞泄露出来。）不过，这些商业计划中存在的漏洞不大可能使整个项目破产。

接收到一份基于童年经历而生成的分数有什么不好？我们早有信用评分了。保险公司也在使用独有的公式给投保人员打分，而我们接触这些公式的机会很少，或者根本接触不到。高校招生办公室在使用各种模型预测学生学业成功的概率，并据此做出招生决策。法官和缓刑执行官同样采用分数预测未来的危险程度，借此帮助他们制定保释条件。[12] 总体说来，各种机构和个人基于数据进行预测，在此基础上采取行动，这已经是司空见惯的做法。

设想一下，2016年，有家长在网上发布了还在蹒跚学步的幼儿接受如厕训练却遭失败的博客；到了2031年，该信息可能会发挥一定的作用，决定这孩子该上哪所大学。这样的前景会困扰我们吗？你的答案也许是肯定的。那就让我们采用四项原则给我们自己和我们的机构确定新的方向：游戏、忘记、联系和尊重。为了减轻如厕训练及类似事件对孩童隐私和机遇带来的威胁，数字世界应当回到互联网的根源，发挥其更具游戏性和迭代演变的特质。数字世界需要为儿童提供一个受保护的空间，就像我们尽力保护实体操场和教室那样，让这样的空间成为具有试验性、不断发展、极具包容性和公平观念的场所。

为了把这件事做好，数字世界需要遗忘。对于它了解到的大部分有关孩童和少年的信息，它需要采取不闻不问的态度，以便让孩子们发展自主性和主体性，这对于青少年的蓬勃发展和步入

晒娃请三思

有意义的成年阶段必不可少。青少年在数字空间开展活动和人际交往时，与他们互动的个人、企业及其他实体应当尊重他们。如果要把他们的数据变为商品，他们则有权作为经济活动的主体而获得更多的自主权，而不是被当作客体来对待。

游戏：为孩子留出想象、恶作剧和犯错的空间

我们可能是青少年眼中的伪君子。我们利用数字技术来改善自己的生活，却没有充分考虑到，把年轻人卷入我们对技术的使用中来对他们可能会产生巨大的影响。[13]

本书讨论的焦点是我们的"晒娃"行为对孩子的影响。简言之，我们对数字技术的使用也可能影响到了我们与孩子之间诸多关系的其他方面。我们要问一问，我们和电子设备之间的关系是否影响到了亲子关系，而亲子关系对孩子的健康发展是必不可少的。

这个问题不关"晒娃"本身。不论我们是在使用手机给孩子拍照（然后将其发布到网上），还是用手机支付停车费，这都无关紧要。要紧的是我们在使用手机或其他的数字设备。对于成人使用数字技术对亲子关系的发展产生的影响，以及它对父母之外的成人与孩子之间关系发展产生的影响，学术界的研究仍然处于初期阶段。值得注意的是，发表在《美国儿科学会》杂志上的一项研究警示我们，尽管数字技术有其积极的一面，但是"移动设备也会分散父母的注意力，影响父母与孩子面对面的交流互动，而这对于孩子的认知、语言和情感发展至关重要"。[14]一项即将发布的

研究给出的结论大概是，父母与其将养育子女过程中不可避免的挫败情绪发泄在孩子身上，还不如将这种情绪编辑成哪怕是非常尖刻的文字信息后分享给自己的朋友。

现在，让我们回到孩子指控父母虚伪这个问题上来。我们使用技术为自己创造机遇，同时控制着年轻人的数字生活和现实世界的生活。例如，我们鼓励孩童和少年在他们的课堂上和其他活动中使用教育技术，以便在科学、技术、工程和数学各学科方面打下牢固的基础。然而，许多学校对学生在校园内使用自备设备制定了"零容忍"的政策；学生如果因发送短信次数太多而被抓，就可能面临校外停学的惩罚。[15] 我们重视"开拓创新"，赞扬那些有"远大抱负"并且"百折不挠"的初创公司。然而，这种循序渐进的学习过程出现在还处于儿童期的孩子们身上时，我们常常无法容忍——尽管这是成长的必经之路。

我们让成年人玩耍，却让孩子们为此付出代价。[16] 我们正好把事情搞颠倒了。数字世界需要给孩子们提供一个受到保护的游戏空间，就像我们尽力保护实体操场和教室那样，让这样的空间成为具有试验性、迭代发展、富有包容性和公平观念的场所。我们不能让游戏成为（一部分人的）专属领地，只有那些能够给孩子建造私人林地的特权阶层才能独享。[17]

那么，我们怎样才能朝着正确的方向前行呢？当下的数字技术刚刚走过的历程可以给我们提供一些启发。就其发展的源头而言，互联网曾经有过"西部荒野"的拓荒气质，它给个体——包括孩子们在内，提供了很大的游戏空间。[18] 这种游戏精神依然健在，但是游戏的场域发生了变化。"西部荒野"的拓荒精神似乎越来越多地体现在人们的数据"淘金热"中。[19] 私人机构和公共机构都秉持这样一种心态:"先将数据抓在手,意欲何为暂置后。"这种冒险精神无疑会给社会带来一些益处。技术、企业及其他形式的创新是经济、教育和其他关键领域发展的强大驱动力。但是,如果个体或机构的决策将淘到的"金子"留给成人,却把"煤块"留给孩子,这种形式的创新就不能被称为有益的驱动力。

我们需要让孩子们拥有自己的"西部荒野"。保护孩童生活的"边疆"要求成年人进行有意识的选择,设定切实可行的界限。我们需要在那些用数字手段追踪孩童经历的地方划下界限。[20] 对于该如何分享和使用收集到的数据,我们也要划下界限。[21] 游戏需要空间,需要在合理的范围内尝试,而不需要其他人过多的关注,也不需要为他人负责。这就存在一种张力:一方面,如果没有边界的约束,游戏就会演变成小说《蝇王》中无法无天的情形,而不是《彼得·潘》那样的故事;另一方面,如果限制太多,游戏便会失去其内在本质——探索、犯错、吸取教训,然后重新来过。

我们的分析聚焦于成年人分享的(孩子们的)生活经历,或者在成年人安排之下孩子分享的自己的生活经历——比如,给蹒跚学步的儿童配备智能玩具。不过,这种相同的游戏原则当然也适用于年龄较大的孩童和少年,他们可以自己决定要分享哪些数据,以及为什么要分享。一个具体的示例就是,在隐私政策晦暗不明的情况下,家长可以选择不使用如厕训练应用软件。我们也需要限制那些追踪活动可能带来的负面影响。这样,幼儿马桶软件供应商就要抛弃旧有的隐私政策,代之以这样的保证:不会与任何第三方,包括数据收集公司分享幼童如厕训练数据。

其他示例不胜枚举。戏剧夏令营组织方可以决定，在汇报演出之夜开幕之前不给参加夏令营的孩子们拍照，以避免拍摄行为让排练中的少年演员感到紧张。当帷幕升起，闪光灯熄灭，夏令营组织方才可以在取得青少年本人及其父母同意的情况下将特定的照片发布到夏令营的网站上。对于当地的社区大学而言，招生办公室要做出承诺，不会在 Google 网站搜索申请学生的个人信息；或者，即使搜索了，他们必须将任何出现的结果通知到申请者本人，给招生办公室暂缓决定的机会，也给受到影响的申请人对搜索结果进行解释的机会。这样一来，如果招生人员看到夏令营的戏剧演出中身穿黑衣、手持血红利刃的麦克白夫人"恶灵"一般的照片，不至于忧虑入学申请者的心理稳定状况。学生会解释说："我并不会因为这样的演出场景而遗憾。这只不过是我的未来星途上的闪光点而已。"

父母、老师和其他成年监护人经常使用的社交媒体和其他技术平台可以开发更多功能，鼓励用户进行选择，以保护孩子们的游戏活动。例如，技术平台可以询问："你确定要把这条有关你孩子的信息发布出去吗？发布本消息可能会产生以下后果。"我们也可以期望技术公司创建父母专用平台，发布以孩童为核心的内容。我们已经有了 YouTube 儿童视频专区和 Google 公司面向孩童推出的新服务。[22] 但是，为什么不建立 YouTube 父母专区，或者父母版的 Facebook 平台呢？这些办法既可以让家长们保持联系，又可以避免平台对孩子们的信息进行追踪、收集和使用。[23] 举例来说，Facebook 网站可以将有关孩子如厕训练的发帖"隐私设定"留给父母去选择；即使父母选择了公开隐私，也无法以任何方式

　　　　　　　　　　　　　　　　晒娃请三思

将该信息传递给第三方；Facebook 公司也无法将这一信息用于内部的市场分析或产品开发。

这里谈到的只是少数几例以人为本和以技术为中心的解决方案，可以用来保护孩子们的游戏活动。[24] 不过，通过法律法规同样可以落实这一原则。一整套法律工具似乎最适合拿来规范政府、商业机构，或其他机构的行为，而不是直接监管父母的行为。[25]

例如，联邦教育部可以制定细则，要求那些接受教育部资助的大学采取上文描述的隐私保护措施，落实"不使用 Google 搜索（学生信息），或者对搜索结果的阐释要透明"。在教育领域之外，也可以限制政府机构对孩童私人数据的使用。负责公共利益的机构也要致力于仅将家庭数据用于公共利益的决策，而不能用于分析和预测任何敏感（尽管某种程度上也与公共利益相关）的生活事件，比如试图预测某个家庭中哪个孩子有可能成为少年父母。

我们可以更为大胆地设想，不要只局限于单个联邦机构颁布的规定或发布的政策；我完全可以制定联邦法律，禁止所有联邦机构以及那些接受联邦资助的州立机构和地方机构，基于收集到的部分或全部电子数据——不管是直接从孩子们那里还是从成年人那里收集而来——围绕诸如教育、公共利益和职业培训计划等做出非常敏感的预测和决定。例如，我们可以允许学校使用儿童数据来确定入学儿童应该注册在哪一年级；但是，绝对不允许第三方数据分析软件使用儿童数据试图确定哪些孩子会逃学。

这样的联邦法律也可以用来规范在各州之间从事商贸活动的公司。法规可以制定得比较宽泛，也可以针对特定行业来制定。2014 年，加利福尼亚州通过的一项法律就是难能可贵的例子。对于教育科技公司可以用收集到的学生电子数据做什么，该项法律做出了明确限定。根据《学生在线个人信息保护法案》（*Student Online Personal Information Protection Act*，简称 SOPIPA），[26] 它对教育技术公司的限制包括禁止将学生数据用于"精准广告投放"，禁止"针对个人创建学生数据档案——除非要建立的是'集体'档案，且限于'幼儿园至 12 年级阶段学校内部使用'"。[27] 该项州立法案的目的是通过对直接收集电子数据的公司进行规范（而不是指望父母和学校成为青少年个人数据的守门人），填补现行联邦法律框架对学生数据隐私保护的缺漏。同时，该法案还具体列举了立法者认为对孩童和少年形成威胁且必须加以禁止的公司行为。

国会可以参照加利福尼亚州的做法，在全国范围内禁止教育技术公司基于学生数据开展市场营销，建立学生档案，或者从事其他严重威胁学生隐私的活动。国会也可以超越教育技术公司这个小范围，把同样的要求推广到所有明知（或者应该知晓）乙方在收集青少年电子数据的公司——不管这些数据是从青少年那里直接收集而来，还是从代表青少年进行授权的父母、老师和其他成年人监护那里收集而来。国会还可以考虑尽早在电子数据获取环节进行监管，在数据收集阶段进行干预，而不是等到数据使用阶段。

尽管收效不可限量，针对青少年电子数据隐私保护广泛开展联邦法律改革的前景似乎比较暗淡，就像指引彼得和达琳家的孩子们的星辰一样远在天边。近年来，针对青少年电子数据隐私保护（特别是针对学生隐私保护）开展联邦法律改革的有限尝试也失败了。[28] 鉴于技术公司将电子数据作为其利润来源紧盯不放，

晒娃请三思

许多其他公共机构和私人机构也出于种种目的深深依赖电子数据，而且大家集体依赖各种数字设备，针对青少年电子数据隐私全面开展联邦法规或监管改革可能依然遥遥无期。

目前，我们也许只能如此。联邦立法和监管可能过于繁杂和宽泛，会扼杀各州立法机关、监管部门以及其他公共和私人机构中改革者开展的创新性尝试。现在，让我们回到对自身的探索吧。无论是在联邦还是在州层面，如果我们将游戏作为推动法律改革的积极因素来考虑，情况会怎么样呢？

到目前为止，我们围绕潜在的法律改革提出的建议都是从如何保护孩童隐私的角度展开的。隐私就是要用来保护儿童和少年的游戏空间。通过在虚拟世界中围绕这些不同的人生阶段设定边界——根据处于某些人生阶段的某些人的信息该如何处理，我们就能够让孩子们开展自由探索，而探索的过程就是孩子们可以犯错并从中学习的过程。然而，就像律师们常常说的那样，保护只是底线，而不是最高标准。那就让我们畅想一下最佳情形吧。我们该如何使用法律，才能在数字世界中促进孩子在儿童期和青春期开展基于游戏的活动？

我们可以花钱，向那些"为所有儿童提供数字内容和服务，并在社会、民政、艺术、文化、教育和娱乐等方面带来好处"的公司或实体机构提供公共资金支持。[29] 这句话出自"欧洲理事会部长委员会"（the Council of Europe's Committee of Ministers）最近发布的指导纲要，其目的是设法促进成员国"在数字环境下尊重、保护和实现儿童权利"。[30] 这些准则承认孩子们"参与游戏的权利"。[31] 尽管这些准则对美国没有约束力，但是我们完全可以借鉴，并向这些标准看齐。

我们可以花费公共资金来激励这类数字内容和服务的创建，涉及人员既包括青少年，也包括他们的父母、老师和其他成年监护人。不妨设想，我们可以大规模投资，建设类似于邻街游乐场或国家公园这样的数字设施。市级层面新成立的"数字公园规划指导委员会"将作何设计？[32] 他们能否建立混合式的户外数字空间，以便儿童和成人都可以在实体沙坑和虚拟沙坑里开展游戏？将来，联邦《数字荒野保护法案》会给我们带来什么？[33] 我们能否创建一个数字空间，以确保人们能够在网上开展类似于穿山越岭的徒步旅行：没有广告，没有监控，体验过后不留下任何痕迹？答案依然未知。不过，它的美妙之处正在这里：我们可以着手建设这样的空间，孩童玩乐自然水到渠成。

在某种程度上，游戏终将会实现，因为我们在建设的过程中就会开展游戏。和孩子们一样，在数字王国里，我们也需要一定的探索空间。这些建议表明，我们可以使用整套法律和监管工具来培养青少年的数字生活方式，即一种可以保护孩子们开展游戏并从探索、体验和犯错中汲取经验的生活方式。这样的生活方式并不是唯一的、最佳的方式，甚至不是必不可少的。毫无疑问，当我们尝试在数字王国培养游戏的生活方式，我们必定会犯错误。我们将反复尝试，携手合作。数字生活中出现的新问题会促使我们上马新的项目，开展新的合作。许多这种开拓性的合作代表了数字治理领域的领军学者乌尔斯·加塞尔（Urs Gasser）所说的涉及"众多利益攸关方"的治理：[34] 多方合力应对复杂的、前所未有并且快速演化的挑战。在某种意义上，这种方法包含游戏的成分——纯粹的、非商业意义的游戏。让我们一起把手上的"玩具"扔掉，看看我们能否将不可能变成可能。

这项工作并非全都是有趣的游戏。每一方都有自己的价值观念、追求的目标和组织结构。有时，机构之间或机构内部会存在冲突。有时，为了落实某项原则以确保想要的结果，一个机构需要拥有最终决定权。市场部门在打击儿童色情的斗争中应该做出贡献，这至关重要。政府必须有权起诉和关押侵害儿童权益的犯罪分子。对于市场部门的领导者和雇员而言，非常重要的一点是，要保证不去创建"穆斯林登记册"这样的档案。[35] 基本的一点是当政府部门通过签约外包实施这一建档企图，我们的法院系统应当以开放的态度解决此类事件引发的侵犯公民核心权利和自由的行为。政府要通过拨款来建立和维持新型技术企业的运营，这将大有益处。[36] 我们要毫不动摇，坚持市场部门在法律规定的范围内开展私人创新、投资和生产。有时候，一方实力会比另一方更为强大，这在许多游戏空间里都是常有的事。"红脸海盗，红脸海盗，让你的'政府'放马来。"神经病！我只想和科技公司一起做游戏！开个玩笑，但不能收回。

帮助我们在网络空间恢复游戏精神的成人团队会是什么样子？有些像"雄鹰"，有些像"无人机"，有些则像这两种玩家的各种组合。一切像极了雄鹰与无人机的传奇故事，要想判断谁会在这场独特的比赛中胜出为时尚早。部分原因在于，预言用的"水晶球"有些模糊，因为没人知道怎样才算获胜。获胜意味着教会孩子通过游戏赚钱吗？获胜意味着教会孩子放手游戏而不必操心赚钱吗？抑或，它的含义介于这两者之间？人们提出的所有解决方案都隐含着价值判断，而这些价值都发挥着规范性的作用。有时候，这些价值规范是显性的；有时候，却隐而不现。当你对打算采用的解决方案进行评估时候，非常重要的一点是以批判的眼光来思考这些价值规范到底是什么，以及你是否赞同。

许多利益攸关方都在互联网和游戏的交叉领域踊跃创新。与雄鹰和无人机对决的情形极为相似，一些创新者正是在数字技术与传统做法的交融领域中脱颖而出。例如，传统的实体玩具公司开始跳出众所熟知的"封塑包装盒"思考产品开发。2017年夏天，美泰（Mattel）公司推出的"新人"——首席技术官（简称CTO）首次亮相。好消息是，这位"首席技术官"不需要安装电池。坏消息是，你在身边的任何店铺或应用软件中都找不到他。"首席技术官"只住在美泰公司的总部里，负责为儿童创造"数字化的切实"体验。[37]目前，CTO这样的产品尚属凤毛麟角，仿佛是用来收藏的。你会发现，在全美所有玩具公司的总部里，类似的玩具不是很多。[38]不过，CTO孤苦伶仃的时日不可能太久。制作和销售玩具可不是孩子们玩的游戏。玩具和游戏产业拥有巨大的市场和创造力。玩具制造商已经逐渐意识到，他们需要超越线上线下的明确分界，在孩子们现身的地方与孩子们打交道。CTO可以帮助我们，引领我们走向"网络新天地"（Interland）。

等一下，"网络新天地"在哪里？为什么到现在为止Siri还没有任何提示？Siri，你这@#$#（该死的）家伙！

别大声嚷嚷。你发飙的样子会被拍摄下来，并在YouTube上发布。这样一来，全世界的人可都会听见。

最近增添了一项成年人集体开发的项目，可以让我们看到

晒娃请三思

"网络新天地"应该遵循的礼仪。该项目是对互联网进行重新建构的一次尝试，是为了让互联网更利于孩子们多开展游戏：由Google公司和非营利组织iKeepSafe（简称iKS）推出的名为"Be Internet Awesome"的新课程。[39]它涵盖了在"网络新天地"里开展的许多学习内容，不禁让人联想到"梦幻岛"。该课程似乎将这块新天地呈现为亦真亦幻的世界。说"真"是因为孩子们可以随时随地进入"网络新天地"。只需轻敲鼠标，或者刷刷屏幕，或者几步简单的操作（如果你选的路径是通过传感器或可穿戴设备进入），你就可以来到这个确实存在的去处。说"虚幻"是因为你去那里只是为了玩游戏，为了分享自己和朋友的生活；总体说来，这只是为了从"眼下的"日常生活中抽身出来。

该课程描绘了一个美好的空间。数字世界也有边界。不过，这样的空间可以置换，甚至取代"梦幻岛"吗？当然，我们谈论的不是迪士尼电影版的"梦幻岛"。"梦幻岛"是个普遍的"能指"（signifier），它标识的是那块孩童可以无拘无束进行游戏的疆域。数字版的"梦幻岛"应该尊重原初版本的"梦幻岛"，应该把"梦幻岛"最初遵循的一些原则整合进来，而不应该摧毁或排挤它。

Google和iKS公司推出的课程是一项艰巨的任务，旨在教会孩子们开创安全而有益的线上生活。这是一张需要有人绘制的蓝图，人们对其目标已经广泛接受并满怀期待。但是，这样的创新和所有类似的教育探索应该给孩子们赋能，使孩子们不仅仅停留在探索他们发现的数字世界，还要让他们觉得自己可以改变这个数字世界：通常情况下，"年轻人所处的位置决定了他们是解决自己数字生活中出现的问题的最佳人选"。[40]发现"网络新天地"是不够的，我们要确保孩子们可以建设一个新世界，同时确保我们也能做到这一点。

游戏的核心就是突破边界。游戏创造新世界。有时，这些边界存在于我们的内心深处；有时，这些边界存在于人与人之间，存在于机构与机构之间，也存在于虚拟世界之中。一张蓝图只能帮助我们迈出第一步，却无法一路带领我们直达目的地。那么，游戏继续！ [41]

忘记：为重建游戏空间扫清障碍

如果我们无法游戏，会怎么样呢？如果我们不再游戏，做了鲁莽、残忍或尴尬的事情，又会怎么样呢？我们能不能像清扫垃圾一样将错误扔进老旧的玩具箱，然后将这一切都抛在脑后？

20 世纪初期，纽约城市交通运输局在其地铁内贴出海报，上面的内容大致如下："有时候，为了更好前行，你得后退几步。"这项公益活动原本是为了缓解维修地铁在乘客中引起的愤懑情绪，但是其中涉及的基本理念也适用于应对孩童成长问题。你必须后退几步才能更好地前行；你必须有机会犯错，以便更好地成长；你必须记住过去，才能从头再来。

今天的孩童和少年没有那么幸运，他们在成年后遇到的人和机构并不会对他们真的一无所知，无法享受他人出于仁爱而表现出的"健忘"待遇。有关他们的信息被记住得太多，遗忘得太少。[42] 对于今天的年轻人来说，从入住子宫到入住学校宿舍，甚至在从

晒娃请三思

学校毕业后的人生阶段里，他们活着本身就足以成为数字世界的超级巨星。他们在身后留下一串数字足迹，而大部分数字痕迹并非他们刻意留下的。在算不上久远的1990年代，年轻人唯一基于计算机的数字留痕可能是他们玩的电子游戏《俄勒冈之路》（Oregon Trail）。对于美国1960年代中期至1980年代早期出生的"X一代"（甚至部分1980年代早期至1990年代中期出生的"Y一代"）的人来说，他们成年之后，可能只有少数人知道自己高中时代男友近况如何。也许，许多细节信息早已沉寂在纸质版的高中年鉴中，尘封在父母家的阁楼里，只有飞蛾才知晓。[43]

让我们暂时回顾一下老式的学校媒体风格。以电影《情到深处》（Say Anything）为例，这是1980年代上演的一部青春题材的经典影片。[44] 当约翰·库萨克（John Cusack）扮演的主人公劳埃德·多布勒（Lloyd Dobler）举起手中的录音机，向他心爱的人播放彼得·加布里埃尔（Peter Gabriel）的歌曲时，不会有人对此场景进行视频直播。如果是现在，这种极为独特的情感表白在初恋的激情消失之后仍然会存续很久，而劳埃德也可能还会以"隔空投送"（AirDrop，iphone的蓝牙传输功能）的方式播放这首歌曲表达爱意。也许，讨厌劳埃德的戴安娜（Diane）的父亲，会把整个事件拍摄下来，然后在YouTube频道"追求我女儿的混蛋"那里发布，接下来，他还会把视频交给警察，对劳埃德提起侵权起诉。结果，要么伴郎在他们的婚礼上播放该视频，两人以童话版的"从此过上了幸福的生活"而告终；要么故事以另外一种结局而收场：高中毕业后两人就分手了，在以后的岁月里各自偷偷地播放这段珍贵的视频。

数字世界记住了一切，这本是其专长。不过，它必须学会如何忘记，忘记那些孩童和少年经常犯的傻事、蠢事和鲁莽之事，尤其是在成年人选择要记录下这些事情的时候更应该学会遗忘。我们需要好好地考虑一下，数字王国如何才能忘记儿童期发生的事情。然而，目前我们思考更多的却是，如何确保所有"记忆"在征得各方一致同意和信息安全的前提下进行，即如何确保在"前沿阵地"征得家长同意或者杜绝未经授权的第三方拿到孩子们的信息。我们确实考虑过销毁数据，但这更多是作为我们采取的一项安全措施，而不是一项基本原则加以实施，从而达到限制儿童数据使用的目的。[45]

欧盟在做的不仅仅是思考"忘记"的问题。他们正在制定稳健而不断完善的新法律来保护个人数据，并赋予人们足够的权利，使他们能够在满足某些条件的情况下，可以要求某些电子数据的拥有者和私人数据的使用者将这些信息"遗忘"。根据2018 年 5 月 25 日生效的新版《普通数据保护条例》（*General Data Protection Regulation*，简称 GDPR），欧盟"（数据）主体"[46] 拥有合法的"擦除数据权"，通常称作"被遗忘的权利"（the right to be forgotten）。[47] 所谓"擦除"类似于从大约 1990 年的文具用品中取出那块老式的粉红橡皮，然后来到某位掌握着你的数据的人面前，按照具体情况提出擦掉数据的要求，这时，掌握数据的人"有义务擦除（申请者的）个人数据，不得推诿"。[48]

可以主张这项权利的原因很多，其中之一是"数据主体在儿童期同意他人使用自己的［个人数据］，但那时他并没有完全意识到这一举措涉及的风险，后来又希望删除这些个人数据，尤其是

晒娃请三思

发布在网络上的数据"。[49] 但如果是孩子的父母分享了这些数据，甚或是经父母同意后孩子直接分享了这些数据，这种"擦除信息"的做法似乎不再适用，"因为《普通数据保护条例》是受《美国儿童在线隐私保护法案》的启发而制定的"，而后者又是基于父母同意的框架而运作的。[50]

对于 16 岁以下儿童（某些欧盟成员国限定 13 岁以下儿童），大多数情况下需要征得父母同意，然后才可以从儿童那里收集电子数据。目前尚不清楚，在欧盟范围之内，经过父母同意之后由孩子分享的数据在多大程度上可以被擦除。对于那些在青少年时代由父母分享出去的数据，这项法律权利似乎也鞭长莫及，因为最初分享这些数据时无须征得他们本人的同意。当初做决定的是父母，而非他们自己。

即使欧盟国家刚刚步入成年期的年轻人能够通过法律的强制手段，"删除"他们以前分享的信息，步入成年期的美国年轻人却无法享有这样的法律权利。在美国，任何孩童或成年人都无法享有任何类似形式的联邦法律赋予的权利，即被"遗忘"的权利。[51] 就州级法律而言，只有涉及少年司法制度时，法律才强制要求彻底"遗忘"。而且，这些档案是机密的，通常被封存起来，在许多情况下无法流入成年时期的生活。[52] 少年司法领域中"改造"的基本理念要求事中和事后严格保护相关信息，以防泄露。这种保护措施让"改造"得以顺利进行，并让孩童"孕育"出的成年人不会受到来自儿童期污名的影响，或者受那些带来严重后果、改变人生进程的儿童期行为的影响。

泄露少年司法记录可能会招致严厉处罚。如果少年司法案件的当事方与该案当事方之外的人员分享案件记录，就可能构成刑事犯罪。[53] 如果波莉姨妈发帖说："今天开庭审理汤米的案子。汤米作证说，是哈克让他这样干的。但是，法官仍然以汤米伪造死亡假象为由判处他两年刑期。这是法院的判决书：#（图片）# 不公正。"这种做法属于犯罪行为。但如果发帖是这样写的："今天，汤米伪造了自己的死亡假象。该死的哈克！谢天谢地，他总算回来了。但我真想扭断他的脖子！"这样的内容就没事。我们会发现自己的处境很奇怪：青少年的不端行为一旦涉及少年司法系统，就会引发最强力的隐私保护措施。相比之下，一旦不涉及司法系统，青少年的不当行为则很少得到保护，或者压根儿就没有保护措施可言。

现在的问题不是取消少年司法系统对隐私的保护，或者将更多情形纳入该司法系统的管辖之内。我们需要将这一系统富有活力的洞见（要想从错误中学习并不断前进需要一张干净的履历）引入我们对待孩童经历的方式中，使其更具普适性。对于在孩子们不知情或者未经他们同意的情况下，父母、老师和其他成年决策者捕捉、创建和使用孩子们的私人数据这件事，我们需要认真探究，搞清楚儿童和少年是否应当拥有（以及在何种意义上应当拥有）"被遗忘的权利"，还是说应当让他"声名狼藉"。[54]

我们有大量细致的工作要做，以确保孩子们的信息在医疗、教育、政府管理和其他方面得以恰当使用。"被遗忘的权利"不可能要求诊疗室毁掉儿童的疫苗接种记录。但是，当孩子年满18周岁并按照正当程序与Instagram社交媒体交涉的时候，此项权利使他能够要求该社交平台删除他小时候出皮疹时父母发布的面部

　　　　　　　　　　　　　　　晒娃请三思

照片。实际上，社交媒体公司已经为父母提供了一种办法：关于子女的某些信息，父母可以要求平台删除，或者强行限制一些条件。[55] 然而，当我们开始思考伴随孩子 18 岁生日而来的合法权利（即他们有权要求将先前由父母、老师和其他成年监护人分享的内容移除）时，情况变得更为复杂。

说到这里，《美国宪法第一修正案》的权威便凸显出来。如果孩童在成年后从福音派基督教家庭脱离出来，并以社交媒体上发布的照片宣示了他以前所属的宗教派别为由，要求社交媒体平台将与此相关的家庭照片删除，我们该如何处理这种情况？如果法律要求社交媒体公司必须移除这样的发帖，或者要求父母自己撤销这样的发帖，都会引发严重的言论自由和宗教信仰自由的问题，而父母完全有权主张这些权利[56]——即便社交媒体公司事先早有声明，给予步入成年期的青年人移除这些照片的权利。

父母享有宪法赋予他们遵从自身良知和言论自由方面的权利，这包括宗教信仰自由和宗教言论自由。涉及养育孩子的问题时，《美国宪法第十四修正案》与《美国宪法第一修正案》联手强化了父母享有的这些权利。[57] 如上所述，父母的家庭隐私权受到法律的突出保护，他们有权指导子女形成宗教信仰。

尽管父母可以寻求宗教自由权的庇护，但是他们依然要遵守刑法或大多数其他普遍用来保护公共利益和安全的法律。不过，父母也可以利用宗教自由权这把利剑刺穿几乎所有的阻碍，推行他们的个人信仰，并公开讨论这种信仰。带领孩子参加福音派教会是私人信仰。拍摄照片并传到网上，就把一段由私人支配的时光转变为有公众参与的宗教活动。这和以下情形极为相似：就像你给了孩子一叠传单，让他到街角去售卖，以此传播你们全家对福音的理解。这可是20世纪的典型做法，而且很可能是非法行为。

那么，政府禁止父母让孩子在大街上发福音传单并没有违反"宪法第一修正案"，但为什么在信息高速公路上政府禁止同样的事情却涉嫌违宪呢？这难道不是对数字领域的反向歧视吗？乍一看，《宪法第一修正案》的胜出也许在于涉及的言论到底是发生在线上还是线下。但是，深入探究就会发现，无论是"砖铺路"还是"光纤路"都无关紧要。重要的一点在于，发生在"砖铺路"或数字通道上的活动是否有明确的法律界定，处于公共利益和公共安全法规的监管之下。

至于让孩子站在街角售卖宗教材料这件事，根据最高法院的裁定，这是使用童工。因此，可以执行旨在规范雇佣童工的州法律，以保护他们免受不合情理和不够安全的做法的侵害。即使雇佣童工牵涉宗教信仰自由和其他宪法权利，这样的州法律照样可以执行。马萨诸塞州出现过一个真实的案例，一位9岁大的女孩在其监护人（她的姑姑）的指使下到街上售卖宗教材料。根据该州的童工法这属于违法行为，美国最高法院也对这位姑姑的做法举起了"叫停牌"："无论是宗教权利还是养育孩子的权利，都是有边界的。为了捍卫少年的整体利益，州政府要担负起监护职责，通过监管（或禁止）使用童工及其他措施，限制父母对孩子的控制。"[58] 这样，针对那位姑姑的刑事定罪就完全成立。

如果给孩子拍照并发布到网上，那会怎么样呢？让我们回到设想的福音教派家庭的例子。假如发布在网络上的图片显示，孩子们周日穿着最好的衣服，手捧打开的《新约全书》，而且图片带

晒娃请三思

上"掌握真理"的标签，那么按照现行的联邦和州级的童工法，发布这样的照片并不会构成使用童工。在网上发布图片并不会造成孩童售卖物品的事实，也不会产生有偿服务。但是，在某些情况下，网上发布的儿童图片可能涉及使用童工。例如，孩子参与时装设计师的拍摄活动，而拍摄的图片被发布到了网上，这时就可以借助童工法来规范拍摄时长和拍摄环境。但是，在这种（及类似）情况下，童工法关注的是照片捕捉到的具体行为所处的环境，而不是发布图片这件事。即使父母和其他成年监护人使用孩子的私人数据来获取免费或低廉的数字服务，法律也不会将这种数据交易视为使用童工。

现在，让我们暂时"忘记"法律吧。（你看，忘记是不是很有趣？）让我们看一看，社交媒体和其他数字技术公司在其隐私权政策和使用条款方面能够做些什么。作为公司与用户之间私下定立的合同，技术公司为什么不保留删除数据的权利呢？即孩子在18岁进入成年后，根据他提出的要求，公司有权将其他成年用户传播的与他有关的任何信息删除。这些规定将使成年用户意识到，他们掌控孩童私人数据的权利会受到合理的限制。有了这样的理解，成年用户就可以选择到底要不要使用该项服务。

你可能会听到来自硅谷的抱怨："这样的安排工作量太大了！"（此处插入表情符号"愤怒"。）是的，工作量确实大。但是，我们有好多办法，可以把工作量降到没有看上去那么艰巨。公司需要建立流程，让提出请求的一方能够证明她就是那个自己的数据被分享到网络上的孩子。然后，公司可以限定需要删除的数据类型，将范围缩小到那些可能会损害个人隐私或者让常人感到尴尬的信息内容。公司可以要求申请者提供可信的证据，证明他要求删除的数据到底属于规定中的哪一种类型。技术公司还可以规定某些类型的数据不可删除，比如已经有十多年历史的数据，或者那些势必与成年用户的数据融为一体、难以拆解的数据。举例说，从智能家电中获取的数据可能就属于第二类。

看起来身处私营市场的科技公司似乎不大可能提供这种类型的解决方案。对工作量的担忧不无道理，但是通过周密安排工作量有望得以减轻。除此之外，还有一个更为基本的问题：推动这种新型隐私条款或使用条款的市场力量出自哪里？

针对"电子遗忘"这个问题，技术公司可以基于市场提出某种形式的方案，以解决部分问题。但是，我们成年人可能不会欢迎这种方案。即使我们认识到，可能需要重新思考自己使用技术的习惯，我们也不大可能推动科技公司采取措施，以合同的形式赋予我们未来的成年子女以权利，让他们可以修改我们在技术使用中所做的决定。尽管孩童和少年可能认为这是个好主意，但是他们无法与父母相比，无法形成市场的中坚力量。如前文所述，步入成年期的年轻人有权对历史进行修正，这样的法律框架可能存在违反宪法规定以及违背宪法精神的风险。

那么，我们还是最好忘记孩童享有的"被遗忘的权利"吧。也许，更为合适的做法是思考孩童的"回应权"。只要数据经纪公司和其他第三方公司继续收集和使用私人信息，我们就可以按照联邦法律或法规设立一个或多个集中监管和处理这些信息的部门。作为一项集数据中介、社会信用和社会声誉为一体的综合性部门计划，[59] 其中的部分工作就包括青少年有权获取一份类似于信用

晒娃请三思

报告的资料——一份在他们年满18周岁时披露的有关他们的电子数据报告。[60] 该部门可以建立一种机制，让年轻人能够针对数字空间中有关他们小时候的图片做出回应，或者针对图片内容提供另外一种说法，并且能够要求数据经纪公司和该部门对他们存储的特定信息进行改正。

即便我们只是有意识地描画出一个粗略的轮廓，该方案存在的诸多矛盾和问题还是凸显了出来。首要的问题是，这种办法会平添另外一层数据汇集和监控。现有的征信部门采用的商业运营模式可被描述为"让狐狸看守鸡舍"。把这种商业模式从财务数据领域扩展到个人电子数据领域，恰似让这只看守鸡舍的狐狸再去开一家餐馆，菜品主打"菠菜鸡蛋"（eggs Florentine）。

2017年秋天，参议员约翰·肯尼迪（路易斯安那州共和党人）与 Equifax 征信公司的前首席执行官在联邦立法委员会的听证会上有一番对话，精确无误地切中了信贷局运营模式的要害。[61] 他们两人的对话如下：

> 肯尼迪：未经我的许可，你们收集我的［财务］信息。你们把我的信息和其他每个人的信息一道拿走，并把那些信息出售给别的企业。从根本上说，这是否属实？
>
> Equifax 公司前首席执行官：基本属实。

肯尼迪和其他参议员一起继续讨论了这种数据收集和数据使用模式中固有的冲突。征信部门在本质上属于私营企业，他们收集敏感的财务数据，比如你担负着多大的债务，以及还债情况如何。他们不会事先征得你的许可，他们直接收集和分析那些数据，然后将数据出售给其他的私营企业。那些企业使用这些数据进行重大决策，决定你能否得到某些最基本的机会（例如抵押贷款）。有时候，这些机会超越了消费者购买产品或服务的范畴，比如，你是否有资格从事某种工作。

与参议员肯尼迪质询的 Equifax 公司发生的大量数据泄露事件一样，当征信机构无法保护你的数据，他们会为你提供数据监控服务及相关服务。这些服务可能是免费的，但也终将使你尝到恶果。对于征信机构来说，工作不到位可能恰恰就是那只能够下金蛋的鹅，为他们赢得一个可以俘虏新客户的市场。新客户最终都会额外付钱给征信机构，好让他们做一开始就该做的事情：担当起负责且高效的数据管家的角色。

这种商业模式就像一家没有操守的拖车公司的运营模式：一些企业雇用拖车公司将违规停放在他们公司停车场的汽车移走。车主并没有要求拖车公司把他们的车子移开。至于把这些车子拖走是不是帮助这些企业开展业务的最佳途径，是不是有利于实现这些企业其他相关的商业目标，都不甚明了。但是，我们姑且认为，拖走这些汽车经过了法律授权，而且对于保持贸易通畅至关重要。

拖车公司拖走了汽车，却把这些汽车弃留在了高速公路的中央，让它们被其他汽车撞上。然后，拖车公司告诉车主，他们将免费把车主的车子拖到安全地带。拖车公司不会帮忙修理这些汽车，因为他们不懂如何修车。（这可是一家拖车公司，而不是广播节目《聊车》[Car Talk]。[62]《聊车》节目既精通汽车，又精通交谈。）不过，拖车公司会把车子拖离高速公路，以防车辆进一步损

　　　　　　　　　　　　　　晒娃请三思

害。拖车公司会把这些车子运到一个前不着村后不着店的停车场。

车终于安全了。但是，正如小说家华莱士·斯特格纳（Wallace Stegner）所言，事情并非这么快就结束了。[63] 如果车主想要取回他们的车子，同时还要保证车子能够正常驾驶，不再被拖走，他们就得向拖车公司额外付费，以获取拖车公司提供的附加服务。这事永远没个尽头。你终于明白怎么回事了：从一开始，你就压根儿没有要求拖车公司与你合作，正是拖车公司导致你的车子受损；现在，拖车公司却肆无忌惮，要求你为你的汽车支付额外的费用。你并不信任这家公司，但是你根本没有选择余地，或者选择余地很小。额外的工作必须得做。在没有维修的情况下，你的车子可能还会照常行驶。但是，灾难可能随时到来，你可不希望你的汽车突然熄火。

在这个例子中，汽车可以看作你的信用记录及其包含的所有个人信息——社保号码、出生日期、住址及债务状况。拖车公司可以看作是征信机构，在没有取得你明确同意且你不知情的情况下，收集此类信息和其他信息。[64]

资本主义的自由市场体系的确需要一种机制，以促进借贷方与放贷方之间开展公平、高效且富有建设性的对接。放贷方发现"摇钱树"很难培育，而借贷方发现攀上"摇钱树"的枝头并非易事。对于放贷方而言，采用标准化的筛选方式对信誉良好的借贷人员进行筛选，有助于他们开展业务。对于个体的借款者而言，这样的系统则有助于他们快速对接可供选择的贷款。提供征信报告和征信评分的电子数据系统似乎让每个人都碰上了好运气。

如果消费借贷这座"鸡舍"需要有人守卫，参议员们为什么还要对征信机构穷追不舍呢？因为这些征信机构把工作做得很糟糕，而且当前的法律和监管现状所能提供的改进措施乏善可陈。征信机构不够透明，并且问责缺位。他们把许多事情都搞砸了：他们获取的信息不够准确，没能及时纠错。消费者需要向征信机构索取信用报告副本，核对信息后才能提交书面申请进行信息修改。[65]是这么回事：一个旨在从事数据经纪的行业并不会担心自己的业务流程和质量控制会有多么糟糕。

这些征信机构知道我们现在的住所，也知道我们曾经的住所，还可能比较合理地推断出十年后我们将住在何处。那么，一旦发现信息有出入，他们为什么不给我们发通知呢？为什么不使用我们的信用卡信息预约搬家公司以核实信息是否准确？如果那样做太麻烦，至少也应该让我们知道，有人窃取了我们的信用卡信息，并且用该信息预约了搬运公司去搬书，或者在下赌注。

他们当然可以这样做，而且有时候确实就是这样做的。不过，通常情况下他们会让我们先付钱给他们；然后，一旦出现数据失窃，他们就会通知我们。以 Equifax 征信公司的数据泄露为例，据悉这次事故导致美国超过半数的成年消费者的私人数据失窃。Equifax 公司没有采取直截了当的安保措施，这让数据失窃成为可能。[66]窃贼一旦掌握了这些信息，便可以将其用于各种目的，这就会对我们这些"信息的合法拥有者"造成实实在在的损害，比如冒充我们申请新的信用卡，或者冒领返还给我们的个人所得税。潜在的危害也可能不会以如此实在的形式表现出来——比如总是担心后续损害而遭受的精神压力。[67]

Equifax 公司免费向我们通告了有关数据失窃的情况。然后，

198　　　　　　　　　　　　　　　　　　　　　　　　晒娃请三思

它向我们提供数据监控和通知服务，告诉我们失窃的信息是否被用于未经授权的活动。它还为我们提供信息锁定服务，从而使我们的信息无法被他人使用。这些服务最初皆采取"首期免费"（freemium）的策略，即在开始的一段时间内不收费用，随后的服务需要付款。[68] 尽管 Equifax 公司针对最初制定的部分收费给予减免，但是该公司仍然从他们制造的混乱中获得了经济利益。[69] 事已至此，不抓紧补救那才叫犯傻呢。

让我们回到有关"社会征信及个人声誉机构"建设规划的探讨。假定我们可以建立起一个高效而公平的征信机构，且运转正常，这样的机构仍然需要年轻人具备高水平的数字素养来选择合适的道路。除此之外，还有其他潜在的干预措施，可以用来促进数字遗忘。例如，针对成年人要发布的所有明显与孩童相关的内容，社交媒体公司可以提供"自动遗忘"选项。与目前采用的隐私设置相比，这种可以自动销毁的选项具备一些优势。大多数情况下，你可以针对某些内容进行"遗忘设置"，而不必随着孩子年龄的增长回过头来手动删除，或者更改某些内容的隐私设置。[70] 这样还可以避免采用孩童"被遗忘的权利"模式而产生的好多问题，不必等到孩子们长大成人后再去移除有关信息。

这样一来，成年人就可以放手决策，保证他们在某些时候可以享受社交媒体或类似的数字技术带来的好处，同时他们与这些技术打交道的技能也会随着孩子们的成长一起精进。应用程序开发人员也可以参与进来，并采取行动。也许会出现这样的市场需求：要有一款应用软件，它可以跨主要的社交媒体平台、零售网站，及其他访客众多的网络站点之间而操作，剔除掉与孩童相关的发帖内容，使孩童数据无法被收集，并且具备自动销毁的功能设定。

　　随着时间的推移，我们也可以对儿童数据的具体使用进行立法限制。比如，仿效征信报告里的负面信息在七年后作废的做法，数据代理机构的操作规程可以包含以下做法：在年轻人25周岁时（即大部分人达到法定成人年龄7年之后），可以强制删除与这位年轻人相关的某些私人数据和敏感数据。我们也可以利用其他的技术、法律手段以及其他类型的设备，以达到类似或互为补充的效果。把握好方向才是关键：要想让孩童"孕育"出理想的成人，到了人生的某个节点"孩童"就得隐退，以便让"成人"顺利登场。有时候，我们必须停下来回首来时路，然后继续前行。

晒娃请三思

第七章

指路星辰：数字时代"逃"往何处

互联网需要忘记，而我们需要铭记。我们要记住以前和当下的自我，要记住与这两种自我保持联系，以便做出周全的决策，从而为我们的孩子和我们的生活赋能。我们需要以更为深思熟虑的方式与孩子、合作伙伴、家人、朋友和社区保持联系。

联系：关心自我和孩子

爱德华·摩根·福斯特（E. M. Forster）呼吁，"只管联系就够了！"[1] 想必波莉姨妈会遵照这一吩咐。但是，她要怎么做呢？波莉姨妈会不由自主地把一切和盘托出。她有这个愿望，她必须这么做，她可是受够了。她简直气疯了，再也不会忍受了。这个兔崽子，让他自求多福吧。是他毁了姨妈的生活。汤米不知感恩，不思悔改，他是天杀的罪犯。在汤米到来之前，在她的姐姐离世并把这孩子丢给他之前，波莉姨妈的生活简直灿若桃花。可得好好感谢这个兔崽子！相比之下，她自己的孩子就是天使。呃，他们还算好吧。在这之前，她可以参加宾果之夜这样的社交聚会，可以去针织班学习，还可以张罗教会里的事务。现在，她总能接到校长打来的电话："这是汤米干的""汤米没按要求做""马上到学校来一趟"。她成了当地警察局的熟人。教会委员会也把她晾在了一边。他们没有明说，但是她的电子邮件地址并不难记，为什么上周没人告诉她要开会呢？

原因很简单，小镇里的每个人都知道，汤米是个少年犯。波莉姨妈在小镇上的朋友正在躲着她，她的同事和邻居对她也不再那么客气。她为什么就不能与 Facebook 上的朋友分享这一切呢？也许，上八年级公民课时坐在她旁边的男孩会在乎她；或者，就算不在乎，他也许不会因为汤米向他的车子扔鸡蛋而憎恨她。她需要和其他人建立联系，需要社区的帮助，需要被关怀。可是，她没有时间或能力在街坊邻居中找到这些。如果波莉姨妈能得到她需要的支持，帮助她勇敢地面对这一切，难道不是更好吗？而且，在这个过程中，如果她能够免费获取数字媒体资源，从她的朋友在 Facebook 上的发帖中得到解决问题的方案，这难道不是很好的附带收益吗？

促使人们开展人际交往的动力在于看到他人和被他人看到，听到他人和被他人听到，理解他人和被他人理解；这是一股强大而积极的力量。现在，大部分的人际关系都以数字形式出现，发生在"网络空间"里，但正如处于隐私研究学科前沿的理论家朱莉·E.科恩（Julie E. Cohen）所言，这并没有改变这股力量的精

　　　　　　　　　　　　　　　　　　晒娃请三思

神实质。[2]我们的目标是培养孩子与自己和他人建立持久而真诚的关系。成年人渴望彼此联系，特别是在养育孩子的过程中遇到绕不开的麻烦时，他们渴望从他人那里得到建议、宽慰和理解。这是积极的，体现着人们的成熟度，以及情感和心理上的坚韧品格。这表明，人们愿意学习新的观念，本身就是一种积极的姿态。对于我们的孩子而言，问题在于怎么联系，为什么要联系，什么时候联系，以及和谁联系。我们是在建立联系，但是却没有对此进行反思。我们在联系，但这么做未必能为我们赋能，未必能满足我们的需求。正是这些需求促使我们以"状态更新"的方式——要么采用长达 140 个字符的文本，要么采用 Nest Cam 软件拍摄的视频——向他人描述我们与孩子面临的最为私密的挑战。[3]

我们该怎么做才能"只管联系"而不失周全？在点击鼠标之前，我们完全可以做到三思而后行。[4]我们分享孩子的电子数据时，可以多做反思：我们希望达成什么目标？我们是否真的在追寻某种复杂而捉摸不定的东西，而不是为了得到特定数量的点赞？通过识别和质疑我们在特定环境下分享某些信息的原因，我们就可以做出更加周全的选择。我们要更好地认识自己的需求、欲望和恐惧，这样就可以以更具建设性和成效的方式将精力用到恰当的地方。[5]

在点击鼠标之前，我们也要考虑一下孩子。你会告诉自家的青少年不要把躺在浴缸里的自拍照发布到网上。因此，你也应该告诉自己不要把还在蹒跚学步的孩子的浴缸照片发布出去。[6]你会告诉自家的青少年，要用社交媒体给自己塑造一个正面形象，这样一来，她对眼下时事所作的精彩剖析（而不是上周在汤米家举办的＃派对上她喝了多少杯龙舌兰）在将来会给雇主留下深刻的印象。因此，你也应该告诉自己在更新发帖时，只能发布有品位的消息，比如你家年仅10岁大的孩子在棒球比赛中取得了好成绩，而不是"比赛结束后他与妹妹打架"这种没品位的事情。在创建这类"数字档案"[7]时，可以采用"度假明信卡"法则：如果你不打算将这些照片制作成明信片，邮寄给你现实生活中数以百计的亲朋好友，然后让他们把明信卡贴到自家的冰箱上展示，那就不要将这类照片放到网上，让你生活之外的成千上万人不加区分地利用和展示。

我们当然可以为孩子考虑，但是年轻人参与数据分享决策并对决策过程有掌控，这在很大程度上取决于个人关系和制度安排。关于成年人是否可以分享青少年的数据，何时分享，以及为什么要分享，我们提供给青少年行使自主权的法律框架非常有限，甚至根本不存在。即使13周岁以下的孩子到网上从事商业化的数据分享，联邦法律也不会要求数字服务供应商必须获得孩子们的同意。根据《儿童在线隐私保护法》的规定，数字服务供应商必须征得孩子父母的同意。[8]我们的法律体系根植于这一原则：父母是保护孩童隐私和孩子们从事各种活动的守护人。因此可以预见，征得父母同意这一首要前提不会改变。

至于父母、老师和其他成年监护人的个人选择，则是另外一回事。我们所有人都可以寻找更多更好的方式与我们守护的孩子建立关系，向他们学习，与他们一起学习。例如，父母可以按照美国儿科学会的建议，[9]积极邀请孩子参与制定家庭媒体计划，还可以让孩子参与制定家庭数据隐私计划。

晒娃请三思

本计划大体可以分为三个部分：（1）全家都要关心隐私，并致力于隐私保护；（2）对现有和潜在数字服务的使用条款及其他政策进行研究，找出与全家人一致认同的偏好相适应的服务；（3）确定哪些家庭习惯有助于全家人以负责任的态度持之以恒地使用这些服务（或类似服务）。行之有效的习惯包括"度假明信卡"测试法；也可以问自己以下问题，"一个13岁的孩子会怎么说？"[10]"智能艾摩玩伴会怎么说？"至于智能机器人Muppet是否比一般青少年更加聪明，目前尚不清楚。

少年和儿童在不断学习如何利用他们的才智对有关数字隐私和数字生活的其他方面进行决策。有时候，这些决策包括屏蔽父母，不让父母看到他们在社交媒体上发布的某些内容。[11] 学校、其他学习空间、科技公司以及别的机构给我们提供了更多有关数据隐私的课程，或者在更为广泛意义上可以称之为"数字公民素养"课程。

这样的学习经历可能会越来越普遍。值得一提的是，2016年华盛顿州通过了一项法律，这似乎是全美第一部要求在学校进行数字公民素养教育的法律。[12] 目前正在开展动员，以说服其他各州紧随其后。

对于如何定义和讲授"数字公民素养"，仍然处在探索发展的过程之中。但是，无论如何定义，数字公民素养的教育水准应该不会是如今的父母在他们处于汤姆·索亚式的孩童时代时所能企及的。如今，在利用数字手段进行自我塑造方面，年轻人掌握的复杂技能可能胜过了父母的水平。也许，父母在应对现实世界和与各种机构打交道方面，在风险评估和"采取行动"的技能方面比年轻人更为娴熟——神经科学告诉我们，这样的技能更多是"老一代人"施展拳脚的地方，而非年轻人擅长的领域。

不过，让汤米或其他生活在这个时代的"汤姆·索亚"们坐下来开家庭会议，以制定全家的行动计划，这种可能性比较渺茫。他们太忙了，忙着"粉刷木板墙"，而且是主动去做，甚至都不需要家长吩咐。但是，即使没有既定计划，在对电子数据进行决策的过程中，父母要养成征求孩童和少年意见的习惯，这会对父母的行为产生巨大的积极影响。要让年轻人参与到数据处理的决策和选择中来，教师、教育管理人员、学校董事会、立法委员会、设备供应商以及家庭以外的其他决策人员也都可以这样做。21 世纪的"汤姆"们在数字地域点亮路灯，我们可以从他们开辟的道路中得到一些启发。

尊重：珍视孩童数字资本

在线上，你会在各种活动之间切换：处理与工作有关的电子邮件，浏览前女友在 Instagram 上发布的照片，查看当地新闻频道的消息。这时，弹出一则广告："汤姆 & 哈克兄弟公司：我们为老年人提供'木筏摆渡'服务，让你们安全渡过数字水域"。厌倦了各种会议要求，看够了前女友珍贵的照片，以及发生在停车场的事件报道。于是，你点击了那则广告，然后哈哈大笑。"汤姆 & 哈克"是一家少年创办的公司，致力于"给成年人提供个人向导服务，帮助成年人享受数字生活的乐趣，以及如何在网上耍酷"。

咨询费每次收取 50 美元；如果你定制服务套餐，费用会更低。看到这里，你再次开怀大笑。然后，你点击他们的 YouTube 频道，惊讶得说不出话来。他们最近发布的"数字生活指南"有 200 万人次观看。你不禁要问，从什么时候开始孩子们不再粉刷木板墙，转而经营互联网业务？[13]

当然，大多数孩子并非小有名气的技术大咖。[14] 然而，孩子们自己及他们生活中的成年人都在和各种数字服务开展互动，因此大多数孩子都是技术市场的参与者。我们在决定是否要用孩子们的私人数据换取免费或低价的数字服务，以及何时开展这种交易的时候，都要"考虑钱的事情"。当然，我们不必唯钱是论，将一切归结为一个钱数。我们甚至不必认为，通过处理孩子的数据而把孩子变成了数字劳工。但是，我们确实要认识到，孩子们的数据在 21 世纪的经济活动中是一种通用货币，也是打通未来的货币，因为今天我们对孩子们的私人数据所做的选择，可能会影响他们未来的人生前途。[15] 而且，我们也可能在掠夺孩子们极富创造性的劳动成果——对孩子们来说可能就是非常宝贵的知识产权；当然，这得视我们分享的内容所属的类型来定。针对这种情况，欧洲理事会已经有所部署，它建议那些利用青少年的贡献创建在线游戏资源的成员国要"制定措施，保护儿童［创作者］的知识产权"。[16]

用户对于分享信息背后的经济运作情况不够清楚，这是普遍现象。[17] 社交媒体平台告诉你该网站的服务是免费的，它也不会索取你的信用卡，因此你也不会询问代价几何，如何支付。你购物的时候，喜欢光顾的商店通过应用软件向你的手机推送折扣码。

然后，你使用折扣码节省开支，商店则将你的购物数据用于他们自己的目的。[18] 在这些交易及许多类似的交易中，你的孩子的数据成为交易的一部分。你在社交媒体上的发帖关乎你的孩子，同时你的购物也是为了他们。你在部分使用孩子们的数字资本为这些数字服务和相关服务埋单。

问问你自己，为了得到这项服务而让渡孩子的个人信息，这样做值得吗？[19] 在某些情况下，答案是肯定的。比方说，你需要购买尿布，可是囊中羞涩，而买尿布要花很多钱。这时，不妨让你青睐的零售商搞清楚孩子的信息（你的孩子 4 岁，尚未完成如厕训练），省下一些买尿布的钱，这是值当的交易。但是，在许多其他情况下，人们要付出的代价似乎太高了。比如，你把孩子在"机器人创意夏令营"活动中非凡的发明视频发布到 YouTube 网站上，获得了很多点赞；同时，催生了许多模仿者，他们蜂拥而至。这就破坏了你的孩子潜在的机会，使他无法在自己开发的技术领域保持领先地位。于是你联系"汤姆 & 哈克公司"寻求建议。他们得出的结论是：重大父母失职的悲剧。

要让数字技术背后的经济运行实况更加透明，落实这项职责的人就不能只限于父母、老师以及其他成年监护人。不同领域的其他个体和机构也应当评估他们的职责，让数字交易真实的一面从晦暗中走出来，暴露在阳光之下。[20]

基于对信用报告运行机制的了解，我们可以采用的一个办法是，让企业和其他大数据使用方（例如政府）通过标准化的方式向接受服务的用户展示，个体用户拿自己的数据为特定服务"付出"了多大的代价。监管方面也可以提出相关倡议，形成实情披

晒娃请三思

露时使用的标准化表述，该表述必须向用户明确传递这样的信息：所谓的免费服务根本不是免费的，你是在使用"数据卡"或你的社会信用进行支付，而不是借记卡或信用卡进行支付。

我们还要制定更为严格的干预措施，将特定类型的数据从交易台面上拿走。你不能为了买一辆新车就把自己的孩子卖掉。这样的合同是无效的，因为这不符合公共政策。你有能力从社交媒体平台"Facebook 直播"那里买断这孩子的视频的所有播放权吗？假如视频中的婴儿在呕吐，而且吐得遍地都是，会怎么样呢？当这婴儿长大成少年，看到太多这种有关自己的视频，可能会认为你把他贱卖了。为了避免这类情况的发生，让我们携手合作，对我们在以下三个要素之间开展的交易进行剖析和评估：数字生活中享有的种种便利、孩子的隐私，以及诸多人生机遇。

也许，我们要问自己这样一个问题：我们得到的是否足以补偿我们放弃的？数字技术为我们带来了效率，也为我们带来了各种机遇，让我们可以创造，开展教育，从事与这些主题相似和相关的无数活动。我们是否应该得到更多？

在思考落实尊重原则的诸多方向时，我们可能会问自己这样一个问题：我们分享了很多有关孩子的信息，这导致所有部门（包括学校和政府）逐步掌握了大量有关我们孩子的信息；那么，通过这种分享，我们还可以为孩子寻求什么样的机会？而不只是被动接受这样的结果：信息分享给我们的孩子带来了风险。

举例来说，当数据驱动型的行业对我们的孩子进行分析或预测时，如果他们发现我们的孩子极有可能面临重大的人生变故或困境，他们是否负有道德义务，必须把实情告诉作为孩子父母的我们？[21] 我们是要求他们直接告诉我们，还是要求他们去别处反映？让我们回到经常被援引的一个例子：Target 公司提供的精准广告服务。[22] 当这家零售行业的巨头公司开始向一位少女邮寄与怀孕相关的促销广告时，它自然就向女孩的父母透露了她怀孕的情况。Target 公司是这女孩子的闺密吗？不是，她并没有向客服透漏这个秘密。Target 公司了解她的生理状况完全是因为它分析了这女孩的消费模式，从而准确识别出她已怀孕的实情。她根本没想到 Target 公司会把这件事声张出去。

为此，Target 公司向当事人道了歉。问题是，它应该道歉吗？我们难道不认为怀孕少女的父母应该了解实情，并参与解决女儿面临的情况吗？大多数州的法律强烈建议应当这样做。[23] 这些法律要求，怀孕少女在人工流产之前要将实情告知父母，或者要取得父母的同意。如果缘于虐待孩童或家庭破裂，父母无法参与其中，那这些未成年人必须去见法官，并征得法官的同意。如果诊疗情况非常紧急，时间相当紧迫，使得父母无法参与，那就无须取得父母或法官的同意，医生可以立刻采取行动。可是，为什么我们要求父母或法院参与其中呢？

这个问题可以从两个层面来回答。首先，总体来说，法律规定父母是子女医疗需求的首要决策者，法院只是在兜底。举例来说，如果父母受到宗教信仰或其他信念的干扰，使得他们的孩子无法得到紧要的医疗服务，法院将会介入，以保护孩子的健康。这样的法律安排意味着，当孩子走投无路需要就医，父母或法院常常是孩子最后的依靠。其次，就具体的堕胎事例而言，法律认为这一医疗决策牵涉最基本的存在问题，[24] 与决策者的年龄无关。

而且，法律进一步认为，这些问题和相关问题尤其对未成年人形成极大的挑战。因此，法律认为父母或法院要对堕胎的决定进行干预，这事迫在眉睫。

但是，Target公司并非这些法律旨在规范的对象，它不同于医疗服务提供方，而后者必须担负起告知父母或取得父母同意的法律义务。对于私人公司收集、存储和使用孩童与青少年数据这一做法，法律并不具有直接的约束力，对诊疗之外基于数据进行决策的人员，法律也不具有直接约束力。也许，这些法律规定的"父母参与原则"应该具备一定的间接约束力。为什么要让父母等女儿亲口坦白这件事？到了那一刻，她说自己已经怀孕18周，想要做人工流产，可能为时已晚。到这个关口，人工流产可能已经相当困难，或者根本无法开展。青少年都有保守秘密的倾向。如果我们想让父母或法院参与怀孕少女面临的决策，帮她决定是否要终止怀孕，为什么不在切实可行的时候尽快介入呢？如果Target公司有足够的理由确定某个少女已经怀孕，为什么不在发送购物优惠券时，一并将孕情通知少女的父母呢？

这一根本性的问题同样适用于其他类似的情形，而且这些很难应对的情况注定会对孩子的人生轨迹产生重大影响。如果"智能婴儿靴"能够近乎完美地准确识别哪些婴儿易患婴儿猝死综合征（SIDS），我们该怎么办？如果某一款教育软件可以确定哪些学生肯定会辍学，我们该怎么办？如果孩子向自己的智能玩具倾诉正在遭受的虐待，我们该怎么办？根据州法律，收集到这类数据的公司是否要担负起不可推卸的责任，向有关部门和人员汇报？[25] 这些数据驱动的技术供应商是否肩负道德义务，在风险被识别之后必须向孩子的家长发出预警？

乍一看，和针对 Target 公司提出的问题相比，这些问题似乎更容易回答，因为这些技术供应商的服务宗旨有所不同。"智能婴儿靴"的服务宗旨是让父母通过数据更好地保护他们的幼儿；教育软件旨在促进学生取得成功。这样看来，答案似乎就是："当然，技术供应商应当分享此类信息，那是他们公司的立命之本。"这就像在问亨利·福特（Henry Ford）当初是否应该制造 T 型车。服务宗旨才是问题的核心所在。

T 型车的车门要么开启要么关闭，一目了然；但是，这里涉及的答案并非那么简单。单凭一家公司宣称的商业目标来确定这家公司是否负有道德义务，实际上绕开了针对道德义务的讨论。公司特定行为背后的商业动机未必与道德动机相对应。这里隐含的假设是，实现公司宣称的商业目标是公司的道德义务。

即使我们接受这一理论假设，问题仍然悬而未决。技术供应商可能拥有前用户的数据，而这些数据揭示这位曾经的用户面临新的风险。那么，技术供应商是否负有道德义务，继续为过去的用户提供数据分析服务？这样的义务偏离了纯粹的商业利益，因为它把义务捆绑到了不再付费的个体身上。因此，宣称企业的道德义务仅限于他们的商业目标，会使孩子及其父母面临潜在的风险。如果情况如下所述会怎么样呢？这家公司继续将先前收集的用户数据，用于数据分析及训练人工智能进行发现或决策。即使孩子的父母不再是付费用户，技术供应商依然可以使用这个孩子的数据，并从中获取收益。

借助市场力量、游说能力和投票权，我们成年人可以对产品

　　　　　　　　　　　　　　　　晒娃请三思

的种类提出要求，或者对产品的监管提出要求。这样，我们就能更好地了解公司和其他机构对孩子信息的掌握情况。我们也可以为我们的付费争取更多的收益：你要收集和挖掘孩子的私人信息，那就让我们更多地了解你所掌握的信息。你可以了解所有那些极为严峻的、可能会改变孩子人生走向的、非常可怕的事情。只不过，你要把这些事情告诉我们，好让我们可以试着补救。也许，我们决定不再让"魔幻衣橱"给孩子们配备服装；为了这项服务让它收集孩子们的信息根本不划算。但是，如果"魔幻衣橱"和它的好友"水晶球"能够抢先向我们发出预警，说我们的孩子要逃学，或者要吸毒（毒品让他们产生狮子在说话的错觉），我们将乐意让它们监控孩子的一举一动。为了孩子们的安全，我们愿意付费，愿意用更多的私人数据来支付这笔费用。这个世界太可怕，为了孩子们的安全我们将不惜一切代价。

这种情形极具诱惑力，但归根结底是个陷阱。加强监控只会进一步加剧潜在的危险，让不讲道德的第三方滥用孩子数据的情况愈演愈烈，因为他们将会获取更多的数据以从事这类活动。而且，我们只会给孩童和青少年造成更大的困难，让他们很难依照自己的方式认识自我。[26]

探寻正北方向：莫入歧途凶险多

与过去相比，我们让孩子待在家里的时间更多了。但是，借助数字技术，我们让外面的世界进入我们最为私密的空间。我们让孩子们的数据处于放任自流的状态——无论这些数据是我们生成的，还是孩子们在我们的协助下自己生成的。

在考虑如何调整我们的策略来应对孩子的数字隐私时，我们容易犯的错误是漫无目标地拨动司南仪的旋柄。这就容易迷失方向，将我们重新拖回到错误的交易，就像上文讨论的隐私与安全之间艰难的抉择。而且，我们很容易落入寻求"一站式"解决所有问题的窠臼。我们很容易找错方向，自以为终于找到了出路。

我们可能误入数不清的歧途。其中，许多歧途皆可归入"要求与控制"（command and control）这一基于忧惧的应对类型。这种解决方案很诱人，它会轻松激活我们（应激性）的"爬虫脑"（reptilian brain）。当大脑确信我们需要做出改变时，"爬虫脑"发出的信号引发内啡肽激增，促使我们寻求快速解决方案。

让我们探究其中一例。法律界有个由来已久的说法，谓之"诱人的麻烦"（attractive nuisance）。我们可以借用它，在此基础上获取灵感，探讨采用"安全第一"的重拳手段来应对数字领域的挑战所存在的问题。如果一宗地产存在重大安全隐患，而且会吸引孩童前来玩要，这时按照法律的要求，地产所有者必须采取行动，以降低孩童进入这片土地而受伤害的风险。

想想法律为什么要这么规定。法律承认，孩童和青少年会自找麻烦，他们会追寻古希腊传说中引诱水手驶向危险水域的"海妖塞壬优美的歌声"向废弃的水井靠近。法律将巨大的责任压在了水井主人的肩上，要求他不能有任何闪失。相比之下，《梦幻岛》中的小狗娜娜却没能履行好职责，未能将达琳家的孩子留在育儿室里：孩子们的冲动可是防不胜防啊。那么，为什么不把这

晒娃请三思

部动画电影呈现的见解和原理应用到数字领域呢？ [27]

如今，根本不必离开家里的沙发，小蒂米（Timmy）就可能深陷网络霸凌，被虚假新闻所围困，遭遇来自数字世界的其他危险。即使蒂米未曾碰过电脑按键，他的数据也会遭受攻击，被他人滥用，或者被用于其他目的，以至于很难看出那就是他本人的数据。要保护其自身安全和数据安全，蒂米需要的不是实体篱笆，而是虚拟篱笆，并且是多重虚拟篱笆的保护。

从"诱人的麻烦"这一理论的底层逻辑推论，我们希望所有成年"守门人"能够各尽其责，在处理青少年的电子数据时，以及在他们为孩童和青少年提供各种数字体验时，划定边界，竖起篱笆。成年人不能将这项特殊的建设任务外包给汤米。总体来说，成年人创造了数字设备和服务，他们要为此负责。而且，这些设备和服务可不只是吸引人而已，简直是令人难以抗拒。[28] 那么，创造这些东西是为了制造麻烦吗？从某种意义上来说的确如此。设计团队坐在一起时似乎不太可能说："让我们创造某种让人烦得@#\$#（要死）的东西吧。"但是，他们极可能说："让我们创造某种人人都想一试身手的东西吧。"

当每个人都盯着屏幕一直在观看，"麻烦"就不只是个口头用语，也是个法律用语。第一种意义纯属"事实认定"，律师是在以一种隐性的方式表述某件事情显而易见，即"（某事）不言自明"。当人们因低头观看屏幕而撞上电线杆，这就是个"麻烦"。但是，如果出于相同的原因，一辆车撞上了电线杆，这种"麻烦"可就是一种极大的危害。第二种含义更多关注的是"构成危害的麻烦"。法律把这种对自己和他人造成潜在严重危害的事情称为"麻烦"。就法律含义而言，当汽车撞上了电线杆，或者你申请第一张信用卡时得知自己的身份信息已经失窃（就在你出生后的第 8 天，自豪的父母将你的社保卡照片发布到了网上），我们就可以称其为"麻烦"。

"诱人的麻烦"升级为 2.0 版的时候，我们会对设计师、供应商、父母、老师和所有其他成年"技术守门人"说："要竖起篱笆，不要让孩子到处乱跑，也不要让成年人带着孩子们的数据到处乱跑。"如果你没有安装好门窗（安全的防火墙、监控设施，签订合同时必须涵盖儿童享有"被遗忘的权利"等），并且引发了可怕的后果，你可能要为自己的失职承担法律责任。

我们还可以借鉴其他法律观念，进一步推动"要求与控制"这一方案的落实。州政府和地方政府享有普遍的立法权，以促进社会福利，保护公共安全。在许多地方，政府行使这种权利为未成年人建立宵禁制度。[29] 宵禁可能会规定，除非某些例外情况（比如上下班），未满 18 周岁的青少年每天晚上必须在 11 点之前回家。有时，这些法令过于宽泛，而且会因为违反宪法或其他权利而被废止。[30] 不过总体说来，这类限制存在很大的自由度。当大家都知道某种情况会加剧风险，会让青少年陷入更大的麻烦（例如万圣节之夜），划定的界限就会重新调整，以便对青少年的活动加强监管。

即使年轻人已经回到自己的家里，与社会福利和公共安全相关的立法和规范也会关注如何监管他们。[31] 某些法律要求成年人在家里对特定年龄（比如 10 周岁）以下的儿童进行监管。政府对这一问题的关注通常在这些法律中能够体现出来。从更为广泛的

晒娃请三思

意义上讲，我们要求父母对孩子进行监管，关心他们的福祉，给他们提供经济支持。[32] 总体说来，对于父母应当承担的这些义务背后的法理基础，我们没有给予太多考虑。这种"为人父母"的"成人行为"被当作个体责任和无条件的爱而得以实施。

但是，当一个家庭内部关系紧张或者面临家庭关系破裂的局面，法律系统就会干预，以确保合法的育儿功能不会缺席。一旦发生离婚诉讼案件，法院就会下达"孩子抚养计划"，将抚养孩子的义务完整而公平地分配给孩子的父母，从而确保"孩子的最大权益"得到保护。在虐待儿童和忽视儿童的诉讼案件中，如果父母无法为孩子提供基本的安全保障，法院将终止父母的监护权。这些及与之类似的法律权利是父母享有的个人自由的一部分，法律赋予父母养育孩子的权利是因为法律认为这是最佳的安排。权力越大，担负的责任也就越大。

某种程度上，法律部门与父母共同承担着这一责任。非常重要的一点是，如果父母认为他们的孩子"需要监管"，他们完全可以要求法院介入。这时，法院实质上担当了"超级父母"的角色。[33]如果孩子没有遵守法院和其他成年监护人的指令，或者从事危险活动，法院就会下达教育改造计划。根据孩子的行为，这种计划可以无所不包。同时，就家长的行为而言，该计划也同样具有约束力。你想让你家的叛逆少年远离学校或社交媒体上的某些年轻人吗？如果你能让法院插手，对她进行管控，那么你自己也会从法院那里收到"禁止联系（有关人员）"的指令。因此，申请这种介入要谨慎，结局可能是法院命令你接受"矫正治疗"，让你探究为什么自己家的孩子行为不端，总是和坏孩子待在一起。而且，结果可能是你要按照法庭的指令为这次"矫正治疗"和其他一系列服务（包括将孩子安置到家庭之外的其他机构）埋单。[34] 伴随强大的权力和重大的责任而来的是沉重的债务。

可能过不了多久，各州的立法机关和市议会就会尝试将对于社会福利和公共卫生的要求结合起来，直接应对父母在数字时代抚养年轻人所面临的挑战。对孩子的数字活动实施"宵禁"会是什么样子？在全市范围内要求未成年人"在上学期间晚上 10 点以后不许上网"和"在上学期间晚上 10 点以后不许外出"，这两条法令之间有何差异？和现实世界中的宵禁一样，我们也可以针对数字宵禁制定网开一面的特例。到了晚上 11 点，你是不是要通过笔记本电脑工作，为俄罗斯的网络战队"怪兽农场"制造虚假新闻？没问题。但是，你总不能在深夜发送短消息给你的好朋友弗拉基米尔，只是为了谈论谁的手掌更大吧。

说到这里，也许你强烈的第一反应是，实施数字宵禁简直是痴人说梦。跟随《彼得·潘》中"右边第二颗星辰"的指引，你就可以直接来到狂欢小镇。[35] 然而，这并不是吹一口仙气就能实现的。宵禁的初衷是为了保护青少年的个人安全和公共安全。这些限制旨在给父母或其他监护人定下合理的界限，以安排孩子们的活动。天黑之后青少年外出会有什么风险？他们可能会遭遇危险场景，无法恰当应对面临的巨大风险。这与数字疆域中的众多场景有何不同？州政府或地方政府提出以下建议是否合理，即"出于对青少年个人安全和公共安全的考虑，未成年人在数字领域的活动将受到法律或法规的合理保护，而父母是落实这些举措的第一责任人"？这些保护措施将被补充到已有的法律中去：未成年人在没有征得父母同意（如果未满 13 周岁）的情况下不能在网上买酒，观看色情作品，也不能在大多数商业网站上分享个人信息及许多其他事情。

这些新的"数字宵禁"也不是很复杂，可以看作对现有的宵禁法所做的轻微调整：晚上 10 点以后年轻人不得外出，或者不能使用电子设备——因为这些设备实际上将他们带出了家门。你可能在想，这是否与《宪法第一修正案》相抵触。不过，常规的宵禁同样涉及第一修正案，宵禁可能会限制人们的结社自由，限制人们参与受《宪法第一修正案》保护的那些活动的能力——例如限制人们参加 10 点后举行的抗议游行；宵禁还会限制宪法第五和第十四修正案规定的旅行自由。读者中的法条主义者也许在大喊，这是不是违背了宪法中的"商贸条款"（the Commerce Clause）？增加数字宵禁会限制跨州贸易。你感到很郁闷，市议会简直就是海盗帮！但是，现有的宵禁同样会限制跨州贸易。如果你是生活在甲州的 17 岁少年，晚上 10：01 很想去乙州购买你最喜欢吃的苹果派，这是不被允许的，你不能越过你家门口的那棵树。因此，新的宵禁令会要求家长，"晚上 10 点钟以后把那些电子设备全部拿走"。

我们面临的最大的宪法挑战是父母享有的自由权和家庭隐私权。毕竟，这是国家将一只大手伸进了私人家庭，还在摇晃人家的苹果树呢。从某些方面来说，这种挑战比在实体空间中实施宵禁面临的挑战更大，因为这涉及家庭内部开展的活动。尽管在实体空间中实施宵禁也涉及同样的问题，但还不至于这样明显。实体空间的宵禁会要求，"晚上 10 点钟以后，你必须让你的孩子待在家里"。但是，如果你不想让孩子待在家里，那怎么办呢？如果你确实认为，父母让孩子自由成长的最佳方式是让她整夜在大街逛，寻找苹果吃，那怎么办呢？法律会说，这可是个棘手的问题。但是，晚上10点以后你家的大门必须为孩子敞开。而且，"当她回到家中，必须确保她无法逃出家门，或者无法通过联网设备让外面的世界闯入你的家"。

那么，如果她在太阳升起之前"出逃"怎么办？假如你10岁大的女儿在校车上与同学撕破脸皮，吵了一架，而且旁观者在社交媒体上把这件事分享了出去；于是，你的女儿以死来回应，在卧室里自杀了。[36]这是一片深不可测的黑暗地带。但是，世界本身是黑暗还是光明，似乎与这里的话题没有关系。灯火熄灭，数字宵禁开启！

由来已久的现行法律范式要求父母和其他监护人必须落实针对孩子的保护措施。实际开展的宵禁只是诸多措施中的一个要点而已。父母和其他监护人必须约束他们的孩子，保障他们的基本福祉，确保他们的基本安全。这些广泛的职责催生了各种具体禁令，例如禁止将孩子独自留在车内，禁止将低于特定年龄的孩子独自留在家里，以及其他种种安全禁令。同时，这些职责催生了各种保障性规定，例如要给孩子系好安全带，要带孩子去接种疫苗，以及让孩子接受学校教育。

目前，我们的数字宵禁方案还在昏暗的角落里自怨自艾，那就让我们从新的角度对其做进一步探讨。儿童数字福利计划要求父母掌控孩子的数字活动，要求他们采取其他合理的防范措施来保护孩子，并且确保孩子在晚上10点之后远离数字设备。如此思

晒娃请三思

考问题会有什么结果呢？这套法定育儿职责可以基本按照其他法定育儿职责加以实施的方式来推行：一旦涉嫌违规行为，便可由政府机构和司法系统介入。如果发现某个孩子到了深夜经常在镇子里游荡，这孩子本人和他的父母就可能会被传唤到法庭，解释为何深夜活动。按照新的数字福利计划，如果某个孩子经常发布不当言论，或者到了深夜依然在社交媒体上发帖，那会面临同样的后果：司法程序就会启动，而且如果确实存在违法行为，法庭就会采取强制措施以确保此类行为不再发生。你的孩子有没有涉足某些危险的数字地带？法院会要求安装监控软件以便警官监控。现有的儿童福利保障法规和少年司法的法律条规涉及范围很广，完全可以让法院对家庭生活中的每个细节进行微观管理——如果发现某个家庭中的孩子需要司法援助，不管是孩子受到虐待、被家长忽视，还是涉及青少年犯罪。实际上，数字工具已经被用来协助某些方面的工作。某种意义上，已有的实践与新建立的全面数字福利计划之间并没有太多差异。

从其他角度而言，这简直是晴天霹雳：政府要告诉我们什么时候该让孩子收起他们的 iPhone 手机？没错。对此，大家用来表达感受的表情符号会有差异："大拇指"点赞，"眨眼睛"倾听，也可能是含义模糊的"冰淇淋"。按照这种数字福利计划，政府可能会有更多话要说，给出的表情符号可能会有："蹙眉""蹙眉流泪""猥琐动态表情包"。请记住，不是只有孩子本人能让他们在网上遭遇麻烦。

父母也会让孩子遇到麻烦。有了新的数字福利计划，父母针对孩子的数据所做的选择似乎才有公平可言。想要把你家孩子出生的具体时间、日期和地点等信息完整地发布到网上吗？想要把你家孩子光屁股的幼儿照片发布到网上吗？想要写博客公开讨论你家孩子如厕训练中碰到的挑战吗？这是在向身份盗用者、恋童癖者以及其他心怀鬼胎的人发出邀请，让他们侵犯孩子的隐私，破坏他们的生活。想一想，你为什么不将孩子的出生证扔到后巷里？为什么不在他们洗澡的时候把百叶窗打开？为什么不在小镇中央架起扩音器讨论孩子"在马桶小便"的事情？无论涉及的是数字版本的，还是实体空间中的隐私泄露，你都没有彻底尽到保护孩子的责任。根据具体情况，你的行为甚至是在危及孩子的安全。

对于数字领域里发生的忽视和虐待儿童的行为，甚至不是那么极端的疏于监管和保护的行为，为什么政府就不能有所作为呢？我们固然享有言论自由和按照自身意愿抚养孩子的权利，但是州政府在保护孩童福祉这一重大而紧迫的问题上，早就对这些权利进行了限制。如果有足够的法律事实认定，父母在数字领域糟糕的决策会给儿童造成危害，并且能够在规范决策与预防伤害之间找到充分的宪法联结，那么州立法和地方立法人员以及监管人员就可以合乎法规地采取行动。

不过，即使没有这个基础，即使他们的工作成果会在法庭上受到违宪指控，他们仍然可以采取行动。一些州的立法机关已经在重拳出击，对实际存在的或感知到的威胁孩童隐私的情况做出回应。比如，在路易斯安那州，一项旨在保护学生数字隐私的新法律规定，违法人员将承担刑事责任。[37]数字权益势必会影响数字监控，而数字监控势必会影响数字领域的惩戒措施。

这种针对孩童数字权益的立法范式已经悄然而至，在人们对数字世界做出许多回应之际。值得注意的是，除了立法者所做的实际工作外，许多父母为自家孩子安装了监控设备，为进一步加强孩童数字权益的立法和监管奠定了基础。有时，父母会将这些监控设备使用到彼此身上，或者用到其他成年人比如保姆身上。问题在于，我们如何知道父母有没有采取恰当措施保护子女的数字权益？当然是让政府对我们实施监控啦。

古诗云："稚子躬行即为学。"[38] 这是在提醒我们，我们成年人怎样对待彼此，也就怎样对待我们的孩子；我们怎样对待孩子，孩子就会以同样的方式对待自己和其他人。如果我们仔细聆听，这句诗还告诉我们：我们为孩子所做的事情，也是对我们自己所做的事情，同时也是我们对生存其中的世界所做的事情。[39] 现在，我们到底想要做些什么？

结 论

　　怎样才能让我们的孩子和我们自己过上我们想要的那种生活？本书的对话和类似的讨论可能会让人感到不自在。数字世界让许多人产生了焦虑。我们对自身拥有的技能和知识缺乏信心，这可能会让我们摇摆不定，走向极端。我们可能会草率行事，过度分享我们孩子的信息，或者毫无理性地限制他们及我们自己的数字活动。焦虑的结果只会是我们被所处世界的"急波湍流"所裹挟，或者被内心深处无意识的"颠簸"所误导。现在，我们好像坐在汤姆—哈克的木筏上，可惜我们不是船长，只是头晕目眩的乘客。

　　我们需要让我们的孩子通过游戏逐步成长。同样，我们也需要解放自己，更多地开展探索。作为父母、教育者和监护人，我们要对自己的能力充满信心。通过本书的讨论，我们既做了一回法律专业人士，又做了一回普通读者。因此，现在的你既是法官，又是陪审团。那么，你有什么想法吗？现在，你对隐私的理解与你读这本书之前的理解相同吗？你对童年的理解发生变化了吗？你是否认为分享孩子的信息是有待解决的问题？或者，你得出的结论是，分享孩子的信息实际上是应对数字生活的解决方案？即它是父母、老师和其他成年人相互联系并给他们的孩子创建数字档案的一种方式；反过来，这又为孩子们的当下和未来创造了人生机会。

如果你认为分享孩子的私人信息是个问题，那我们应该采取什么对策（而不是等待机器人变得足够聪明，让它们来解决这个问题）？司南仪指示的方向是：游戏，忘记，联系和尊重。有了这些原则，我们该如何重新定位？我们要采取哪些步骤？我们是否要修订法律法规，从而禁止公司、公共机构和其他实体组织使用孩子们的数据来达成某些敏感的目的？我们是否要从源头着手，采用法律手段禁止父母、老师和其他成年人分享孩子们的信息？我们是否要动用公共资金，建造数字时代的"游戏场所和乐园"，从而丰富以游戏为中心的儿童期和青春期的生活经历，而不是专注于保护年轻人的数据？

抑或，你是否认为除了法律改革我们还有更好的应对办法？其实，不用法律改革（或者在法律改革的同时），我们也可以通过开发新的技术产品和服务，为分享孩子们的信息提供安全保障。我们可以改变自己在家庭、学校及别的地方使用数字技术的习惯。（对"晒娃"行为说"不"似乎就是保护孩童信息安全的可行办法。）我们可以放手尝试与此处罗列事项无关的所有事情。[1]你认为自己会怎么做？

无论做什么，我们都要征询和我们在一起生活的孩子的意见，听听他们认为我们应该如何做。要征询他们的意见是因为我们会从孩子那里学到一些东西，而且可以培养他们参与民主决策的习惯。[2] 我们要让孩子成长为具有独立意识和主体意识的成年人，让他们能够表达自己的想法，能够学会自己决策，从而避免那种看起来疑似种姓制度的"数据决定论"的干扰。我们要让我们的孩子适应各种迭代演化的数字空间，让他们能够在这些空间里自由自在地提出各种棘手的问题，还能为这些问题提供新的解决方案。[3]

我们最需要做的事情是把信息分享给我们的孩子，而不是把有关他们的信息分享出去。我们可以本着游戏的精神给作为个体的孩子赋能，保护好儿童期和青春期这两个独特的人生阶段，并且培养他们参与民主决策的习惯。游戏关乎创造，关乎如何以有意义的方式为世界建立秩序。回顾一下你自己的孩童时代，然后问自己一个问题：在学习参与民主决策的过程中，我们是否应该享有一定的自由，可以在游戏场上彼此推来搡去，完全不需要给某一游戏中的胜出者贴上标签，并保存到数据库中去，对不对？从某种程度上说，是这样的。在游戏场上，你在体验自由，在学习创建秩序，处理各种由此带来的后果，然后第二天重新来过。没有人会对你的所作所为进行追踪、分类和限制。天高任鸟飞。追随右边的第二颗星辰，展翅飞翔，直到长大成人，也许直到永远。青春路上不言老，那就让星辰指引前进的方向。长大之后，你想成为什么样的人呢？

注　释

导　论

1. 详情请阅读马克·吐温的经典小说《汤姆·索亚历险记》(*The Adventures of Tom Sawyer*)，该小说发表于 1876 年，情节以 19 世纪 40 年代为背景。http://www.gutenberg.org/files/74/74-h/74-h.htm.

2. 参阅 James Tomberlin, "'Don't Elect Me': Sheriffs and the Need for Reform in County Law Enforcement," *Virginia Law Review* 104 (2018): 113–156。根据 Tomberlin 的观点，"在整个 19 世纪，'sheriff'（治安官）一直是美国西部最重要的执法官员"（第 122 页）。

3. 了解现代版的"汤姆·索亚"会怎么说以及为什么会这么说，请参阅 John Palfrey and Urs Gasser, *Born Digital: How Children Grow Up in a Digital Age*, rev. ed. (New York: Basic Books, 2016)。这本书集中讨论了青少年扮演的角色，以及青少年的数字化生活何以将他们联系在一起，并且为他们赋能。在这本书中，两位作者提出了他们的洞见，"父母无意间给他们出生于数字时代的孩子制造了麻烦。有时，他们为子女所做的决策带来的严重后果难以消除——至少要大费周章才能消除"（第 65 页）。

4. 参阅 Stacey B. Steinberg 的法律评论文章，"Sharenting: Children's Privacy in the Age of Social Media," *Emory Law Journal* 66 (2017): 839–884。关于这一话题，这似乎是学界出现的第一篇法律分析，即"父母有权分享孩子的信息，而孩子具有隐私权和健康成长的权利，这两种权利之间存在交叉重叠的地方"（第 844 页）。Steinberg 将"晒娃"定义为"许多父母在线上分享孩子生活细节的种种做法"（第 842 页）。

5. 在法律责任、日常活动以及他们和孩子的情感关系方面，尽管与孩子的父母更为贴近，但是像波莉姨妈这类人还是被归为（其他）"监护人"一类。

6. 参阅 Jonathan Zittrain, *The Future of the Internet—and How to Stop It* (Harrisonburg, VA: Caravan, 2008), 233。学者 Julie Cohen 也是沿着近似的思路讨论隐私："隐私为动态发展的主体性提供保护，使其免受商业行为和政府行为的侵扰，而这两股力量试图把个体和社群变成固定的、透明的以及可以预测的对象。隐私则通过对边界的管理来保护具体场景下的实践，以确保自决能力的发展。"详情参阅 Julie Cohen, "What Privacy Is For," *Harvard Law Review* 126 (2013): 1905。如果要从整体上把握法律对隐私概念的认定，请参阅 Daniel J. Solove and Paul M. Schwartz, *Privacy, Information, and Technology*, 2nd ed. (New York: Aspen, 2006)。该书第 35 页说道，"事实证明，给隐私下定义是一件相当复杂的事情。许多评论者表达了类似的观点，认为很难给隐私下一个确切的定义。"

7. 这是笔者自己为隐私下的定义。但是，这个概念大体与下面的隐私理论保持一致，即"要推进隐私理论向前发展……［就是］要与其他的学术传统［例如认知科学］保持交流；这些学术传统承认，主体性永远处于形成过程中，且由关系决定，把握这一特征……［就是为了］探索个体从幼童期开始就在经历的、自主分化的渐进过程"。详情请参阅 Cohen, "What Privacy Is For," 1908。

8. 参阅 Anne C. Dailey and Laura A. Rosenbury, "The New Law of the Child," *Yale Law Journal* 127 (2018): 1506。Dailey 和 Rosenbury

　　　　　　　　　　　　　　　　　　　晒娃请三思

解释说，"强调儿童的依赖性和由此产生的对儿童能力的认定，支撑起了整个有关儿童与法律的学科领域。在很大程度上，这是因为成年人对儿童的权威源自一条基本的法律认定，即儿童处于依赖成年人的地位…… 这一关于儿童期的法律概念已经得到美国法院、政策制定者和学者的广泛接受，以至于连命名都不曾有过，只说本来就是这个样子"，并且在"本来就是这个样子"之上又增加了一个贴切的名称——"权威"，从而将其置于权威的框架之下（第 1456 页）。

9. 独立学者 Edith Cobb 在其开创性的、有关儿童期的研究中认为，"在整个人生的发展过程中，儿童期可以看作富有创造力的阶段，也许是最具创造力的阶段。"参阅 Edith Cobb, *The Ecology of Imagination in Childhood* (Dallas: Spring Publications, 1993)，第 29 页。不管我们是亲身经历过，还是希望拥有这样的童年生活，我们都会被这样的愿景所吸引。Dailey 和 Rosenbury 提出，法律范式应当为顺应儿童期的生活而改变。他们的愿景是法律应该认可孩童的五项权益，其中就包括"孩童有权实践新想法"。他们将这种"新想法"界定为比游戏还要更加广泛的权益，同时承认"这种［对新想法做出回应的］能力在他们参与的游戏中看得最清楚"。参阅 Dailey and Rosenbury, "The New Law," 1495。其他法律学者倾向于接受更加宽泛的隐私定义。值得注意的是，Julie E. Cohen 更是将游戏视为"个人道德和智力发展的基石，以及创新的方式"。参阅 Julie E. Cohen, *Configuring the Networked Self: Law, Code, and the Play of Everyday Practice* (New Haven: Yale University Press, 2012)，第 54 页。这本书对"游戏"一词的使用非常宽泛，把它当成各个年龄阶段的人进行探索和知识迭代的基石；人们并非为目标所驱动来认知世界，而是容忍犯错，甚至要拥抱犯错，并从犯错中获取知识。

10. 这里指的是 2016 年美国总统大选中臭名昭著的 "Facebook 与剑桥数据分析"丑闻。欲了解该事件的总体情况，参阅 Bloomberg, "Facebook Cambridge Analytica Scandal: Ten Questions Answered," *Fortune*, April 10, 2018, http://fortune.com/2018/04/10/

facebook-cambridge-analytica-what-happened。

11. 最近，两位研究家庭法的杰出学者写道："家长传播有关儿童身体信息——或更为宽泛意义上的生活信息……这在很大程度上并未受到人们的质疑。实际上，父母在社交媒体上透露孩子生活的细节信息已经成为一种普遍的做法……这通常是为了扩大父母的利益，而不是为了扩大子女的利益。"参阅 Dailey and Rosenbury, "The New Law," 1502。法律学科以外的学者也注意到，成年人通过这种方式或其他信息传播方式把孩子们"数据化"了，这一事实在总体上缺乏学术界的理论挑战，甚至连基本的分析都没有。两位学者还注意到，自 20 世纪 80 年代个人计算机技术问世以来，尽管"一系列学术出版物已将注意力转向儿童使用数字技术的各种方式……但是迄今为止，很少有研究试图考察儿童如何成为急剧扩张的数字化监控实践瞄准的目标"。详情参阅 Deborah Lupton and Ben Williamson, "The Datafied Child: The Dataveillance of Children and Implications for Their Rights," *New Media & Society* 19 (2017): 780。

12. Dailey and Rosenbury, "The New Law," 1503.

13. 对于育儿与技术这个话题，伦敦政治经济学院的 Sonia Livingstone 教授在其博客文章 "Parenting for a Digital Future" 中，从跨学科的角度以极其广阔的视野提供了极富洞察力的见解（话题包括提高孩子们的媒体素养，以及防止孩子之间的网络霸凌等）。详情参见 http://blogs.lse.ac.uk/parenting4digitalfuture。

14. 在法律研究领域，这样的追问出现在对两类"截然不同"的隐私问题的讨论中，这两个问题往往也有重叠的部分：（1）信息隐私"关注个人信息的收集、使用和披露"；（2）决策隐私"涉及对自己的身体和家庭做出自由决策的权利"。详情参阅 Zittrain, *The Future of the Internet*, 1。

15. 了解更多案例法详情，请参阅 Russell L. Weaver, "Langdell's Legacy: Living with the Case Method," *Villanova Law Review* 36 (1991): 517–596。

16. 美国法律制度的基础是法治政府而不是人治政府。这在许多文献

晒娃请三思

中都有阐述，比如《马萨诸塞联合体宪法》(the Constitution of Commonwealth of Massachusetts)。详情请查阅该宪法第 1 部分第 30 条。

17. Martha S. Jones, *Birthright Citizens: A History of Race and Rights in Antebellum America* (Cambridge: Cambridge University Press, 2018), ix.

18. 这一方面非常有价值的作品包括 Lynn Schofield Clark, *The Parent App: Understanding Families in the Digital Age* (New York: Oxford University Press, 2013)。该书从社会研究和传媒研究的角度出发，审视家庭如何使用数字媒体，以及这些使用模式如何构建起更为广泛的社群。

19. 参阅 Spencer Kornhaber, "How 'Brangelina' Gave a Couple Its Mystique," *The Atlantic*, September 22, 2016, https://www.theatlantic.com/entertainment/archive/2016/09/brangelina-brad-pitt-angelina-jolie-divorce-vanessa-diaz-interview-celebrity-marriage-nicknames/501050。

20. "晒娃陷阱" 出自 Emine Saner 的文章, "The 'Sharent' Trap: Should You Ever Put Your Children on Social Media?," *The Guardian*, May 24, 2018, US edition, https://www.theguardian.com/lifeandstyle/2018/may/24/sharent-trap-should-parents-put-their-children-on-social-media-instagram。

21. 了解更多富有启发的讨论, 请参阅 Ina J. Hughs, "A Prayer for Responsibility for Children," in Children's Defense Fund, *Children 1990: A Report Card, Briefing Book, and Action Primer* (Children's Defense Fund, 1990), 120。本书已经绝版，请登录康奈尔大学网站获取相关材料。https://www.classe.cornell.edu/~seb/prayer-for-children.html。

第一章

1. 如 Palfrey 和 Gasser 解释的, "电子档案是 [数据的] '超大数集'：它包含一个年轻人的所有数字身份识别信息，无论这些信息是否对外公开，是否向第三方披露。"详情参阅 John Palfrey and Urs Gasser, *Born Digital: How Children Grow Up in a Digital Age*, rev. ed. (New York: Basic Books, 2016)，第 39 页。在本书中，Palfrey 和 Gasser 向我们展示"那位虚构的、名叫 Andy 的婴儿的电子档案是什么样子"，书中的讨论超越了我们创设的、对汤米·索这个原型关注的焦点，把 Andy 本人、他的朋友和同学、他的父母和老师以及其他成年人分享的数据也包括了进来，从而形成一个超大数集。他们注意到的一点是（这很正确）："对于 Andy 档案中的某些信息而言，Andy 的父母并不比 Andy 自己拥有更大的控制权。"这点非常重要，它提醒我们，父母对青少年数据隐私的掌控中存在着结构性的缺陷（第 40—51 页）。

2. 但是，我们一定要保持高度警惕。详情参阅 Jonathan Vanian, "IBM Filed a Patent for a Drone That Acts Like a Dog Sitter," *Fortune*, March 24, 2017, http://fortune.com/2017/03/24/ibm-drone-patent-pet-sitter。

3. 可登录如下网站查看：http://www.pleoworld.com。

4. 可登录如下网站查看：https://shopus.furbo.com。

5. 详情请参阅 Aarti Shahani, "Making Babies? Yep, There's an App for That," *NPR*, October 11, 2013, http://www.npr.org/templates/story/story.php?storyId=232238899。

6. 可登录如下网站查看：https://www.avawomen.com/order。在登记注册并加入电子邮件列表时，你需要明确以下问题：你是否对电子追踪你的生育状况、月经周期或者怀孕情况有兴趣。如果你对孕情追踪感兴趣，那么系统会要求你提供怀孕周数，以便你能"收到量身定制的内容"。2017 年，研究人员发现，"现在市场上有上千种与怀孕相关的应用程序，其中许多能为孕妇提供以下监控服务：胎儿生长发育、胎动情况，甚至胎儿心率"。参阅 Deborah Lupton and Ben Williamson, "The Datafied Child: The Dataveillance of Children and Implications for Their Rights," *New Media & Society* 19 (2017): 783。

7. "自由的核心是有权定义自己'存在'的概念。"请参阅 Planned

　　　　　　　　　　　　　　　　　　　晒娃请三思

Parenthood v. Casey，505 U.S. 833，851（1992）。

8. 想要了解这些公司出现信息纰漏时会产生怎样的后果，请参
    阅 Amy Pittman，"The Internet Thinks I'm Still Pregnant,"
    New York Times, September 2, 2016, https://www.nytimes.
    com/2016/09/04/fashion/modern-love-pregnancy-miscarriage-
    app-technology.html。

9. Facebook 公司收集并拥有众多用户的信息。这些信息包括系统
    自动标记和训练的照片。从这些图片就可以提取生理指标方面
    的数据。详情参阅 Yana Welinder，"A Face Tells More Than a
    Thousand Posts: Developing Face Recognition Privacy in Social
    Networks," *Harvard Journal of Law and Technology* 26 (2012): 172。
    然而，Facebook 公司却说他们不会出售这些信息，详情参阅
    Tom Regan，"Facial Recognition Is Exploding, but at What Cost
    to Your Privacy?," WSB-TV 2 Atlanta, November 1, 2017, http://
    www.wsbtv.com/news/local/facial-recognition-is-exploding-but-
    at-what-cost-to-your-privacy/629470235。这篇报道说，Facebook
    公司拥有世界上最大的脸部识别数据库。

10. 这里提供的细节基于真实发生的事情。2017 年秋天，两名医院
    工作人员被解除职务，"从令人不安的数码图片可以看出，这
    两名员工对新生儿处理不当，存在不雅举动，而且称他们'小
    撒旦'"。详情请参阅 Kristine Phillips，"Disturbing Images
    Show Navy Hospital Staffers Mishandling Infant, Calling Babies
    'Mini Satans'," *Washington Post*, September 19, 2017, https://
    www.washingtonpost.com/news/checkpoint/wp/2017/09/19/
    disturbing-images-show-hospital-staffers-mishandling-an-infant-
    calling-babies-mini-satans。

11. "有关儿童出生的零散电子信息只能与它现有的其他档案松散地
    联系在一起。但是，随着时间的流逝，把这些零散的信息点联系
    起来越来越容易了。"详情参阅 Palfrey and Gasser, *Born Digital*,
    45。

12. 比如 Leah Plunkett, Alicia Solow-Niederman and Urs Gasser,

"Framing the Law and Policy Picture: A Snapshot of K–12 Cloud-Based Ed Tech and Student Privacy in Early 2014," Berkman Center Research Publication no. 2014-10, Berkman Klein Center for Internet & Society, Harvard University, June 2014, SSRN, https://papers.ssrn.com/sol3/papers.cfm?abstract_id=2442432##。

13. "Facebook's Internal Manual on Non-Sexual Child Abuse Content," *The Guardian*, May 21, 2017, https://www.theguardian.com/news/gallery/2017/may/21/facebooks-internal-manual-on-non-sexual-child-abuse-content.

14. 在向父母提供咨询服务的业务中，一些令人敬佩的、关心孩子成长的团体正在为家庭提供宝贵的资源。例如美国儿科学会在制定"家庭媒体使用计划"，为父母提供相关指导。请登录HealthyChildren.org 官方网站，参阅"How to Make a Family Media Use Plan"，American Academy of Pediatrics，updated October 21，2016，https://www.healthychildren.org/English/family-life/Media/Pages/How-to-Make-a-Family-Media-Use-Plan.aspx。

15. 详情参阅"FBI Investigates 'Cloud' Celebrity Picture Leaks," *BBC News*, September 2, 2014, http://www.bbc.com/news/technology-29011850。

16. 参阅 Nest Cam, https://nest.com/cameras。

17. 参阅 Anthony Cuthbertson, "How to Protect Baby Monitors from Hackers," *Newsweek*, January 29, 2016, http://www.newsweek.com/how-protect-baby-monitors-hackers-421104。

18. 参阅 Owlet, https://owletcare.com。

19. 参阅 Alice LaPlante, "Robot Nannies Are Here, But Won't Replace Your Babysitter—Yet," *Forbes*, March 29, 2017, https://www.forbes.com/sites/centurylink/2017/03/29/robot-nannies-are-here-but-wont-replace-your-babysitter-yet。

20. 参阅 Lauren Jimeson, "Fifteen Baby Book Apps for Documenting

Baby's Milestones," *Babble* (blog), https://www.babble.com/
baby/15-baby-book-apps-for-documenting-babys-milestones。

21. "芝麻街摄制组"与 IBM 公司之间的合作可能会诞生一台"智
能艾摩"或者与之类似的智能玩具。详情参阅 Tony Wan,"To
Tackle Early Childhood Education, Sesame Street Finds a
Smart Friend: IBM Watson," *EdSurge*, April 27, 2016, https://
www.edsurge.com/news/2016-04-27-to-tackle-early-childhood-
education-sesame-street-finds-a-smart-friend-ibm-watson。

22. 参阅 IBM 公司发布的消息："Sesame Workshop and IBM Watson
Team Up to Advance Early Childhood Education," April 27, 2016,
https://www-03.ibm.com/press/us/en/pressrelease/49585.wss。

23. 这样的"芭比娃娃"和"泰迪熊"已经进入市场,并且引发了有
关隐私的问题。详情参阅 Emily McReynolds et al., "Toys That
Listen: A Study of Parents, Children, and Internet-Connected
Toys," Paper presented at the FTC's annual PrivacyCon,
February 28, 2018, https://www.ftc.gov/system/files/
documents/public_comments/2017/11/00038-141895.pdf。另请
参阅 Lorenzo Franceschi-Bicchierai, "Internet of Things Teddy
Bear Leaked 2 Million Parent and Kids Message Recordings,"
Motherboard, February 28, 2018, https://motherboard.vice.com/
en_us/article/pgwean/internet-of-things-teddy-bear-leaked-2-
million-parent-and-kids-message-recordings。另外,更加智能化
的玩具离我们也不是那么遥远。实际上,"对于机器人研究专家
而言,家庭是他们最后要开拓的边疆"。这片"边疆地域"给技
术设计人员提出了伦理问题。比如,"若是看到家里 10 岁的孩
子在干坏事,家用机器人应当干预吗?"详情参阅 Kirsten Weir,
"The Dawn of Social Robots," *Monitor on Psychology*, January 2018,
52, 54。

24. Lynn Schofield Clark, *The Parent App: Understanding Families in the
Digital Age* (New York: Oxford University Press, 2013), 128.

25. 一位家长,同时也是研究科技发展的学者,在看到自己学步的孩

子和 Alexa 玩具接触之后说道，"人们轻易地将 Alexa 这样的玩具请进了家门，这颇为有趣，但也值得警惕。"详情参阅 Rachel Botsman, "Co-Parenting with Alexa," *New York Times*, October 7, 2017, https://www.nytimes.com/2017/10/07/opinion/sunday/children-alexa-echo-robots.html。

26. 实例参阅 Tadpoles, http://www.tadpoles.com。

27. 从幼儿园到 12 年级，在全美具有代表性的公立学区抽样调查中，课堂教学和教学管理中至少使用了一种类型的数字教育技术的学区所占比例接近 100%。详情参阅 Joel Reidenberg et al., "Privacy and Cloud Computing in Public Schools," *Center on Law and Information Policy*, book 2 (2013): 11，12 and 19，http://ir.lawnet.fordham.edu/clip/2。有关数字教育技术在更大范围内使用趋势的讨论，参阅 Plunkett, Solow-Niederman, and Gasser, "Framing the Law and Policy Picture," 5–7.

28. 有时，教育技术企业，尤其是大型企业背后都有私人基金会的资助。最著名的例子就是 inBloom 项目。这是一项"耗资 1 亿美元的教育技术发展计划，主要由比尔 - 梅琳达·盖茨基金会资助，旨在通过提供集中化的数据共享平台、学习软件与课程平台，改善美国学校的教育"。不过这项计划以失败而告终。详情参阅 Monica Bulger, Patrick McCormick, and Mikaela Pitcan, "The Legacy of inBloom," working paper, Data & Society, February 2, 2017, 4, https://datasociety.net/pubs/ecl/InBloom_feb_2017.pdf。这些机构之间的合作可能会带来新的突破，但是这种硅谷式的资助可能会和公立教育的精神实质及管理结构相冲突。要想深入了解这种潜在的冲突，请参阅 Megan Tompkins Stange, *Policy Patrons: Philanthropy, Education Reform, and the Politics of Influence* (Cambridge, MA: Harvard Education Press, 2016)。

29. 实例参阅 Natasha Singer, "Silicon Valley Courts Brand-Name Teachers, Raising Ethics Issues," *New York Times*, September 2, 2017, https://www.nytimes.com/2017/09/02/technology/silicon-valley-teachers-tech.html。

30. 更为详细的讨论参阅 Plunkett, Solow-Niederman, and Gasser, "Framing the Law and Policy Picture," 9–12。

31. 从孩子的早期教育开始，"通过让'教育可以被机器识别'的过程，孩子们就被他们的'数据替身'或'数据幽灵'所代表"，详情参阅 Alice Bradbury and Guy Roberts-Holmes, *The Datafication of Primary and Early Years Education: Playing with Numbers* (New York: Routledge, 2018), 32。

32. 这是联邦《家庭教育权利与隐私法案》的要求，将在本书第五章展开讨论。

33. 实例见非营利组织 Common Sense Media 搜罗的阅读软件清单，详情参阅 https://www.commonsensemedia.org/lists/reading-apps-games-and-websites。

34. iPotty 这款产品由 CTA Digital 公司研发，详情参阅 https://www.ctadigital.com。

35. 具体实例请登录 "My School Bucks" 网站：https://www.myschoolbucks.com。

36. 公立学校出于各种目的使用各种网站。在这些网站上，"数码跟踪器司空见惯，简直像卫生间门把柄上的微生物"。对此，教师、隐私守护者和其他关注孩子隐私权益的组织和个人比大多数家长们更为关切。正如某位 "家长与教师协会" 主席所论，家长 "希望（从学校那里）获得即时信息……对于谁在追踪孩子的信息这个问题他们没有深入思考"。详情参阅 E. K. Moore, "The Information on School Websites Is Not as Safe as You Think," *New York Times*, August 2, 2018, https://www.nytimes.com/2018/08/02/education/learning/school-websites-information-tracking.html。

37. 学校管理者和教师使用电子健康追踪仪及相关产品，给学生的隐私带来了挑战。了解更多研究资源请参阅 Leah A. Plunkett, Dalia Topelson Ritvo, and Paulina Haduong, "Privacy and Student Data: Companion Learning Tools," Berkman Center Research Publication, Berkman Klein Center for Internet & Society, Harvard University, March 2017, 2, 7–12, http://blogs.harvard.

edu/youthandmediaalpha/files/2017/03/PrivacyStudentData_ Companion_Learning_Tools.pdf。

38. 有时候，学校发给学生的笔记本电脑"预装了'间谍软件'，能够让学校管理人员接触到学生极为敏感的个人信息"。详情参阅 Kade Crockford and Jessie J. Rossman, "Back to the Drawing Board: Student Privacy in Massachusetts K–12 Schools," *ACLU of Massachusetts*, October 2015, 5, https://www.aclum.org/sites/ default/files/wp-content/uploads/2015/10/back_to_the_ drawing_board_report_large_file_size.pdf。

39. 由"世界经济论坛"与波士顿咨询集团公司联合发布的一份名为"工业议程"的报告指出，社会情感学习是数字技术创新发展的领域。"隐私"一词并未出现在这份报告中。详情参阅 "New Vision for Education: Fostering Social and Emotional Learning through Technology," *World Economic Forum* (March 2016), http:// www3.weforum.org/docs/WEF_New_Vision_for_Education. pdf。

40. 参阅 Reidenberg et al., "Privacy and Cloud Computing"。

41. "迈维斯·贝肯老师教打字"（Mavis Beacon Teaches Typing）是学校开设的一门过时的电脑课程，这门教学生打字的课程在网站上依然能够查到：http://www.mavisbeaconfree.com。

42. 这里"基于云计算的教育技术"的说法指的是产品和服务"使教育过程和（或）管理工作中的计算资源（包括信息处理、收集、存储和分析）可以远离本地系统（即通过网络在距离终端用户很远的数据中心的服务器上运行）进行传输"。详情参阅 Plunkett, Solow-Niederman, and Gasser, "Framing the Law and Policy Picture," 3。

43. 目前还没有一个统一的办法，可以对现行教育技术进行分类。参阅 Plunkett, Solow-Niederman, and Gasser, "Framing the Law and Policy Picture," 4。

44. 纽约 Harlem 区的一位老师使用了出勤跟踪仪，取得了非常好的效果。详情参阅 Natasha Singer, "An App Helps Teachers Track

　　　　　　　　　　　　　　　　　　晒娃请三思

Student Attendance," *New York Times*, January 23, 2016, https://www.nytimes.com/2016/01/24/technology/an-app-helps-teachers-track-student-attendance.html。

45. 全美驻校护士协会强烈支持学校使用电子健康记录。参阅 National Association of School Nurses, "Position Statement: School Nurse Role in Electronic School Health Records," January 2014, https://www.nasn.org/advocacy/professional-practice-documents/position-statements/ps-electronic-health-records。

46. 有关"在线成绩记录"的利弊讨论请参阅 Laura McKenna, "Why Online Gradebooks Are Changing Education," *The Atlantic*, March 10, 2016, https://www.theatlantic.com/education/archive/2016/03/how-online-gradebooks-are-changing-education/473175。

47. 采用网上美术教学模式，学生的美术作品会被分享出来。了解详细情况请参阅 Plunkett, Ritvo, and Haduong, "Privacy & Student Data: Companion Learning Tools"。

48. 在哈佛大学的教育政策研究中心，一帮从事战略数据项目研究的人员取得了非凡成就，为我们提供了对这类预测分析进行深入探讨的机会。详情参见 Jason Becker et al., "Student Success and College Readiness: Translating Predictive Analytics into Action." Strategic Date Project，Center for Education Policy Research，Harvard University，Undated，http://sdp.cepr.harvard.edu/files/cepr-sdp/files/sdp-fellowship-capstone-student-success-college-readiness.pdf.

49. 更多有关学校实施监控的问题和对隐私的关切，请参阅 Crockford and Rossman, "Back to the Drawing Board: Student Privacy in Massachusetts K–12 Schools"。

50. 参阅 Kevin Lapp, "Databasing Delinquency," *Hastings Law Journal* 67 (2015): 212–216。

51. Pedro Oliveira Jr., "Businesses Make \$4M off NYC Students by Holding Their Cellphones during School," *New York Post*, June

18, 2012, https://nypost.com/2012/06/18/businesses-make-4m-off-nyc-students-by-holding-their-cellphones-during-school.

52. Leah Plunkett, "Punishing Students for Gadget Use Will Make Their Tech Etiquette Worse," *Wired*, March 19, 2014, https://www.wired.com/2014/03/zero-tolerance.

53. 参阅 2014 年 1 月 8 日美国教育部发布的文件："U.S. Department of Education and Justice Release School Discipline Guidance Package to Enhance School Climate and Improve School Discipline Policies/Practices," https://www.ed.gov/news/press-releases/us-departments-education-and-justice-release-school-discipline-guidance-package-enhance-school-climate-and-improve-school-discipline-policiespractices。

54. "众议院鼓励学校在全国范围内发展数据收集系统。"参阅 Lapp, "Databasing Delinquency," 214。

55. 有关父母送孩子参加夏令营的指导意见，参阅 Leah A. Plunkett, "Summer in Cyberspace: Protecting Your Kids' Digital Privacy at Camp," *FERPA SHERPA*, July 12, 2017, https://ferpasherpa.org/plunkett1。

56. 参阅 Elana Zeide, "The Limits of Education Purpose Limitations," *University of Miami School of Law Review* 71 (2017): 504–507。

57. Zeide, "The Limits of Education Purpose Limitations," 508–509.

58. "整个数据经纪产业已经兴起，并且围绕我们的个人数据在开展盈利业务。在我们根本不知情或者没有授权的情况下，我们的个人信息被用于市场交易。"详情参阅 Bruce Schneier, *Data and Goliath: The Hidden Battles to Collect Your Data and Control Your World* (New York: Norton, 2015), 6。

59. 根据"隐私未来论坛"（Future of Privacy Forum，简称 FPF）的说法，"专家对新技术在多大程度上可以'后台恢复'脱敏数据，以揭示学生的身份存在分歧"。FPF 建议："在学校与第三方分享数据之前，或者在第三方继续分享该数据之前，只要严肃认真地

晒娃请三思

进行数据分析，就可以将所有直接或间接用来识别身份的数据删除掉。这样一来，可以尽量避免身份再次被识别的风险。"详情参阅 Reg Leichty and Brenda Leong, *De-Identification and Student Data: Understanding De-Identification of Education Records and Related Requirements of FERPA* (Washington, DC: Future of Privacy Forum, August 2015), 5, https://fpf.org/wp-content/uploads/FPF-DeID-FINAL-7242015jp.pdf。

60. 参阅 Stacey B. Steinberg, "Sharenting: Children's Privacy in the Age of Social Media," *Emory Law Journal* 66 (2017): 846–854。关于 Steinberg 文章的总结，参阅 Adrienne Lafrance, "The Perils of 'Sharenting,'" *The Atlantic*, October 6, 2016, https://www.theatlantic.com/technology/archive/2016/10/babies-everywhere/502757。

61. 现实中的实例是，俄亥俄州的执法部门选择将一对男女的照片发布了出去。照片显示这两个人坐在汽车前排座位上，他们因药物服用过量失去知觉，而该女士 4 岁的孙子就坐在汽车后排的座位上。详情请查阅记者 Kelly McEvers 和 Audie Cornish 对 John Lane 警长所做的采访和报道："All Things Considered," *NPR*, September 12, 2016, http://www.npr.org/2016/09/12/493654929/ohio-police-release-photos-of-couple-who-overdosed-in-car-with-child。请注意，警察署最初发布在 Facebook 上的照片中，这名 4 岁男孩的面部没有遮挡。

62. 参阅 Steinberg, "Sharenting," 852。

63. 对于物联网设备的详细讨论请参阅 Scott R. Peppet, "Regulating the Internet of Things: First Steps toward Managing Discrimination, Privacy, Security, and Consent," *Texas Law Review* 93 (2014): 108–112。联邦贸易委员会将"物联网"理解为"日常生活中的物件具备的联网和数据收发的能力"。详情参阅 Federal Trade Commission (FTC), *Internet of Things: Privacy and Security in a Connected World*, staff report, January 2015, https://www.ftc.gov/system/files/documents/reports/federal-trade-commission-

staff-report-november-2013-workshop-entitled-internet-things-privacy/150127iotrpt.pdf。

64. Mia Little and Amelia Vance, "Law Enforcement Access to Student Records: What Is the Law?," Future of Privacy Forum, September 25, 2017, https://fpf.org/2017/09/25/law-enforcement-access-to-student-records.

65. 参阅 Lapp, "Databasing Delinquency," 208。

66. 参阅 Steinberg, "Sharenting," 846–854。

67. 参阅 Steinberg, "Sharenting," 852。具体实例是有个孩子的心理健康出现了危机，家长发帖求助，于是该家庭得到了他人的帮助。详情参阅 "How Talking Openly against Stigma Helped a Mother and Son Cope with Bipolar Disorder," *Weekend Edition Sunday*, *NPR*, April 24, 2016, https://www.npr.org/sections/health-shots/2016/04/24/475461959/how-talking-openly-against-stigma-helped-a-mother-and-son-cope-with-bipolar-diso。

68. 参阅记者 Kelly McEvers 和 Audie Cornish 对 John Lane 警长所做的采访和报道。

69. 正如 Clark 所问，"从什么时候开始，［使用数字技术监视］与帮助年轻人从错误中学习的总体目标相悖逆？这样的监控会让孩子们将关注的焦点放在大家公认的父母之错（即侵犯孩子隐私）上，而不去关注孩子们自己所犯的错误。"参阅 Clark, *The Parent App*, 44–45。

70. 参阅 N. Cameron Russell et al., "Transparency and the Marketplace for Student Data," *Virginia Journal of Law and Technology* 3(2019): 147, https://www.fordham.edu/info/23830/research/10517/transparency_and_the_marketplace_for_student_data/1。

第二章

1. 参阅 Sharon K. Sandeen, "Relative Privacy: What Privacy Advocates Can Learn from Trade Secret Law," *Michigan State Law Review* 2006 (2006): 704–705。

2. 参阅 Helen Nissenbaum, "Privacy as Contextual Integrity," *Washington Law Review* 79 (2004): 119–157。

3. 参阅 Jonathan Zittrain, *The Future of the Internet—and How to Stop It* (Harrisonburg, VA: Caravan, 2008), 233。进一步了解围绕隐私展开的各种讨论，参阅 Daniel J. Solove and Paul M. Schwartz, *Privacy, Information, and Technology*, 2nd ed. (New York: Aspen, 2006)。

4. 比如，作为家长你可以遵循 Steinberg 基于公共卫生提出的种种策略，合理参与社交媒体活动，包括"考虑晒娃行为可能对孩子当前和未来的自我认知及幸福感产生的影响"。详情参阅 Stacey B. Steinberg, "Sharenting: Children's Privacy in the Age of Social Media," *Emory Law Journal* 66 (2017): 882。

5. 这种"个性化的学习方式"正是 inBloom 公司的奋斗目标；可惜，这家颇具规模的教育技术初创公司于 2013 年突然倒闭。更多详情参阅 Monica Bulger, Patrick McCormick, and Mikaela Pitcan, "The Legacy of inBloom," working paper, Data & Society, February 2, 2017, https://datasociety.net/pubs/ecl/InBloom_feb_2017.pdf。

6. 参阅 Jason M. Gordon, "A Shield of Disadvantage: Legal Entity Status within Guardian-Adolescent Entrepreneurial Ventures," *Entrepreneurial Business Law Journal* 9 (2014): 4–5。

7. 参阅 Bettina Elias Siegel, "Shaming Children So Parents Will Pay the School Lunch Bill," *New York Times*, April 30, 2017, https://www.nytimes.com/2017/04/30/well/family/lunch-shaming-children-parents-school-bills.html。

8. 有关算法的潜力参阅 Ben Williamson, *Big Data in Education: The Digital Future of Learning, Policy and Practice* (London: Sage, 2017), 63："算法挖掘数据带来的后果不仅仅是产生了个人档案和社群档案，而且还带来了观察和理解社群的新方法。然后，这种观察和理解的方式反过来又会影响这些社群和个体之间彼此联系的方式。"详细讨论参阅 Alice Bradbury and Guy Roberts-Holmes,

The Datafication of Primary and Early Years Education: Playing with Numbers (New York: Routledge, 2018), 116："有人认为，我们可能会在网络上看到一个虚幻的未来世界——在这里，复杂的政治、道德和社会问题得以解决，然后人们就可以生活在一个据说完全消除了社会不公、贫困和歧视的线上世界中。"

9. 参阅 Dave Talbot, "AI Advance: A Community Convening at Harvard Law School to Advance the Ethics and Governance of Artificial Intelligence Initiative," *Medium*, June 1, 2017, https://medium.com/berkman-klein-center/ai-advance-may-15-2017-2c36ee9d8dc8。

10. 参阅 Lisa Fine, "Can Wearable Fitness Trackers Help Kids Gain Steps and Lose Pounds?," *KQED*, December 11, 2015, https://www.kqed.org/futureofyou/80085/can-wearable-fitness-trackers-help-kids-gain-steps-and-lose-pounds。

11. 比如，"Fitness App Strava Lights Up Staff at Military Bases," *BBC News*, January 29, 2018, http://www.bbc.com/news/technology-42853072。

12. 社交媒体上的图片可能会成为恋童癖者猎取的对象。详细讨论参阅 Steinberg, "Sharenting," 881。

13. 实例参阅 Nicole A. Poltash, "Snapchat and Sexting: A Snapshot of Baring Your Bare Essentials," *Richmond Journal of Law and Technology* 19 (2013): 14。

14. 了解孩童监控遭遇黑客攻击的实例，参阅 "Baby Monitor Hacker Delivers Creepy Message to Child," *CBS News*, April 23, 2015, https://www.cbsnews.com/news/baby-monitor-hacker-delivers-creepy-message-to-child。

15. 参阅 18 U.S.C.A. § 2256 (West 2018)。

16. 公诉 Dost 的案件对"以色情方式展示生殖器或阴部"进行了界定。有关影响界定因素的相关法律讨论查阅：United States v. Amirault, 173 F.3d 28, 31–32 (1st Cir. 1999)〔citing United States v. Dost, 636 F. Supp. 828, 832 (S.D. Cal. 1986), aff'd sub nom.

United States v. Wiegand, 812 F.2d 1239, 1244 (9th Cir. 1987)]。

17. 参阅 ACLU, "Minnesota Teen Faces Child Pornography Charges for Sexting," December 21, 2017, https://www.aclu.org/news/ minnesota-teen-faces-child-pornography-charges-sexting。

18. United States v. Amirault, 173 F.3d 28, 35 (1st Cir. 1999) (quoting Osborne v. Ohio, 495 U.S. 103, 113–114 [1990]).

19. 卡内基梅隆大学的 CyLab 安全与隐私研究所发现，儿童身份信息失窃率比"同一安全隐患人口"中成人身份信息失窃率高出"51倍"。详情参阅 Richard Power, "Child Identity Theft," Carnegie Mellon Cylab, 2011, 9, https://www.cylab.cmu.edu/_files/pdfs/ reports/2011/child-identity-theft.pdf。

20. 有关更多犹他州儿童身份信息保护计划的详情，参阅"Child Identity Protection," ID Theft Central: Utah's Identity Theft Solution, accessed August 20, 2017, https://cip.utah.gov/cip/ SessionInit.action。

21. 参阅 Nicholas Confessore, "New York Attorney General to Investigate Firm That Sells Fake Followers," *New York Times*, January 27, 2018, https://www.nytimes.com/2018/01/27/ technology/schneiderman-social-media-bots.html。

22. 参阅 Selena Larson, "Hackers Are Targeting Schools, U.S. Department of Education Warns," CNN Business, October 18, 2017, http://money.cnn.com/2017/10/18/technology/business/ hackers-schools-montana/index.html。

23. 参阅 Edwin Rios, "Hackers Are Stealing Sensitive Student Data— and Schools Are Paying Thousands of Dollars to Get It Back," *Mother Jones*, October 25, 2017, https://www.motherjones.com/ crime-justice/2017/10/hackers-are-stealing-sensitive-student- data-and-schools-are-paying-thousands-of-dollars-to-get-it-back。

24. 一位安全分析师预测，本次身份信息泄露事件中被盗窃的儿童身份信息"将在未来数十年一波又一波的金融犯罪浪潮中对儿童造成伤害"。参阅 Herb Weisbaum, "Millions of Children

Exposed to ID Theft through Anthem Breach," NBC News, February 18, 2015, https://www.nbcnews.com/better/money/millions-children-exposed-id-theft-through-anthem-breach-n308116?cid=sm_npd_nn_fb_bt_170820。

25. 这是本书作者的亲身经历。当时，AllClearID 发出预警，提示出现了与我的孩子的身份信息相关的可疑信息，于是便有了文中提到的情形。

26. 例如，"[2016 年] 6 月底，女性主义作者 Jessica Valenti 收到一条消息，威胁要强奸她只有 5 周岁大的女儿。随后她声明要远离社交媒体。"参阅 Joel Stein, "How Trolls Are Ruining the Internet," *Time*, August 18, 2016, http://time.com/4457110/internet-trolls。

27. Lynn Schofield Clark, *The Parent App: Understanding Families in the Digital Age* (New York: Oxford University Press, 2013), 29–30.

28. Clark, *The Parent App*, 28.

29. 参阅 Molly McDonough, "Sex Traffickers Use Social Media to Research Victims to Groom," *ABA Journal*, February 6, 2016, http://www.abajournal.com/news/article/sex_traffickers_use_social_media_to_research_victims_to_groom; 另请参阅 Mark Latonero et al., *The Rise of Mobile and the Diffusion of Technology-Facilitated Trafficking*, USC Annenberg Center on Communication Leadership & Policy, November 2012, http://technologyandtrafficking.usc.edu/report/human-trafficking-online-the-role-of-social-networking-sites-and-online-classifieds/#.WhGszFWnG00; Herbert B. Dixon Jr., "Human Trafficking and the Internet* (*and Other Technologies, Too)," *The Judges' Journal* 52, no. 1 (2013), https://www.americanbar.org/publications/judges_journal/2013/winter/human_trafficking_and_internet_and_other_technologies_too.html。

30. Ceylan Yeginsu, "Slavery Ensnares Thousands in U.K. Here's One Teenage Girl's Story," *New York Times*, November 18, 2017,

晒娃请三思

https://www.nytimes.com/2017/11/18/world/europe/uk-modern-slavery.html.

31. 参阅 E. K. Moore, "The Information on School Websites Is Not as Safe as You Think," *New York Times*, August 2, 2018, https://www.nytimes.com/2018/08/02/education/learning/school-websites-information-tracking.html。

32. Bruce Schneier, *Data and Goliath: The Hidden Battles to Collect Your Data and Control Your World* (New York: Norton, 2015), 153.

33. 关于大学招生过程中基于数据的扩招方式，参阅 Jillian Berman, "How Colleges Aggressively Use Big Data to Target Potential Students," *Market Watch*, September 19, 2017, https://www.marketwatch.com/story/how-colleges-aggressively-use-big-data-to-target-potential-students-2017-09-19。关于大学招生过程中使用学生犯罪背景信息的问题，参阅 Judith Scott-Clayton, "Thinking 'Beyond the Box': The Use of Criminal Records in College Admissions," *Education Next*, October 2, 2017, http://educationnext.org/thinking-beyond-box-use-criminal-records-college-admissions。

34. 参阅 Emmanuel Felton, "The New Tool Colleges Are Using in Admissions Decisions: Big Data," *PBS NewsHour*, August 21, 2015, http://www.pbs.org/newshour/updates/new-tool-colleges-using-admissions-decisions-big-data; Scott R. Peppet, "Regulating the Internet of Things," *Texas Law Review* 93 (2014): 122–125; President's Council of Advisors on Science and Technology (PCAST), *Big Data and Privacy: A Technological Perspective*, Executive Office of the President, May 2014, https://obamawhitehouse.archives.gov/sites/default/files/microsites/ostp/PCAST/pcast_big_data_and_privacy_-_may_2014.pdf; Karen Turner, "Schools Are Helping Police Spy on Kids' Social Media Activity," *Washington Post*, April 22, 2016, https://www.washingtonpost.com/news/the-switch/wp/2016/04/22/

schools-are-helping-police-spy-on-kids-social-media-activity。

35. Schneier, *Data and Goliath*, 3.

36. Danielle Citron and Frank Pasquale, "The Scored Society: Due Process for Automated Predictions," *Washington Law Review* 89 (2014): 22.

37. 参阅 N. Cameron Russell et al., "Transparency and the Marketplace for Student Data," *Virginia Journal of Law and Technology* 3(2019):113, https://www.fordham.edu/info/23830/research/10517/ transparency_and_the_marketplace_for_student_data/1。

38. Russell et al., 116.

39. Russell et al., 125.

40. Russell et al., 114–115.

41. Russell et al., 116, 146.

42. Russell et al., 147.

43. Russell et al., 134.

44. Russell et al., 145.

第三章

1. "纳尼亚"是一个小说中虚构的地方。故事发生在英国乡村，兄弟姐妹四个孩子通过家里的魔法衣柜发现了这个地方。详情参阅 C. S. Lewis, *The Lion, the Witch, and the Wardrobe* (New York: Harper Trophy, 2000), 该小说最初由 Geoffrey Bles 出版社于 1950 年出版。

2. "大数据"并没有学界一致认可的定义。参阅 2014 年 5 月总统行政办公室下属的总统科技顾问委员会（President's Coucil of Advisors on Science and Technology，简称 PCAST）提交的文件，*Big Data and Privacy: A Technological Perspective*, Executive Office of the President, May 2014, https://obamawhitehouse.archives. gov/sites/default/files/microsites/ostp/PCAST/pcast_big_ data_and_privacy_-_may_2014.pdf。"在讨论隐私的语境下，'大数据'一词通常指一个人或一组人的数据，或者指可以用于分析

并针对个体进行推断的数据。大数据包括了政府、私人机构以及个人收集的数据或元数据。这些数据和元数据可能是独家所有，也可能对公众开放；既可能是有意收集的，也可能是无意收集的。数据的形式可以是文本、音频、视频以及基于传感器收集的数据，或者是以上几种的组合形式"（第2页）。本书采用了PCAST对大数据的理解方式。"大数据"分析也可以在更为具体的语境中进行，例如教育中的"学情分析"。正如学者 Deborah Lupton 和 Ben Williamson 所言："设计学习分析平台的目的，是在学习者开展学习任务和活动的时候，对有关数据进行实时挖掘，从而自动预测以后的学习进展，据此对学生的学习情况进行干预并采取预防措施。"详情参阅 Deborah Lupton and Ben Williamson, "The Datafied Child: The Dataveillance of Children and Implications for Their Rights," *New Media & Society* 19 (2017): 785。

3. 尽管法国的一所大学明智地取消了近期开展的一项"智能床"研究计划，但是用于卧室的智能产品仍在研发。参阅新闻报道 "French Student Backlash Scuppers 'Big Brother' Connected Bed Plans," *The Local France*, September 8, 2017, https://www. thelocal.fr/20170908/student-backlash-scuppers-big-brother-connected-bed-plans。

4. 魔幻衣橱在现实生活中并不存在，但是类似的服务和产品的确存在。这些服务和产品可以将你的电子数据与大数据分析结合起来，并在人类专家的帮助下为你和你的家人提供穿衣和时尚方面的建议。例如，为客户提供在线定制服务的 Stitch Fix 公司就推出了儿童衣橱服务（参见 https://www.stitchfix.com/）。了解 Stitch Fix 公司和提供类似业务的公司如何收集客户的身体参数，可参阅 Drew Harwell, "Companies Race to Gather a Newly Prized Currency: Our Body Measurements," *Washington Post*, January 16, 2018, https://www.washingtonpost.com/business/economy/companies-race-to-gather-a-newly-prized-currency-our-body-measurements/2018/01/16/5af28d98-f6e8-11e7-beb6-

c8d48830c54d_story.html。亚马逊公司推出的 Echo Look 业务
"专注于穿衣风格……［因此］Alexa（一种基于云技术的语音服
务）可以帮你达到最佳的打扮效果……［这是通过］使用 Style
Check 服务来实现的。这种新型服务结合了机器学习的算法和时
尚专家的建议，以此确定哪套服装穿在身上最好看"。参见 Echo
Look 网页：https://www.amazon.com/Amazon-Echo-Look-Camera-
Style-Assistant/dp/B0186JAEWK。

5. "私人公司和政府部门在监控方面已经出现了互利融合的局面。
现在双方都想知道所有人的一切信息。"参见 Bruce Schneier,
*Data and Goliath: The Hidden Battles to Collect Your Data and Control
Your World* (New York: Norton, 2015), 29。

6. 参阅 Stacey B. Steinberg, "Sharenting: Children's Privacy in the
Age of Social Media," *Emory Law Journal* 66 (2017): 861–864。请
注意，在《联合国儿童权利公约》(*United Nations Convention on
the Rights of the Child*，简称 UNCRC) 这项国际法的框架下，儿
童的隐私权得到了认可；但是，美国尚未签署同意执行该项法
律。儿童以侵犯隐私权为由起诉父母的案件可能会上升，因为
"父母在儿童侵权诉讼案中的豁免权原则已经被打破。而且，在
许多司法辖区内，豁免权原则已经被完全废除"。参阅 David
Pimentel, "Criminal Child Neglect and the 'Free Range Kid':
Is Overprotective Parenting the New Standard of Care?," *Utah
Law Review* 2012 (2012): 954。然而，这种趋势在儿童侵权诉讼案
件中似乎没有出现；考虑到隐私侵权案件在总体上面临的各种挑
战，以及父母被允许做出具体选择的广阔范围，这类诉讼似乎也
不太容易取得成功。

7. 参阅 Dalia Topelson Ritvo, "Privacy and Student Data: An Overview
of the Federal Laws Impacting Student Information Collected
through Networked Technologies," Cyberlaw Clinic, Berkman
Klein Center for Internet & Society, Harvard University, June
2016, 11–17, https://dash.harvard.edu/handle/1/27410234。

8. 参阅 Ritvo, "Privacy and Student Data," 6–9。

晒娃请三思

9. "消费者无法控制下游第三方如何使用其数据，也无法防止这些数据随后被归入与他们有关的、更大的个人信息档案。"详情参阅 Mary Madden et al., "Privacy, Poverty, and Big Data: A Matrix of Vulnerabilities for Poor Americans," *Washington University Law Review* 95 (2017): 115。

10. 参阅 2014 年 5 月份联邦贸易委员会发布的报告：*Data Brokers: A Call for Transparency and Accountability*, May 2014, https://www.ftc.gov/system/files/documents/reports/data-brokers-call-transparency-accountability-report-federal-trade-commission-may-2014/140527databrokerreport.pdf。其中，政府报告还要求数据经纪公司"采取更好的措施，谨慎收集孩童和青少年的信息，尤其是从推广的产品中谨慎收集孩童信息"（第 ix 页）。

11. 参阅美国消费者法律中心（National Consumer Law Center）：*Big Data: A Big Disappointment for Scoring Consumer Creditworthiness*, March 2014, https://www.nclc.org/issues/big-data.html。

12. 参阅 Daniel J. Solove and Paul M. Schwartz, *Privacy, Information, and Technology*, 2nd ed. (New York: Aspen, 2006)。著名的数据经纪公司 Acxiom "拥有数十亿条信息记录，涉及婚姻状况、家庭，以及各年龄阶段的儿童"（第 191 页）；另参阅 Abby Ohlheiser, "You've Probably Never about This Creepy Genealogy Site. But It Knows a Lot about You," *Washington Post*, January 12, 2017, https://www.washingtonpost.com/news/the-intersect/wp/2017/01/12/youve-probably-never-heard-of-this-creepy-genealogy-site-but-its-heard-all-about-you。这篇文章重点罗列了将孩子与父母关联起来的网站。

13. N. Cameron Russell et al., "Transparency and the Marketplace for Student Data," *Virginia Journal of Law and Technology* 3(2019): 113–148, https://www.fordham.edu/info/23830/research/10517/transparency_and_the_marketplace_for_student_data/1.

14. 查看已知数据经纪公司客户类型统计图表，参阅 Federal Trade Commission, *Data Brokers*, 39–40。

15. 参阅.Kashmir Hill, "How Target Figured Out a Teen Girl Was Pregnant before Her Father Did," *Forbes*, February 16, 2012, https://www.forbes.com/sites/kashmirhill/2012/02/16/how-target-figured-out-a-teen-girl-was-pregnant-before-her-father-did。

16. 想要了解零售行业中数据分析的整体背景情况，参阅 Joseph Turow, *The Aisles Have Eyes: How Retailers Track Your Shopping, Strip Your Privacy, and Define Your Power* (New Haven: Yale University Press, 2017)。

17. HelloFlo, "About Us," http://helloflo.com.

18. HelloFlo.

19. Clare O'Connor, "'Like Santa for Your Vagina': Tampon Startup Hello Flo Takes on That Time of the Month," *Forbes*, August 2, 2013, https://www.forbes.com/sites/clareoconnor/2013/08/02/like-santa-for-your-vagina-tampon-startup-hello-flo-takes-on-that-time-of-the-month.

20. HelloFlo, "Privacy Policy," http://helloflo.com/privacy.

21. Madden et al., "Privacy, Poverty, and Big Data", 98. 一旦这些数据分析或多或少意味着"少数族裔的申请者以不合理的比例被排除在招生的范围之外"，就可能涉嫌违背联邦反歧视法 (第99页)。

22. Madden et al., 79.

23. Madden et al., 82.

24. Madden et al. 提出了一个与此相关的伦理问题，这个问题超出了父母对自己孩子评价的范畴——"学生〔申请人〕应当为他们的家人、朋友或其他有关系的人在社交媒体上的行为负责吗？"详情参阅 Madden et al., "Privacy, Poverty, and Big Data," 96—97。

25. David Rose 在其研究中探讨了物联网"魔幻的"一面，详情参阅 http://enchantedobjects.com。

26. 参阅 Alina Selyukh, "Could Your Social Media Footprint Step on Your Credit History?" National Public Radio, November 4, 2015, https://www.npr.org/sections/thetwo-way/2015/11/04/

454237651/could-your-social-media-footprint-step-on-your-credit-history。

27. Julie Cohen, "What Privacy Is For," *Harvard Law Review* 126 (2013): 1912.

28. 一个引人注目的案例是"剑桥数据分析"（Cambridge Analytica）在 2016 年的美国总统大选中所扮演的角色。参阅 Hannes Grassegger and Mikael Krogerus, "The Data That Turned the World Upside Down," *Motherboard*, January 28, 2017, https://motherboard.vice.com/en_us/article/mg9vvn/how-our-likes-helped-trump-win。

29. 有关预测性数据分析的讨论，参阅 Madden et al., "Privacy, Poverty, and Big Data," 104–106。

30. 考虑到 Facebook 公司在面部识别业务中所处的主导地位，孩童和青少年不可能被排除在这类业务之外，也不可能受到特殊保护。

31. 参阅 Kevin Lapp, "Databasing Delinquency," *Hastings Law Journal* 67 (2015): 195–258。

32. 参阅 Jonah Engel Bromwich, Daniel Victor, and Mike Isaac, "Police Use Surveillance Tool to Scan Social Media, A.C.L.U. Says," *New York Times*, October 11, 2016, https://www.nytimes.com/2016/10/12/technology/aclu-facebook-twitter-instagram-geofeedia.html。

33. 具体实例请参阅 Rachel Weiner and Lynh Bui, "Korryn Gaines, Killed by Police in Standoff, Posted Parts of Encounter on Social Media," *Washington Post*, August 2, 2016, https://www.washingtonpost.com/local/public-safety/maryland-woman-shot-by-police-in-standoff-posted-part-of-encounter-on-social-media/2016/08/02/d4650ee6-58cc-11e6-831d-0324760ca856_story.html。

34. 为了吸引 YouTube 观众，有些家庭表现出虐待孩童的倾向。关于这种行为背后的动机研究请参阅 Abby Ohlheiser, "The Saga of a YouTube Family Who Pulled Disturbing Pranks on

Their Own Kids," *Washington Post*, April 26, 2017, https://www.
washingtonpost.com/news/the-intersect/wp/2017/04/25/the-
saga-of-a-youtube-family-who-pulled-disturbing-pranks-on-their-
own-kids。

35. 详情参阅 John Lane 警长接受记者 Kelly McEvers 和 Audie Cornish
采访的报道，"All Things Considered," *NPR*, September 12,
2016, http://www.npr.org/2016/09/12/493654929/ohio-
police-release-photos-of-couple-who-overdosed-in-car-with-
child。

36. 哈佛大学伯克曼·克莱因互联网与社会研究中心（Berkman
Klein Center for Internet & Society）与麻省理工学院的媒体实
验室（MIT Media Lab）在人工智能伦理及管理倡议（Ethics
and Governance of Artificial Intelligence Initiative）的框架下，
开展对算法和司法跟踪的研究，深入探索这类数字干预技术在刑
事司法系统内的运行情况。了解更多详情，请查阅 http://cyber.
harvard.edu/projects/ai-algorithms-and-justice。

37. 参阅 Matt Day, "Amazon, Microsoft Workers Sign 'Never Again'
Pledge to Oppose Trump's Call for Muslim Registry," *Seattle Times*,
December 15, 2016, https://www.seattletimes.com/business/
microsoft/never-again-pledge-draws-tech-workers-who-vow-not-
to-help-build-possible-registry。

38. 实际上，"［已经］出现了学校与非刑事司法部门之外的政府机构
（例如移民执法机构）共享［学生行为］记录的新闻报道"。详情
参阅 Lapp, "Databasing Delinquency," 215。

39. 参阅 Steinberg 的文章 "Sharenting"，"现在，Facebook 上有一
些公开的群组，他们做的事情就是取笑其他家长分享的图片"（第
855 页）。

40. 有关数字技术让人们沉迷其中的讨论，参阅 Nellie Bowles,
"Early Facebook and Google Employees Form Coalition to Fight
What They Built," *New York Times*, February 4, 2018, https://
www.nytimes.com/2018/02/04/technology/early-facebook-

google-employees-fight-tech.html。

41. 另一方面，建立人际关系也可能会对隐私造成损害。这方面，法学教授 Daniel J. Solove 和 Paul M. Schwartz 提出了宝贵而富有挑战性的见解："在某种程度上，当今的人们更加自由，他们摆脱了社区规范和小镇上流言蜚语的影响。但这是否意味着今天的人们享有更多的隐私呢？"详情参阅 Solove and Schwartz, *Privacy, Information, and Technology*, 196。

42. "对青少年隐私的侵犯可能会给他们带来心理伤害⋯⋯他们坚信对自己的信息已经失去了掌控，他们正在被或曾被他人监视或监控，将来也会如此。随之而来的心理反应包括焦虑、尴尬和不自在。"详情参阅 Lapp, "Databasing Delinquency," 233。

43. 2017 年 6 月，我在位于纽约市布鲁克林区的儿童法律中心开展法律培训。非常感谢参加培训的人员，他们使我意识到社交媒体的使用和监护（以及与之类似的家庭法纠纷）之间的互动。

44. Pam Houston, *Cowboys Are My Weakness* (New York: Washington Square Press, 1992), 124.

45. 参阅 Jean M. Twenge, "Have Smartphones Destroyed a Generation?," *The Atlantic*, September 2017, https://www.theatlantic.com/magazine/archive/2017/09/has-the-smartphone-destroyed-a-generation/534198。

46. 是的，现在还有。不过数量少多了。有些学校还设置了智能储物柜。详情参阅 Joe Heim, "Schools and Lockers: No Longer the Right Combination," *Washington Post*, January 24, 2018, https://www.washingtonpost.com/local/education/schools-and-lockers-no-longer-the-right-combination/2018/01/24/9aa4222a-fa09-11e7-ad8c-ecbb62019393_story.html。

47. 艾米莉·狄金森就投身于可能性——尽管她没有明确说明是什么样的可能。详情参阅 Emily Dickinson, "I dwell in Possibility"；可登录 Poetry Foundation 网站：https://www.poetryfoundation.org/poems/52197/i-dwell-in-possibility-466。

48. 参阅 Harriet Porter, "Why Cool Cats Rule the Internet," *The Telegraph*,

July 1, 2016, https://www.telegraph.co.uk/pets/essentials/why-cool-cats-rule-the-internet。

49. J.R.R. Tolkien, *The Hobbit* (Boston: Houghton Mifflin, 1997), 236.

50. 在关于"通奸"的著作中，Esther Perel 探讨了电子时代给人们与他们的故知发展婚外恋情提供便利的情况。参阅 Esther Perel, *The State of Affairs: Rethinking Infidelity* (New York: HarperCollins, 2017)。

51. Walt Whitman, "Song of Myself," *Modern American Poetry*, http://www.english.illinois.edu/maps/poets/s_z/whitman/song.htm.

52. 参阅 Ashcroft v. Free Speech Coalition, 535 U.S. 234 (2002)。

53. 所谓的色情报复法规、隐私侵权诉讼，以及其他刑事和民事诉讼渠道，都可以为这种未经许可的成人之间的分享提供法律援助。了解更多有关色情报复法规和最新应对方法，参阅 Danielle Keats Citron and Mary Anne Franks, "Criminalizing Revenge Porn," *Wake Forest Law Review* 49 (2014): 345–391。

54. 参阅美国食品与药品监督管理局（US Food and Drug Administration）发布的消息："FDA Approves New Pill with Sensor That Digitally Tracks If Patients Have Ingested Their Medication," November 13, 2017, https://www.fda.gov/NewsEvents/Newsroom/PressAnnouncements/ucm584933.htm。

55. 参阅威廉·莎士比亚的戏剧《哈姆雷特》第一场，第 3 幕；请登录网站 http://shakespeare.mit.edu/hamlet/hamlet.1.3.html。

56. 参阅 Caroline Knorr, "Sneaky Ways Advertisers Target Kids," *Common Sense Media*, February 7, 2014, https://www.commonsensemedia.org/blog/sneaky-ways-advertisers-target-kids。

57. 比如，"孩子们只需下载应用程序或点击抽奖活动，即可为广告商提供大量信息"。详情参阅 Knorr, "Sneaky Ways Advertisers Target Kids"。

58. 如 Lupton 和 Williamson 所言，我们必须谨慎："把儿童的行为、品质和身体转换成电子数据，并且在关键时刻主要依靠这些数据对孩子进行评估、判断或推测，会限制人们对这些孩童的认识，影响人们对待这些孩童的方式和态度。对孩子和他们的生活而言，所谓的可知（或者可以计算）只不过是电子设备及其软件产生的结果而已。"详情参阅 Lupton and Williamson, "The Datafied Child," 787。

59. 参阅 Donna Freitas, *The Happiness Effect: How Social Media Is Driving a Generation to Appear Perfect at Any Cost* (New York: Oxford University Press, 2017)。

60. 在更为广泛的意义上来说，成年人都需要法律研究学者 Neil M. Richards 所称的"智力隐私"（intellectual privacy），即"我们产生想法的过程应当受到保护，以免受外来监控和干预"。详情参阅 Neil M. Richards, *Intellectual Privacy: Rethinking Civil Liberties in the Digital Age* (Oxford: Oxford University Press, 2015), https://ssrn.com/abstract=2554196。

61. 参见 Joni Mitchell 演唱的歌曲"Both Sides, Now"；出自 1969 年由 Siquomb Publishing Corp. 公司发行的名为 *Clouds* 的唱片，本歌曲位于第 10 音轨。

62. 参阅 Leah Plunkett and Urs Gasser, "Student Privacy and Ed Tech (K–12) Research Briefing," Berkman Center Research Publication no. 2016-15, Berkman Klein Center for Internet & Society, Harvard University, September 26, 2016, 3, https://cyber.harvard.edu/publications/2016/StudentPrivacyBriefing。

63. 参阅 Christine Emba, "Amazon Key Is Silicon Valley at Its Most Out-of-Touch," *Washington Post*, October 25, 2017, https://www.washingtonpost.com/blogs/post-partisan/wp/2017/10/25/amazon-key-is-silicon-valley-at-its-most-out-of-touch。

64. Mitchell, "Both Sides, Now".

65. 参阅 Emily Chang, *Brotopia: Breaking Up the Boys' Club of Silicon Valley* (New York: Portfolio, 2018)。

66. 参阅 Pokémon Go 的讨论，请登录网站 https://www.pokemongo.com/en-us。

67. 参阅 Rachel Botsman, "Co-parenting with Alexa," *New York Times*,

October 7, 2017, https://www.nytimes.com/2017/10/07/opinion/
sunday/children-alexa-echo-robots.html。

68. J. K. Rowling, "House-Elves," Writing by J. K. Rowling,
Pottermore，2018 年 8 月 26 日登录，https://www.pottermore.
com/explore-the-story/house-elves.

69. Sloan Eddleston, "Why the Future Could Mean Delivery Straight
into Your Fridge," *Walmart Today* (blog), September 22, 2017,
https://blog.walmart.com/innovation/20170922/why-the-future-
could-mean-delivery-straight-into-your-fridge.

70. Eddleston, "Why the Future Could Mean Delivery Straight into
Your Fridge."

71. Harwell, "Companies Race to Gather a Newly Prized Currency".

72. 参阅 Joni Mitchell 的歌曲 "The Circle Game"，出自 1970 年
Siquomb Publishing Corp. 出版发行的唱片 *Ladies of the Canyon*，
本首歌位于第 12 音轨。

73. 这种发展机遇存在的不均衡有多种表现形式，其中也包括数字技
术。"社会阶级的差异也决定着家庭和个体在他们的生活中获取
及利用电子媒介、移动设备和娱乐媒体方面存在差异。"详情参
阅 Lynn Schofield Clark, *The Parent App: Understanding Families in
the Digital Age* (New York: Oxford University Press, 2013), 209。

74. Shaila Dewan and Richard A. Oppel Jr., "In Tamir Rice Case,
Many Errors by Cleveland Police, Then a Fatal One," *New York
Times,* January 22, 2015, https://www.nytimes.com/2015/01/23/
us/in-tamir-rice-shooting-in-cleveland-many-errors-by-police-
then-a-fatal-one.html.

75. 具体实例请参阅 Andrea Castillo, "L.A. Father Detained by ICE
after Dropping Daughter at School May Be Deported," *Los Angeles
Times,* July 31, 2017, http://www.latimes.com/local/lanow/la-me-
romulo-avelica-deportation-20170731-story.html。

76. 参阅 Plyler 起诉 Doe 案件，卷宗编号：457 U.S. 202（1982）。

77. 有学者注意到，当今世界有一股"新母性主义"（new maternalism）

的思潮在兴起："社会和法律改革竭力将白人中产阶级的母亲再次动员起来，作为变革的力量……[这种]政治动员[正在]使用'新母性主义'的文化形式，重新将做母亲推崇为女性的荣耀和道德权威的源泉。"详情参阅 Naomi Mezey and Cornelia T. L. Pillard, "Against the New Maternalism," *Michigan Journal of Gender & Law* 18, (2012): 233。

第四章

1. 1994 年 8 月至 1995 年 1 月，电视连续剧《我所谓的生活》(*My So-Called Life*) 播出，这是一部青少年题材的电视剧，反映了青少年对那个时期社会问题的看法。

2. 有关创收问题的实例，参阅 Ashley May, "These YouTube Moms Are Making Money Showing Real Parenting Moments," *USA Today*, May 11, 2017, https://www.usatoday.com/story/news/nation-now/2017/05/11/youtube-moms-make-money-parenting-videos/315989001; 另请参阅 Mackenzie Dawson, "My Mommy Blog Ruined My Life," *New York Post*, May 29, 2016, https://nypost.com/2016/05/29/my-mommy-blog-ruined-my-life。Dawson 指出，"有些公司充当品牌和博客作者的中介，他们发布赞助信息，为博客作者提供创收机会，又称'shopportunities'(商机)。"

3. 比如，有些老师成了"品牌大使"，为教育领域的科技产品代言。详情参阅 Natasha Singer, "Silicon Valley Courts Brand-Name Teachers, Raising Ethics Issues," *New York Times*, September 2, 2017, https://www.nytimes.com/2017/09/02/technology/silicon-valley-teachers-tech.html。

4. Alice E. Marwick, *Status Update: Celebrity, Publicity, and Branding in the Social Media Age* (New Haven: Yale University Press, 2013), 114.

5. 妈咪博主可以成为超级巨星，收入高达七位数字。详情参阅 Bianca Bosker, "Instamom," *The Atlantic*, March 2017, https://www.theatlantic.com/magazine/archive/2017/03/instamom/513827。

6. 参阅 Kathleen Kuehn, "Why Are So Many Journalists Willing to Write for Free?," *Canadian Journalism Project*, February 3, 2014。在这篇文章中，"hope labor" 被定义为 "无偿工作或报酬极低的工作，通常是为了获取工作经验，或者为了以后能够得到一份工作"。

7. Laura Ingalls Wilder, *Little House on the Prairie* (New York: Harper Trophy, 1971).

8. 参阅 Melissa Weiss, "My First Period!," *The Weiss Life*, YouTube, April 27, 2017, https://www.youtube.com/watch?v=aFLznBtKSOk。这段 YouTube 平台上的母女视频由一家公司赞助，该公司为处于青春期的少女提供月经初潮时使用的产品套装。视频中，母亲告诉女儿月经初潮是怎么回事。

9. 有关 YouTube 推送引导观众查看更为极端内容的视频的讨论，参阅 Zeynep Tufekci, "YouTube, the Great Radicalizer," *New York Times*, March 10, 2018，https://www.nytimes.com/2018/03/10/opinion/sunday/youtube-politics-radical.html。

10. 例如，电视台 "Barcroft TV" 播出了一档名为 "Living with Tigers: Family Share [s] Home with Pet Tigers" 的节目，其内容就来自 YouTube 视频，详情参见 https://youtu.be/xwidefc2wpc，September 25, 2013，多达 5600 万人次观看了这条视频。

11. 有评论人员沿时间轴线对其演变做了简要评述，认为 "妈咪网" 已经变得越来越纯净，它 "与我们许多人对母亲形象的认知相去甚远，也与十年前妈咪网的内容相去甚远"。详情参阅 Sarah Pulliam Bailey, "How the Mom Internet Became a Spotless, Sponsored Void," *Washington Post*, January 26, 2018, https://www.washingtonpost.com/outlook/how-the-mom-internet-became-a-spotless-sponsored-void/2018/01/26/072b46ac-01d6-11e8-bb03-722769454f82_story.html。

12. 如果不知如何着手开展相关的研究，我建议你从 YouTube 网站上的这类视频开始："FUNNY Animals Trolling Babies and Kid #5"。这里既有可爱的动物和婴儿视频，也有哭鼻子孩子的视

晒娃请三思

频。Funny Babies and Pets, "FUNNY Animals Trolling Babies and Kid #5," YouTube video, December 1, 2017,https://youtu.be/BZT4eoHWVwI.

13. 商业晒娃的内容到底是儿童驱动的，还是父母策划分享的，这两者间是很难划出清晰界限的。这里把讨论的焦点放在以数字手段呈现的内容之上，其中涉及的父母角色相当明显。即使对于年龄较大的孩子和青少年来说，父母似乎隐于后台，但是，鉴于孩童和青少年无法自主选择，因此很难说清父母在多大程度上处在后台的位置。

14. 晒娃领域里有相当成功的"幼童巨星"。详情参阅 Katherine Rosman, "Why Isn't Your Toddler Paying the Mortgage?," *New York Times*, September 27, 2017, https://www.nytimes.com/2017/09/27/style/viral-toddler-videos.html。

15. 2017 年召开的 BlogHer 研习会议上，一场分会的议题是"私密写作：如何兼顾私人与公共角色"（Intimate Writing: How to Balance Your Private and Public Personas）。筹委员会对本次会议是这样描述的："毫无遮掩的人往往拥有最忠实的观众。但是，在分享极为私密的生活时，我们怎样做才能留有余地，从而避免迷失自己？"详情参阅 BlogHer, "#BlogHer17 Agenda," http://www.blogher.com/node/2458157/schedule。

16. 其中一个例子就采用了这种似乎非常流行的把戏，在视频中使用了可以消失的墨水。详情参见视频："Disappearing Ink Prank on Girl—Eating Bad Fish—Kids Makeup Mishap," YouTube video, February 20, 2016, https://www.youtube.com/watch?v=SqMNdT0rF-w。

17. 比如 Dawson 在其文章 "My Mommy Blog Ruined My Life" 中宣称，总体来说，使用者们并不喜欢"妈咪博主"这个字眼。

18. 参阅 Janice Brett Elspas 编辑并整理的博客文章："2018–19 Master Blog Conference Calendar for Mom, Dad and Lifestyle Influencers and Bloggers," *Mommy Blog Expert*, https://www.mommyblogexpert.com/p/women-mom-blogger-conferences.

html。Elspas 对于如何有效撰写"妈咪博客"的相关信息进行整理，其中包括专门针对"妈咪博主"创建数码内容而提供的培训机会。

19. "长期以来，女性处理'第二班工作'（或曰打理家务），又得处理'第三班工作'……这指的是兼顾工作和家庭责任的同时，担负起孩子情感陪护的工作：关心孩子，让他们有安全感。"详情参阅 Lynn Schofield Clark, *The Parent App: Understanding Families in the Digital Age* (New York: Oxford University Press, 2013), 215。

20. "人生阶段"这个表述是口头用语，包括受孕、孕育、分娩和出生这几个阶段在内。此处所指非法律意义上的人生阶段。这里使用该表述旨在反映众多父母亲身体验过的经历：在他们着手建立家庭和备孕时，或者在计划外怀孕时，他们发现自己就要做父母了；这样他们有了家庭单位的概念。这里的用法并不代表本书作者的某种立场，并不表明作者认为法律应当认可（以及如何界定）未受精的一颗卵子、胚胎或胎儿是否已经具有生命，是否与新生儿、婴儿、孩童、少年和成年人享有同样的权利。

21. 参阅 WhatsUpMoms, "Elle-Labor & Delivery of Presley!," YouTube video, July 17, 2013, https://youtu.be/gg_y-19iH0Y。WhatsUpMoms 频道拥有超过 220 万注册用户，被认为是"YouTube 网站上的头号'妈咪频道'"。

22. 比如，参阅 Jessica Shyba, "Theo and Beau Welcome Evangeline," *Momma's Gone City* (blog), http://www.mommasgonecity.com/2014/09/theo-and-beau-welcome-evangeline。

23. 比如，*Something Navy* 博客就推荐使用 NEST 品牌的"视频监控仪"。参阅 Arielle Charnas, "FAQs: Ruby Edition," *Something Navy*, http://somethingnavy.com/faq-ruby-edition。

24. 有关育儿建议方面的潮流更的深入讨论，查阅 KJ Dell'Antonia and Jessica Lahey, "The Science of Parenting: Untangling Ever-Shifting Parenting Advice," interview with Laura Knoy, *The Exchange*, New Hampshire Public Radio, January 17, 2018, http://nhpr.org/post/science-parenting-untangling-ever-shifting-

晒娃请三思

parenting-advice#stream/0。

25. 实例请参阅 Kumanan Wilson and Jennifer Keelan, "Social Media and the Empowering of Opponents of Medical Technologies: The Case of Anti-Vaccinationism," *Journal of Medical Internet Research* 15, no. 5 (2013): 1–4, http://www.jmir.org/2013/5/ e103。这篇文章探讨了接种疫苗的反对者如何利用社交媒体传播信息，建立和保持他们之间的联系。

26. "要求广告信息真实"，针对这点的一般性讨论请参阅 Federal Trade Commission, "Truth in Advertising," Media Resources, https://www.ftc.gov/news-events/media-resources/truth-advertising。

27. 关于联邦贸易委员会对于"网红"促销商品的立场，详情参阅联邦贸易委员会文件：Federal Trade Commission, "The FTC's Endorsement Guides: What People Are Asking," Guidance, https://www.ftc.gov/tips-advice/business-center/guidance/ftcs-endorsement-guides-what-people-are-asking。

28. 此处举例与 Moonlight Slumber 床垫公司有关。实际上，联邦贸易委员会对该公司的违法行为实施了制裁。详情参阅 Federal Trade Commission, "FTC Approves Final Consent Order in Moonlight Slumber, LLC Advertising Case," news release, December 12, 2017, https://www.ftc.gov/news-events/press-releases/2017/12/ftc-approves-final-consent-order-moonlight-slumber-llc。

29. 在这个空间里，我们熟悉的法律体系仍然在起作用。例如，"妈咪博主"如果在她自己写的博客上，而不是在华而不实的杂志上发布了一条有关他人的不实言论，就无法逃脱诽谤他人的罪责。如果她在博客上大发雷霆，威胁要绑架她在游乐场里碰到的死对头，她也无法逃脱承担刑事责任的风险。但是，这类例子显示的只是商业晒娃空间允许呈现的内容的外部边界，并没有真实地反映该空间内开展的大量活动。

30. 这些所谓的育儿专家在网络上发布的建议会在现实世界中产生巨

大的影响。具体实例参阅 Megan Molteni, "Anti-Vaxxers Brought Their War to Minnesota—Then Came Measles," *Wired*, May 7, 2017, https://www.wired.com/2017/05/anti-vaxxers-brought-war-minnesota-came-measles。

31. Clare O'Connor, "Forbes Top Influencers: How What's Up Moms Turned Viral Videos into a Media Company," *Forbes*, September 26, 2017, https://www.forbes.com/sites/clareoconnor/2017/09/26/forbes-top-influencers-how-whats-up-moms-turned-viral-videos-into-a-media-company.

32. 具体实例请查阅 5-Minute Crafts, "22 Christmas Décor and Gift Ideas without Going Broke," YouTube video, December 17, 2017, https://youtu.be/7r-lAWtpkOo。

33. 具体实例请查阅 Shot of the Yeagers, "Family Gymnastic Challenge in Our Pool!," YouTube video, July 20, 2018, https://youtu.be/2RA1pUe_RTA。

34. 具体实例请查阅 ClutterBug, "Decorating Tips—Decorating My Girls Shared Room on a Budget," YouTube video, November 26, 2014, https://youtu.be/TfseYsT0j3M。

35. Abby Ohlheiser, "The Saga of a YouTube Family Who Pulled Disturbing Pranks on Their Own Kids," *Washington Post*, April 26, 2017, https://www.washingtonpost.com/news/the-intersect/wp/2017/04/25/the-saga-of-a-youtube-family-who-pulled-disturbing-pranks-on-their-own-kids.

36. Ohlheiser.

37. Ohlheiser. 相关疑问：智能玩具公司通过其产品了解到虐童行为之后，是否应该向有关部门报告？这篇法律评论文章给出了肯定的答案：Corinne Moini, "Protecting Privacy in the Era of Smart Toys: Does Hello Barbie Have a Duty to Report?," *Catholic University Journal of Law and Technology* 25 (2017): 313–314。

38. 参阅 Philip DeFranco, "WOW…We Need to Talk about This…," YouTube video, April 17, 2017, https://www.youtube.com/

watch?v=fvoLmsXKkYM。DeFranco 是 YouTube 网站上的一名
"网红"，他在这个视频中取消了赞助方广告，并把讨论的焦点集
中在孩子的安全问题上。

39. 在家庭或者其他私人生活以外的语境下，如果有人基于了解到的
残疾状况（包括精神缺陷）做出了不利于科迪的决定，那么科迪
有权寻求该州残疾法规和条例的保护，也有权寻求联邦残疾法规
和条例的保护。

40. "YouTube Challenge—I Told My Kids I Ate All Their Halloween
Candy 2017," *Jimmy Kimmel Live*, YouTube video, November 2,
2017, https://youtu.be/bmCOjcaiXQM.

41. "YouTube Challenge—I Told My Kids I Ate All Their Halloween
Candy 2017."

42. Meg van Achterberg, "Jimmy Kimmel's Halloween Prank Can Scar
Children. Why Are We Laughing?" *Washington Post*, October 20,
2017, https://www.washingtonpost.com/outlook/jimmy-kimmel-
wants-to-prank-kids-why-are-we-laughing/2017/10/20/9be17716-
aed0-11e7-9e58-e6288544af98_story.html. 只有当涉及的玩笑不会
把不平等的权利关系永远维持下去，或者至少处于从属地位（或
低阶位置）的人明白这只是个玩笑时，这些玩笑才有趣。

43. 在 YouTube 上，有一个题材更为广泛的恶作剧社区，这已经超
出了商业晒娃的范畴，而且"长期以来花样翻新，主要看谁会用
最为极端的方式吸引观众的注意力。其中涉及的内容往往具有冒
犯性，可能是精心策划而拍摄出来的，且以'只是个玩笑'为
名，堂而皇之地发布出来。"参阅 Abby Ohlheiser, "Everyone's
Outraged at the 'Acid Attack' YouTube Prank Video. It's Far
from the Worst," *Washington Post*, January 30, 2018, https://www.
washingtonpost.com/news/the-intersect/wp/2018/01/30/what-
one-youtubers-controversial-water-prank-says-about-the-strange-
world-of-prank-videos。

44. 成年人也会针对彼此在"网上泄愤"（cyberhate）。很不幸，这
种做法"近期有上升势头"。参见 Danielle Citron and Helen

Norton，"Intermediaries and Hate Speech: Fostering Digital Citizenship for Our Information Age," *Boston Law Review* 91 (2011): 1438。

45. 有关网络欺凌的概括性讨论，参阅 John Palfrey and Urs Gasser, *Born Digital: How Children Grow Up in a Digital Age*, rev. ed. (New York: Basic Books, 2016)。Palfrey 和 Gasser 将 "网络欺凌定义为故意使用任何电子媒介对他人造成伤害，包括发短信、发电子邮件，以及打电话"（第 100 页）。

46. N.H. Rev. Stat. Ann. § 193-F:3(I)(a)(2).

47. N.H. Rev. Stat. Ann. § 193-F:3(I)(b).

48. N.H. Rev. Stat. Ann. § 193-F:2(IV). 这条法律明文规定，该法仅适用于学校。

49. 父母享有养育和教育子女的自由权利，这种个人权益受到法律的保护。详细讨论参阅 D. Kelly Weisberg and Susan Frelich Appleton, *Modern Family Law: Cases and Materials* (New York: Wolters Kluwer, 2013), 819。Weisberg 和 Appleton 解释说，"［美国宪法］中的正当程序条款保护这种自由［权益］……包括父母的自主权，即父母有权按照自己认为合适的方式抚养子女"。

50. Anne C. Dailey 和 Laura A. Rosenbury 并没有局限于丢失的糖果和反父母欺凌法的讨论。他们主张，法律要从原来 "专注于将孩子的控制权交给父母或国家" 转移到建立以下的法律结构中来，即这种法律结构要能 "在更大范围内保护儿童权益的各种关系，要能体现成年人担负有推进这些权益的职责，要能有保护他们权益最大化的积极措施"。参阅 Anne C. Dailey and Laura A. Rosenbury, "The New Law of the Child," *Yale Law Journal* 127 (2018): 1506。

51. 实例参阅 Char Adams, "'Cancer Mom' Gets Real about Raising Sick Daughter: 'Please Don't Call Me Strong,'" *People*, November 13, 2017, https://people.com/human-interest/christa-keehr-cancer-mom-strong。

52. 实例参阅 Christina Smallwood, "Our Story," Fifi + Mo, https://

www.fifiandmo.com。

53. 实例参阅 Team2Moms, YouTube 频道，https://www.youtube.com/channel/UCCzmXhARScj7wtJ0f2co64A; and Keren Swan and Khoa Nguyen (KKandbabyJ), YouTube channel, https://www.youtube.com/channel/UCU-ZXqhx1xjsxO1ftXJELdg/featured。

54. 比如，可以登录 GoFundMe 官方网站查看："Get Help with Cancer Fundraising," https://www.gofundme.com/start/cancer-fundraising。该网站解释了如何使用 GoFundMe "立即获取资助，解决癌症治疗费用问题"。尽管大多数申请者都合乎规定，但是也有违规申请见诸报端。具体实例参阅 James Hetherington, "New York Parents Accused of Running Fake Cancer GoFundMe Page for Healthy Child," *Newsweek*, May 10, 2018, https://www.newsweek.com/new-york-parents-busted-running-fake-cancer-gofundme-page-healthy-child-918656。

55. 比如编号为 "N.H. Rev. Stat. Ann. § 161-B:3" 的法律条款就明文规定，什么情况下，该州的司法力量必须介入，强制父母履行其职责。

56. 有关 "发薪日贷款" 危害的讨论参阅 Lauren K. Saunders, Leah A. Plunkett, and Carolyn Carter, *Stopping the Payday Loan Trap: Alternatives That Work, Ones That Don't* (Boston: National Consumer Law Center, 2010), https://www.nclc.org/issues/stopping-the-payday-loan-trap.html。

57. 参阅 "What Are My Rights under the Military Lending Act?," Consumer Financial Protection Bureau, updated October 7, 2016, https://www.consumerfinance.gov/ask-cfpb/what-are-my-rights-under-the-military-lending-act-en-1783。该法案对现役人员及其家属的贷款规定了上限，即年利率不能超过 36%。这会阻止放贷者提供类似的发薪日贷款产品。

58. Camila Domonoske, "Google Announces It Will Stop Allowing Ads for Payday Lenders," National Public Radio,

May 11, 2016, https://www.npr.org/sections/thetwo-way/2016/05/11/477633475/google-announces-it-will-stop-allowing-ads-for-payday-lenders.

59. 比如，慈善机构 Save the Children 发起的"资助一名孩童"（Sponsor a Child）的活动，就包含了特定孩童的一些身份信息。详情参阅 https://support.savethechildren.org/site/SPageNavigator/sponsorship.html。

60. 参阅 Clark, *The Parent App*, 215。

61. 尽管由男性家长主导的单亲家庭的数量在增加，但是这种长期以来形成的局面仍未改观。详情参阅 Gretchen Livingston, "The Rise of Single Fathers: A Ninefold Increase since 1960," Pew Research Center, July 2, 2013, http://www.pewsocialtrends.org/2013/07/02/the-rise-of-single-fathers。

62. 你可以成为成功的商业晒娃者，同时把隐私泄露降到最低程度。例如，令人捧腹大笑的 *Honest Toddler* 博客就采用通用的幼儿人物出镜。参阅 "Apologies," Home, *Honest Toddler* (blog), http://www.thehonesttoddler.com。

63. Emma Brockes, "Is it OK to Keep Posting Photos of My Kids on Facebook?," *The Guardian*, May 31, 2017, https://www.theguardian.com/technology/2017/may/31/facebook-photos-children-parenting. Brockes 认为，Facebook 上大部分孩子的照片是由女性发布出来的。

64. "本真性是象征层面协商的结果；人们根据透露的信息来确定是真是假，但是这充其量不过是个不完整的手段。"参阅 Marwick, *Status Update*, 121。

65. 实例参阅 Wills Robinson, "And the Baby Makes Three! Napping Toddler and Puppy Who Charmed the World Are Now Joined by Little Sister," *Daily Mail*, January 18, 2015, http://www.dailymail.co.uk/news/article-2915776/And-baby-makes-three-Napping-toddler-puppy-charmed-joined-adorable-baby-sister.html。

66. 有关自我呈现的理论建构及相关挑战的前沿研究，参阅 Erving

Goffman, *The Presentation of Self in Everyday Life* (New York: Doubleday, 1959)。

67. 通过对大学生进行采访，研究人员 Donna Freitas 得出这样的结论："直到上大学的时候，孩子们才知道，他们要做的大部分工作是向世人展示幸福的面孔……我们这些做父母、老师、教练和给予他们生活指导的人，都助推他们走到了这一步。"参阅 Donna Freitas, *The Happiness Effect: How Social Media is Driving a Generation to Appear Perfect at Any Cost* (New York: Oxford University Press, 2017), xvii。

68. 参阅 Andrew Ross, "In Search of the Lost Paycheck," in *Digital Labor: The Internet as Playground and Factory*, ed. Trebor Scholz (New York: Routledge, 2012), 26。Ross 把 "playbor" 这个术语定义为 "快乐的工作"。

69. 详细讨论参阅 Lauren Gelman, "Privacy, Free Speech, and 'Blurry-Edged' Social Networks," *Boston College Law Review* 50 (2009): 1315–1344。

第五章

1. William Wordsworth, "My Heart Leaps Up When I Behold," *Bartleby.com*, http://www.bartleby.com/145/ww194.html.

2. 在这部由威廉·戈尔丁（William Golding）创作的 20 世纪的经典小说中，一座由儿童管理的岛屿逐步演变成一个无序的反乌托邦社会。

3. 这里的背景声音实际上是长号的声音，意指成年人似乎在用（舒缓的）爵士音乐交流，而不是急于发表意见。详情参阅 Andy Lewis, "Peanuts Producer: Where That Adult 'Mwa-Mwa-Mwa' Sound Came From," *Hollywood Reporter*, January 30, 2015, http://www.hollywoodreporter.com/news/peanuts-producer-adult-mwa-mwa-767418。

4. "美国社会倾向于将年轻人视为脆弱的人，需要保护；或者视为潜在的威胁，需要加以控制和制约。"参阅 Lynn Schofield Clark,

The Parent App: Understanding Families in the Digital Age (New York: Oxford University Press, 2013), 49。更多讨论参阅 Anne C. Dailey and Laura A. Rosenbury, "The New Law of the Child," *Yale Law Journal* 127 (2018): 1448–1537。Daily 和 Rosenbury 认为，法律"视野狭隘，只聚焦于父母权威和政府权威体制下孩童的依附性，这就存在多重缺陷"（第 1467 页）。

5. 长期以来，美国最高法院承认："父母和监护人享有［广泛的］权利，可以自由指导他们孩子的抚养和教育，将孩子置于他们的控制之下。"参阅皮尔斯起诉圣名耶稣与玛丽亚姐妹会案（Pierce v. Society of the Sisters of the Holy Names of Jesus & Mary），卷宗编号： 268 U.S. 510, 534–535（1925）。尽管比不上父母，其他监护人也得到法律强有力的保护。

6. 家"在本质上是私人空间"。参阅 Jeannie Suk, "Criminal Law Comes Home," *Yale Law Journal* 116 (October 2006): 5。

7. Stacey B. Steinberg 的法律评论文章似乎是首篇对"有关育儿信息在线分享"所做的深入分析，他解释说："父母似乎是孩子数字身份自然而然的保护者。"详情参阅 Stacey B. Steinberg, "Sharenting: Children's Privacy in the Age of Social Media," *Emory Law Journal* 66 (2017): 843。

8. 如今，家庭黏合力和安全性的崩塌（例如家庭内虐待现象）导致政府介入家庭事务，这可能包括动用刑法工具，从而增加国家干预家庭事务的广度和强度。参阅 Suk, "Criminal Law Comes Home," 6。

9. 在某些情况下，外来一方强行进入公民家里可能会遭遇主人依法实施的暴力抵制。参阅 40 C.J.S. *Homicide* § 221 (2017)。

10. 从今天年轻人的角度来看，"根本不存在'线上生活'和'线下生活'的区分，有的只是'生活'"。参阅 John Palfrey and Urs Gasser, *Born Digital: How Children Grow Up in a Digital Age*, rev. ed. (New York: Basic Books, 2016), 2。

11. 最近一项"关于育儿方式与技术"的社会学研究发现，"在本次研究调查中，在职的中产阶级的父母给出了他们热衷于使用诸如婴儿监护仪和手机这些联络设备的原因，常见答案是他们想关心孩子。"参阅 Margaret K. Nelson, *Parenting Out of Control: Anxious Parents in Uncertain Times* (New York: New York University Press, 2010), 165。

12. "总称为科学与技术研究（Science and Technology Studies，简称 STS）的领域……［长期以来坚持认为］人造产品会限制（'调节'）人们的行为。"参阅 Julie E. Cohen, *Configuring the Networked Self: Law, Code, and the Play of Everyday Practice* (New Haven: Yale University Press, 2012), 26。现在，随着已有数字技术和新兴数字技术的发展，家庭中的数字"人造产品"带来的影响似乎也在与日俱增。

13. 动画片《小老虎丹尼尔》(*Daniel Tiger*) 是儿童经典电视剧《罗杰斯先生的邻居》(*Mister Rogers' Neighborkoood*) 的续作，可登录以下网站观看：http://pbskids.org/daniel。

14. 家庭数字设备上记录的数据可以用来解决更为严峻的家庭纠纷，而不仅限于会说话的老虎的尾巴的问题。具体事例参阅 Amy B. Wang, "Can Amazon Echo Help Solve a Murder? Police Will Soon Find Out," *Washington Post*, March 9, 2017, https://www.washingtonpost.com/news/the-switch/wp/2017/03/09/can-amazon-echo-help-solve-a-murder-police-will-soon-find-out。

15. J. M. Barrie 的经典儿童作品《彼得·潘》(*Peter Pan*)，又名 *The Boy Who Wouldn't Grow Up*，可以登录以下网站阅读：https://www.gutenberg.org/files/16/16-h/16-h.htm。

16. "如今，美国成年人平均每隔 6 分 30 秒就会查看一次手机。"参阅 Sherry Turkle, *Reclaiming Conversation: The Power of Talk in a Digital Age* (New York: Penguin Press, 2015), 42。

17. 技术与社交媒体研究领域的领衔学者 Danah Boyd 发现，"许多青少年抱怨说，他们使用计算机的时候，父母总是在身后监督。"参阅 Danah Boyd, *It's Complicated: The Social Lives of Networked Teens* (New Haven: Yale University Press, 2014), 32。

18. "孩子们无法控制父母传播他们的个人信息。"参阅 Steinberg,

"Sharenting," 846。

19. "信息隐私法是侵权法、联邦宪法和州宪法、联邦和各州成文法、证据特权法、财产法、合同法和刑法等各种法律交错一起而形成的网络。"参阅 Daniel J. Solove and Paul M. Schwartz, *Privacy, Information, and Technology*, 2nd ed. (New York: Aspen, 2006), 2。

20. 参阅 J. K. Rowling, "Potions," Writing by J. K. Rowling, Pottermore，2017 年 8 月 20 号登录，https://www.pottermore.com/writing-by-jk-rowling/potions。

21. 参阅 J. K. Rowling, "Invisibility Cloak," Writing by J. K. Rowling, Pottermore，2017 年 8 月 20 号登录，https://www.pottermore.com/explore-the-story/invisibility-cloak。

22. "如今，事先告知和征得同意是保护消费者隐私时使用最为广泛的策略……在人们的想象中，用户真的会阅读这些声明，理解其中的法律含义（如有必要还会联系他们的律师进行咨询）；然后与其他提供类似服务的供应商协商，从而获取更好的隐私待遇；最后才点击鼠标表示同意。然而，实际情况并非如此。"详情参阅 President's Council of Advisors on Science and Technology（总统科技顾问委员会，简称 PCAST), *Big Data and Privacy: A Technological Perspective*, May 2014, 38, https://obamawhitehouse.archives.gov/sites/default/files/microsites/ostp/PCAST/pcast_big_data_and_privacy_-_may_2014.pdf。

23. "作为一种非常有用的政策工具，事先告知和征得同意的做法恰恰被大数据带来的好处所击败，即被那些新出现的、并非显而易见（往往出乎人们意料）的强大的数据用途所击败。就个体而言，针对每种新情况或新的应用程序做出细致入微的选择实在是一件过于复杂的事情。"参阅 PCAST, *Big Data and Privacy*。

24. 例如，"即使对于人们每天都在使用的产品——比如 Gmail，消费者通常也不会阅读相关的隐私政策和其他线上披露的信息。"参阅 Lior Jacob Strahilevitz and Matthew B. Kugler, "Is Privacy Policy Language Irrelevant to Consumers?," *Journal of Legal Studies* 45 (2016): S72。

晒娃请三思

25. Scott R. Peppet 对 "互联网婴儿监视仪" 这样的产品做了详细研究：要找到物联网设备隐私政策条款可能相当困难，因为这种数字产品本身没有足够的空间呈现任何形式的小字号隐私条款。详情参阅 "Regulating the Internet of Things: First Steps toward Managing Discrimination, Privacy, Security, and Consent," *Texas Law Review* 93 (2014): 89–90。

26. "即使消费者确实阅读了隐私政策条款，同时也相信他们可以与技术公司讨价还价，这种信念在本质上似乎取决于他们已有的期待，而不是政策条款本身。" 参阅 Strahilevitz and Kugler, "Privacy Policy Language," S71。

27. 在 2014 年的一份报告中，总统科技顾问委员会呼吁探索新的方法来检测和制裁对消费者不利的隐私侵权行为，因为 "隐私政策条款…… 仅仅停留在（名义上）执行的层面"。参阅 PCAST, *Big Data and Privacy*, 42–43。

28. 对于某些侵犯隐私的行为，州侵权法为人们提供了一种寻求补偿的渠道，而且通常是在经济方面给予补偿。了解有关侵权法中隐私保护的讨论，参阅 Solove and Schwartz, *Privacy, Information, and Technology*, 26。

29. 在这种情况下，联邦贸易委员会通常会依据 "《联邦贸易委员会法案》第 5 部分的规定，禁止在商业活动中采取不公平和欺骗性的行动和做法，或者以这样的手段影响商业活动"。参阅 Federal Trade Commission, "Enforcing Privacy Promises," Protecting Consumer Privacy, Media Resources, https://www.ftc.gov/news-events/media-resources/protecting-consumer-privacy/enforcing-privacy-promises。

30. 参阅 Federal Trade Commission, "Recovering from Identity Theft," Identity Theft, Consumer Information, https://www.consumer.ftc.gov/features/feature-0014-identity-theft。 联邦贸易委员会试图为公众提供保护措施方面的教育，以遏制违反隐私政策情况的发生，缓解由此带来的后果——因为一旦造成私人信息泄露，根本不可能再将这些信息收回。

31. 参阅 US Department of Health and Human Services, "Summary of the HIPAA Privacy Rule," Health Insurance Portability and Accountability Act (HIPAA) for Professionals, https://www.hhs.gov/hipaa/for-professionals/privacy/laws-regulations/index.html。

32. 参阅 Dalia Topelson Ritvo, *Privacy and Student Data: An Overview of the Federal Laws Impacting Student Information Collected through Networked Technologies*, Cyberlaw Clinic, Berkman Klein Center for Internet & Society, Harvard University, June 2016, 4–9, https://dash.harvard.edu/handle/1/27410234。

33. 参阅 Elana Zeide, "Student Privacy Principles in the Age of Big Data: Moving beyond FERPA and FIPPS," *Drexel Law Review* 8 (2016): 374。

34. 参阅 Ritvo, *Privacy and Student Data*, 3。

35. 参阅 Leah Plunkett, Alicia Solow-Niederman, and Urs Gasser, "Framing the Law and Policy Picture: A Snapshot of K–12 Cloud-Based Ed Tech and Student Privacy in Early 2014," Berkman Center Research Publication no. 2014-10, Berkman Klein Center for Internet & Society, Harvard University, June 4, 2014, 12–15, SSRN, https://papers.ssrn.com/sol3/papers.cfm?abstract_id=2442432##。

36. 参阅 Zeide, "Student Privacy Principles," 356。

37. 参阅 Joel Reidenberg et al., *Privacy and Cloud Computing in Public Schools*, Center on Law and Information Policy, book 2 (2013), 21, http://ir.lawnet.fordham.edu/clip/2。

38. "在实践中……《家庭教育权利与隐私法案》建立起一整套制度，在此框架之下［教育］机构而非个人对学生隐私进行管理。"参阅 Zeide, "Student Privacy Principles," 123。

39. 参阅 Ritvo, *Privacy and Student Data*, 7。

40. 参阅 Plunkett, Solow-Niederman, and Gasser, "Framing the Law and Policy," 12–14。

41. 参阅 N. Cameron Russell et al., "Transparency and the Marketplace for Student Data," *Virginia Journal of Law and Technology* 3(2019): 113–148, https://www.fordham.edu/info/23830/research/10517/transparency_and_the_marketplace_for_student_data/1。在对本研究调查给出回应的学校中，没有一所学校说他们"将学生信息提供或出售给了数据经纪公司（或任何其他第三方），以用于营销活动"（第18页）。但是，如果学校没有与服务提供商直接开展协商，没有签署合同并监督合同的实施就直接使用他们提供的数字服务，那么他们就不可能知道数据使用的最新情况，或者说无法准确监控学校在给商家提供什么样的信息，以及服务提供商拿这些信息在做什么。 福特汉姆法律和信息政策研究中心（Center on Law and Information Policy，简称CLIP）之前的一个项目对覆盖全国的学区样本进行了研究，结果发现，基于云处理的"教育技术的数据传输条款，各学区很少能够进行有效掌控"。参阅 Reidenberg et al., *Privacy and Cloud Computing in Public Schools*, 24。

42. 档案编号：20 U.S.C.A. § 1232h (West 2018)。另请参阅 Lynn M. Daggett, "Student Privacy and the Protection of Pupil Rights Act as Amended by No Child Left Behind," *U.C. Davis Journal of Juvenile Law & Policy* 12 (2008): 55。

43. 参阅 Ritvo, *Privacy and Student Data*, 16。

44. 参阅 Ritvo, 18。

45. 参阅 Ritvo, 20。

46. 想要对奥威尔的观念做更为深入的了解，参阅 Richard A. Epstein, "Does Literature Work as Social Science? The Case of George Orwell," *University of Colorado Law Review* 73 (2002): 987–1011。

47. 具体实例，参阅美国国家公共电台的 Terry Gross 对 Frances Jensen 所做的采访，*Fresh Air*, NPR, April 15, 2016, http://www.npr.org/2016/04/15/474348291/why-teens-are-impulsive-addiction-prone-and-should-protect-their-brains。其中说道："我们对青少年思考问题的局限性和不利方面讨论得很

多……他们缺乏洞察力和判断力……但是……对青少年来说，这却是人生中非常精彩的一段时光……因为他们大脑突触的可塑性得到了加强……他们可以学习得更快。"

48. 参阅 Henry L. Roediger and Bridgid Finn, "Getting It Wrong: Surprising Tips on How to Learn," *Scientific American*, October 20, 2009, https://www.scientificamerican.com/article/getting-it-wrong。Roediger 和 Finn 总结了研究成果，结果显示"如果学生们的环境是允许犯错的，那么学习效果会更好"。

49. 具体参阅 Julie Lythcott-Haims, *How to Raise an Adult: Break Free of the Overparenting Trap and Prepare Your Kid for Success* (New York: Henry Holt, 2015), excerpted at *MindShift* (podcast), KQED, June 9, 2015, https://ww2.kqed.org/mindshift/2015/06/09/what-overparenting-looks-like-from-a-stanford-deans-perspective。Haims 援引斯坦福大学一位前任院长的观点："我们人类需要经历一番风雨才能挺过人生道路上出现的更大挑战……（他疑惑）为什么养育子女的方式会从原来让孩子为生活做好准备转变为保护孩子**免受**生活的伤害"。

50. 在"高特案"（Gault）这起涉及少年犯权利且富有开创意义的案件中，美国高等法院对少年司法制度的历史进行了梳理，结果发现创建这项制度的改革者们"首要的动机和最富启发性的冲动"基于这样一种理念："涉案孩童将接受'矫正治疗'以达到'康复'目的，整个过程……是'诊疗'而不是惩罚"。卷宗编号：387 U.S. 1, 17 (1967)。

51. 例如，在 Laurence Steinberg 和 Elizabeth Cauffman 合作完成的文章中，他们如此评论："具有讽刺意味的是，正是这些青春期［动态］发展的特征引起了发展心理学家的浓厚兴趣，同时也让政策制定者和法律从业者感到困惑。"参见 Laurence Steinberg and Elizabeth Cauffman, "The Elephant in the Courtroom: A Developmental Perspective on the Adjudication of Youthful Offenders," *Virginia Journal of Social Policy and the Law* 6 (1999): 393。

52. 这一说法源自 Fred Rogers。凭借其经典电视节目《罗杰斯先生的邻居》，Rogers 成为儿童成长与娱乐领域举足轻重的人物。进一步了解有关儿童期工作的讨论请参阅 Deborah Farmer Kris, "Creative Play: The Real Work of Childhood," Expert Tips & Advice, PBS Parents, February 22, 2016, http://www.pbs.org/parents/expert-tips-advice/2016/02/creative-play-real-work-childhood。

53. Dailey 和 Rosenbury 认为在促进孩子开展游戏方面，父母之外的监护人比父母做得更好，因为他们聚焦于"孩子们的需求和能力方面的不足"。参见 Dailey and Rosenbury, "The New Law," 1487。

54. "［在后'9·11'时代］随着美国社会因素的重组，这个国家已经转变成一个惩罚性的国家，青少年成了隐藏的敌人。"参见 Henry A. Grioux, *Youth in a Suspect Society: Democracy or Disposability* (New York: Palgrave Macmillan, 2009), 72。"关于'新监视'的'［社会学学术］文献'在与日俱增……'新监视'将新的人口群体（不仅仅是'官方认定的行为不端者'）置于他人'严密的监视'之下……这是［通过］发生在个人关系和社会关系中那些已经成为我们日常生活一部分的具体实践而实现的。"参阅 Margaret K. Nelson, "Watching Children: Describing the Use of Baby Monitors on Epinions.com," in *Who's Watching: Daily Practices of Surveillance among Contemporary Families*, ed. Margaret K. Nelson and Anita Ilta Garey (Nashville: Vanderbilt University Press, 2009), 220–221。实际上，"监控已经成为互联网的商业模式"。参见 Bruce Schneier, "Snoops May Soon Be Able to Buy Your Browsing History. Thank the US Congress," *The Guardian*, March 30, 2017, https://www.schneier.com/essays/archives/2017/03/snoops_may_soon_be_a.html。

55. "对孩童实施的监控已经在语言层面转换成有关安全、保护和关爱的表述。"参见 Benjamin Shmueli and Ayelet Blecher-Prigat, "Privacy for Children," *Columbia Human Rights Law Review* 42

(2011): 760。针对青少年司法系统中潜在的"保护冲动"的探讨，参阅 Kevin Lapp, "Databasing Delinquency," *Hastings Law Journal* 67 (2015): 207；另请参阅 Nelson, "Watching Children," 221。后者说道，"监控不只是威胁，同时也在提供保护"；Nelson 指出"［家里］使用这些［监控］技术的一大特点是如何在关爱和控制之间找到平衡"，这需要更进一步开展学术研究，这种研究与家庭之外的空间也有关联。

56. 参阅 Anita Ilta Garey, "'Nested Responsibility' and the Monitoring of Children and Parents in Family Court," in *Who's Watching: Daily Practices of Surveillance among Contemporary Families*, ed. Margaret K. Nelson and Anita Ilta Garey (Nashville: Vanderbilt University Press, 2009)。Garey 分析了政府如何"干预［家庭生活］……从而保护其他人免受孩童的伤害；同时保护孩童对自己造成伤害"（第 19 页）。

57. "监控已经成为值得称道的育儿实践。"参见 "Privacy for Children," 760。

58. "老师们越来越多地依赖学生行为监控软件，不仅限于落实学校纪律，而且也会用软件对学生的生活进行追踪。"参见 Adriene Hill, "A Day in the Life of a Data Mined Kid," *Marketplace*, NPR, September 15, 2014, https://www.marketplace.org/2014/09/15/education/learning-curve/day-life-data-mined-kid。对学生监控的范围持续扩张，有关这方面的法律分析请参阅 Emily F. Suski, "Beyond the Schoolhouse Gates: The Unprecedented Expansion of School Surveillance Authority under Cyberbullying Laws," *Case Western Reserve Law Review* 65 (2014): 63–119。"可以说，大多数州的网络霸凌法赋予学校无限（或者几乎不受限制的）权力，可以随时随地对学生的在线行为和电子活动进行电子监控"（第 67 页）。

59. "刑事司法系统收集了大量有关青少年的信息。"参见 Lapp, "Databasing Delinquency," 208。

60. "在这一特定的历史时期……人们采用技术实施监控（以及侵犯

晒娃请三思

他人隐私）的可能性大大增加，这是以前人们从未想过的。"参见 Margaret K. Nelson and Anita Ilta Garey, "Who's Watching? An Introductory Essay," in *Who's Watching: Daily Practices of Surveillance among Contemporary Families*, ed. Margaret K. Nelson and Anita Ilta Garey (Nashville: Vanderbilt University Press, 2009), 1。

61. 监视工具可能就"隐藏"在眼皮子底下。例如，通过你的手机获取的位置数据"非常有价值，以至于手机公司目前在出售这些数据，卖给数据经纪公司，数据经纪公司转手又卖给任何愿意购买的人员。"参见 Bruce Schneier, *Data and Goliath: The Hidden Battles to Collect Your Data and Control Your World* (New York: Norton, 2015), 3。

62. 实际上，小猴子有着强烈的好奇心，尤其是那只现象级的、名叫 George 的小猴子。请登录如下网站观看小猴 George 的历险：http://www.pbs.org/parents/curiousgeorge。

63. 例如，学校会针对学生顽固不化的不良行为或危险行为做出回应。数字教育技术供应商 ABE 系统宣称，目前有 484,902 名学生在"使用 ABE（Alternative Behavior Education，可替代行为教育系统）接受管理"。参见 ABE 系统主页，2017 年 8 月 19 日登录，http：//www.abesystems.com。ABE 系统具有一项功能，"每个学生都会收到［以数字形式发送的］个性化的学习模块，这些模块会基于 50 多种针对性极强的行为模式（例如打架斗殴、滥用毒品或不尊重他人）自动分配给学生"。对于前两类行为模式，系统分配的任务直截了当，而针对第三类行为模式则不然。参见 ABE 系统主页，最近一次登录于 2017 年 8 月 19 日，http://www.abesystems.com/mid-high-school.php。

64. "学校不只是与执法机构分享学生的个人行为信息。有报道称，学校还将学生档案分享给刑事司法部门以外的政府机构，比如移民执法局。"参见 Lapp, "Databasing Delinquency," 215。

65. 有关"少年违法行为"的定义，参阅 Office of Juvenile justice and Delinquency Prevention, "Glossary," Statistical Briefing Book, https://www.ojjdp.gov/ojstatbb/glossary.html。

66. 美国司法统计局表示，"总体上，司法部门只对那些被控犯有相当严重罪行的青少年提起刑事诉讼：如谋杀、抢劫，以及性质恶劣的攻击。"参阅司法统计局官方网站"司法规划办公室"项下"青少年被告"一栏：https://www.bjs.gov/index.cfm?ty=tp&tid=236。

67. Lapp, "Databasing Delinquency," 212–213.

68. "虽然黑人学生只占入学总人数的 16%，但是被转交给执法部门的学生中黑人学生占了 27%，因违反校纪校规而遭到逮捕的学生中黑人学生占了 31%……尽管残疾学生只占学生总数的 12%，但是被转交给执法部门的学生中残疾学生占了 25%……"参见 U. S. Department of Eolueation office for Civil Rights, *Data Snapshot: School Discipline*, March 2014, https://ocrdata.ed.gov/downloads/crdc-school-discipline-snapshot.pdf。"越来越多的研究发现，从学校到监狱这条渠道也在影响女同性恋、男同性恋、双性恋和跨性别（LGBT）群体的青少年。"详情参见 "Dropout, Push-Out, and the School-to-Prison Pipeline," GLSEN, https://www.glsen.org/article/dropout-push-out-and-school-prison-pipeline。

69. "CRDC（美国教育部民权数据收集中心）数据显示，2011—2012 学年里，学校将大约 260,000 名学生转交给了执法部门，大约 92,000 名学生在校园里被捕。"参阅 Sarah E. Redfield and Jason P. Nance, *School-to-Prison Pipeline: Preliminary Report*, American Bar Association, February 2016, 14, https://www.americanbar.org/content/dam/aba/administrative/diversity_pipeline/stp_preliminary_report_final.authcheckdam.pdf。

70. Lapp 认为，"学校将青少年的常态行为升格为犯罪。"参见 Lapp, "Databasing Delinquency," 212–213。

71. "一旦［学校］对学生如此处分，学生沿着这条渠道走向监狱的可能性反而会大幅度增加。"参阅 Redfield and Nance, *School-to-Prison Pipeline*, 23。

72. "脱离学校造成的后果直接对学生不利，其影响可能愈演愈烈，形成恶性循环。"参阅 Redfield and Nance, *School-to-Prison Pipeline*,

　　　　　　　　　　　　　　　　　　晒娃请三思

22。

73. 法官的确可以酌情处理，在少年犯的司法判决中融入特定类型的教育内容，要求少年犯完成这部分教育内容。例如，弗吉尼亚州的一名法官最近下令，那些对"具有历史意义的黑人校舍"造成破坏的少年犯们，"在接下来的 12 个月中，每月都要阅读一本书，并且撰写读书报告……［这些书］必须是对历史上分裂最严重的悲剧时期进行探究的书籍"。参阅 Christine Hauser, "Teenagers Who Vandalized Historic Black Schoolhouse Are Ordered to Read Books," *New York Times*, February 8, 2017, https://www.nytimes.com/2017/02/08/us/black-school-racist-sexist-graffiti.html。这样的案件处理方式成为全国性的新闻，恰恰表明这不是常规而是特例。

74. "改造"是少年司法体系设计的核心。参见 Gault 案件，卷宗编号：387 U.S. at 14。

75. 美国最高法院已经认识到，"改造"的初衷与现实之间可能存在巨大差距："少年法庭的历史已经……证明［法官］不受约束的酌情处理——无论出于多么仁慈的动机，通常都不能很好地替代原则和程序。"参见 Gault 案件，卷宗编号：387 U.S. at 18。

76. 笔者曾在新罕布什尔州代表少年客户处理过案件。新罕布什尔州的少年犯罪处罚条文便是一例，可以说明法院强制要求"服务、安置和改造项目"所涉及的广阔范围。详情参阅文献编号：N.H. Rev. Stat. Ann. §§ 169-B:19, 169-B:21; N.H. Cit. Ct. Fam. Div. R. 3.6。

77. 例如，在新罕布什尔州，处于假释和缓刑警官（Juvenile Parole and Probation officer，JPPO）监督之下的少年犯必须"保持良好的行为，不能再次犯罪被捕，要遵守所有法律，并与父母或监护人一直保持合作"。文献编号：N.H. Cit. Ct. Fam. Div. R. 3.6(b)。一直与父母保持合作，这对于孩童或少年而言要求太高。

78. 国家资源再利用中心（the National Reentry Resource Center）提供的指南，鼓励与少年司法系统合作的利益攸关方摆脱少年司法系统中存在的一个普遍问题："依靠限制性的监督措施不能促进公共安全，也不能促成青少年的行为朝着积极的方面发展，反而会造成少年犯'改造'项目预算的大幅度增加。"参见 Elizabeth Seigle, Natassia Walsh, and Josh Weber, *Core Principles for Reducing Recidivism and Improving Other Outcomes for Youth in the Juvenile Justice System* (New York: Council of State Governments Justice Center, 2014), 7, https://csgjusticecenter.org/wp-content/uploads/2014/07/Core-Principles-for-Reducing-Recidivism-and-Improving-Other-Outcomes-for-Youth-in-the-Juvenile-Justice-System.pdf。

79. 这个在硅谷非常流行的说法用在这里倒是很贴切。具体实例可参阅 Dominic Basulto, "The New #Fail: Fail Fast, Fail Early and Fail Often," *Washington Post*, May 30, 2012, https://www.washingtonpost.com/blogs/innovations/post/the-new-fail-fail-fast-fail-early-and-fail-often/2012/05/30/gJQAKA891U_blog.html。

80. 可悲的是，即使对于最需要保护的孩子，我们似乎也是这样对待他们的："美国最庞大的儿童收养系统在各县设立的收容所本该成为孩子们的庇护所，他们原本是从不安全的家庭里安置过来的。然而，《旧金山纪事报》的一项研究发现，儿童收容所将数百名儿童（其中一些孩子年仅 8 周岁）送入少年刑事司法系统，而他们所犯的错误并不是非常严重的大罪"。参阅 Karen de Sá, Joaquin Palomino, and Cynthia Dizikes, "Dubious Arrests, Damaged Lives: How Shelters Criminalize Hundreds of Children," *San Francisco Chronicle*, May 18, 2017, http://projects.sfchronicle.com/2017/fostering-failure。

81. "也许你听说过塔米尔·赖斯（Tamir Rice）案。你也许心里在纳闷，一个带着玩具枪在操场上玩耍的 12 岁男孩遭到警察的枪杀，还有执法录像为证，怎么就没有任何人员遭到指控？"参见 Sean Flynn, "The Tamir Rice Story: How to Make a Police Shooting Disappear," *GQ*, July 14, 2016, https://www.gq.com/story/tamir-rice-story。

晒娃请三思

82. 有人对华盛顿州初审法院的判决提出批评，认为"发送具有明显色情意味自拍照的少年是自身色情行为的受害者"。参阅 Amy Roe, "Teens Who Engage in 'Sexting' Should Not Be Prosecuted as Sex Offenders," *Speak Freely* (blog) ACLU, April 19, 2017, https://www.aclu.org/blog/privacy-technology/teens-who-engage-sexting-should-not-be-prosecuted-sex-offenders。就登记备案而言，心理学和犯罪学专家认为，要求性犯罪者登记的做法对于发送色情消息和类似活动的青少年没有威慑意义，因为"某些需要登记备案的非暴力性犯罪被认为是青少年发育过程中出现的常见行为（例如，年龄相近的同龄人之间彼此出于自愿的性行为，发送明显带有色情意味的消息或称'色情短信'）"。参见 Cynthia J. Najdowski, Hayley Cleary, and Margaret Stevenson, "Adolescent Sex Offender Registration Policy: Perspectives on General Deterrence Potential from Criminology and Developmental Psychology," *Psychology, Public Policy, and Law* 22 (2016): 115。

83. 哪些行为应当算作年轻人开展的具有游戏性质的探索，而哪些行为应当由权威机构加以规范，在这两类行为之间还没有非常清晰的界限。例如，2015 年耶鲁大学发布了万圣节服装指南，目的就是避免学生选择的着装对少数族裔或其他边缘群体造成冒犯或惊吓。有些学生对学校的干预感到不满，另外一些学生则对一位教员的回应表示"愤慨"，因为这位教员"基于她的学识和职业经历……呼吁全体师生基于知识（儿童的早期发育及游戏的重要性）来考虑这一争议；即便有人已经这样思考过，那也为数不多"。参见 Conor Friedersdorf, "The New Intolerance of Student Activism," *The Atlantic*, November 9, 2015, https://www.theatlantic.com/politics/archive/2015/11/the-new-intolerance-of-student-activism-at-yale/414810。

84. 阅读马克·吐温的这部作品请登录网站：http://www.gutenberg.org/ebooks/76。

85. "'孤儿专列'一词最早出现于 1854 年，用来描述儿童离开家园，乘坐火车去外地。"参阅 Rebecca S. Trammell, "Orphan Train Myths and Legal Reality," *The Modern American* 5 (Fall 2009): 4。

86. 有些孩子实际上根本不是孤儿。参阅 Trammell, "Orphan Train Myths," 5。

87. "年龄较大的男孩希望他们的劳动能够得到酬金。"参见 Trammell, "Orphan Train Myths," 5–6。

88. 在那个时代，对于"孤儿专列"的孩子和其他孩子而言，"童工是生活中的现实情况"，但是"许多［乘坐孤儿专列外出打工的孩子］在农场上被当作严格意义上的奴隶使用。"参见 Dan Scheuerman, "Lost Children: Riders on the Orphan Train," *Humanities*, November/December 2007, https://www.neh.gov/humanities/2007/novemberdecember/feature/lost-children-riders-the-orphan-train。

89. 甚至在孩子成年之后这种做法依然延续。参见 Noam Scheiber, "When Helicopter Parents Hover Even at Work," *New York Times*, June 21, 2017, https://www.nytimes.com/2017/06/21/business/millennial-work-parent-lavar-lonzo-ball.html。

90. 一个极具说服力的例子是，根据麦肯锡数据分析中心的估计，"在教育领域加大使用学生数据［这会影响学生、家长、学校和其他选区的民众］，可以释放出 9000 亿至 1.2 万亿美元的全球经济价值。"参见 Michael Chui and Jimmy Sarakatsannis, "Protecting Student Data in a Digital World," McKinsey & Company, April 2015, http://www.mckinsey.com/industries/public-sector/our-insights/protecting-student-data-in-a-digital-world。

91. 许多利益攸关方已经在采用某种近似于"西部荒野"的描述来表述他们的观察和见解。比如 Eric T. Schneiderman (then attorney general of New York), "Taming the Digital Wild West," *New York Times*, April 22, 2014, https://www.nytimes.com/2014/04/23/opinion/taming-the-digital-wild-west.html。Schneiderman 建议，"网络空间的'牛仔'［数字公司］要意识到，与治安官通力合作

晒娃请三思

不仅对开展业务有利，同时也是他们正确的抉择”。

92. “在加入美国劳动大军或为美国劳动力做贡献方面，青少年面临诸多挑战……［而且］已经建立的联邦和各州的童工标准限制了青少年的参与，使他们不能为他人工作。”参见Jason M. Gordon, "A Shield of Disadvantage: Legal Entity Status within Guardian-Adolescent Entrepreneurial Ventures," *Ohio State Entrepreneurial Business Law Journal* 9 (2014): 5。

93. 了解联邦层面关于童工的法律法规信息，请登录美国劳工部官方网站：US Department of Labor, "Child Labor," Wage and Hour Division, https://www.dol.gov/whd/childlabor.htm。

94. 如果未成年人确实签订了合同，大多数情况下，“签约的未成年人可以在成年之前的任何时间或成年之后的合理时间内废止该合同”。参阅 Lapp, "Databasing Delinquency," 203。

95. Irwin Reyes et al., "Won't Somebody Think of the Children? Examining COPPA Compliance at Scale," *Proceedings on Privacy Enhancing Technologies* (Barcelona: Privacy Enhancing Technologies Symposium, 2018), 63, https://petsymposium.org/2018/files/papers/issue3/popets-2018-0021.pdf.

96. 对于这种规定仅存在非常有限的一些例外情况。有关《儿童在线隐私保护法案》的总体讨论请参阅 Ritvo, *Privacy and Student Data*, 12–17。

97. Ritvo, 9, 13.

98. Reyes et al., "Think of the Children," 65.

99. David R. Hostetler and Seiko F. Okada, "Children's Privacy in Virtual K–12 Education: Virtual Solutions of the Amended Children's Online Privacy Protection Act (COPPA) Rule," *North Carolina Journal of Law & Technology Online Edition* 14 (2013): 176.

100. 卷宗编号：16 C.F.R. § 312 (2013)。

101. Hostetler and Okada, "Children's Privacy in Virtual K–12 Education," 168.

102. Hostetler and Okada, 168.

103. 参阅 Chris Jay Hoofnagle and Jan Whittington, "Free: Accounting for the Costs of the Internet's Most Popular Price," *UCLA Law Review* 61 (2013): 606–670。"目前，消费者身处灰色地带……他们并未为享有的服务支付任何费用，因此只能指望一分钱拿到一分货"（第 611 页）。

104. 总体说来，没有一蹴而就的办法可以界定什么是"雇主"："由于［公平劳动标准法案］的法律条文在语言上存在前后指涉，因此定义［员工和雇主］这些术语的任务基本上留给法院来完成。"参阅 Kimberlianne Podlas, "Does Exploiting a Child Amount to Employing a Child? The FLSA's Child Labor Provisions and Children on Reality Television," *UCLA Entertainment Law Review* 17 (2010): 51。

105. 参见美国劳工部文件：US Department of Labor, "Employment by Parents," Youth & Labor, www.dol.gov/general/topic/youthlabor/employmentparents。

106. 即美国劳工部的法案。

107. Les A. Schneider and J. Larry Stine, *Wage and Hour Law: Compliance and Practice* § 14:28 (2018).

108. Podlas, "Does Exploiting a Child," 69.

109. 在某些州的劳工法已经将真人秀电视节目纳入其法律框架，同时州级部门也拥有对真人秀的调查权。具体实例参阅美联社消息报道：Associated Press, "'Jon & Kate' under Investigation," *Hollywood Reporter*, May 29, 2009, https://www.hollywoodreporter.com/news/jon-amp-kate-investigation-84713。

110. 这些州一级的法律可能更多是为了保护与儿童演员合作的成年人。另请注意，这些法规的原初版本是根据儿童演员 Jackie Coogan 命名的。Jackie Coogan 的父母侵占了他从拍摄电影（如《汤姆·索亚历险记》）中得到的收入。参阅 Ethan Bordman, "Are You Ready for Your Close-Up? You May Face Entertainment Law Issues, Regardless of Your Practice Area," *New York State Bar Journal* 84-Sep (September 2012): 41。

111. Glenda K. Harnad, Employment of Minors § 5:46, in vols. 19–21A, *Employment and Labor Relations*, of *Summary of Pennsylvania Jurisprudence*, 2nd ed. (2018).

112. 卷宗编号：Harnad, § 5:46。

113. 卷宗编号：43 Pa. Stat. Ann. § 40.5。

114. 在商业晒娃领域中，知识产权法似乎为孩子们提供了另一种维权途径。孩子们可以主张拥有自己的肖像权和他们的创造性成果，从而掌控父母针对孩子的信息所做的抉择。不过，这种途径成功的希望不是很大，特别是当他们还未成年人时。孩子们自己压根儿不是什么名人，不能像其他成年专业人士那样拥有自己的团队，以帮助他们解决该领域内存在的棘手问题。即便是童星，鉴于法律赋予父母代表子女的权利，父母在整个决策过程中发挥着核心作用，因此这种维权途径也就很难成功。该领域的一个著名案例是模特出身的女演员 Brooke Shields 在成年后提起的诉讼，她的要求是禁止使用孩童时期（在母亲的同意下）拍摄的她的裸照。纽约州的最高法院驳回了她的请求，因为该州的成文法当初已经授权她母亲签订了该合同。签订合同或者以后取消该合同的权利不属于 Shields 本人。参阅 Shields 起诉 Gross 案，卷宗编号：58 N.Y. 2d 338（N.Y. 1983）。

115. 参阅 PCAST, *Big Data and Privacy*, 19。该文献说大数据"在可以处理的数据量和种类方面都很庞大……［而且］分析的规模也非常庞大"。

116. 实例参阅 *The Digital Campus: Big Data*, Chronicle of Higher Education, April 5, 2017, at http://www.chronicle.com/specialreport/The-Digital-Campus-Big-Data/105。这份专题报告详细探讨了高等教育机构面临的诸多问题，包括"大学校园里［易受犯罪分子攻击的数据隐私］……在过去的几年里，大学校园不断受到……具备专业化和产业化能力的黑客组织的攻击"。参阅 Lee Gardner, "Keeping Up with the Growing Threat to Data Security," special report, Chronicle of Higher Education, April 9, 2017。

117. 具体参见 Neil M. Richards and Jonathan H. King, "Big Data

Ethics," *Wake Forest Law Review* 49 (2014): 398–399。Richards 和 King 探讨了大数据不断扩张的局面，包括工业领域和政府部门的实例。

118. 参阅 Richards and King。

119. 在"事先告知和征得同意"的运行机制之下，用户通常会让数字服务供应商拿到他们的数据。这种机制"恰恰被大数据带来的好处所击败，即被那些新出现的、并非显而易见、往往出乎人们意料的强大的数据用途所击败"。参见 PCAST, *Big Data and Ethics*, 38。

120. 教育工作者对于青少年通过"智能手机和社交媒体"分享死亡细节而引发"集体自杀"感到震惊。参阅 Hanna Rosin, "The Silicon Valley Suicides," *The Atlantic*, December 2015, https://www.theatlantic.com/magazine/archive/2015/12/the-silicon-valley-suicides/413140。

121. "近期的评估显示，对于 Google 公司而言，数据创造的年价值是每位消费者 50 到 5,000 美元；对于 Facebook 公司而言，其价值是每位消费者 45 到 190 美元。"参阅 Strahilevitz and Kugler, "Privacy Policy Language," S79。

122. 参阅 Scott Goodson, "If You're Not Paying for It, You Become the Product," *Forbes*, March 5, 2012, https://www.forbes.com/sites/marketshare/2012/03/05/if-youre-not-paying-for-it-you-become-the-product。"你和多家公司一次次达成的交易是用监控换取他们的免费服务。"参见 Schneier, *Data and Goliath*, 5。

123. 参阅 Leah Plunkett, "Pay Your Own Way Government Has a Body Count," *Huff Post* (blog), June 16, 2014, http://www.huffingtonpost.com/leah-plunkett/pay-your-own-way-governme_b_5500172.html。

124. 参阅 Leah Plunkett, "Captive Markets," *Hastings Law Journal* 65 (2013): 61–63。

125. 关于州级公设辩护人费用偿付的总体说明，参阅 Kate Levine, "If You Cannot Afford a Lawyer: Assessing the Constitutionality of Massachusetts's Reimbursement Statute," *Harvard Civil Rights-*

Civil Liberties Law Review 42 (2007): 192–193。

126. 参阅 Plunkett, "Captive Markets," 84–86。

127. 参阅 Plunkett, 101–102。

128. 参阅 Peppet, "Regulating the Internet of Things," 106–108（汽车保险实例）; Darrell M. West, "How Digital Technology Can Reduce Prison Incarceration Rates," *Brookings Institute*, March 31, 2015, https://www.brookings.edu/blog/techtank/2015/03/31/how-digital-technology-can-reduce-prison-incarceration-rates（司法系统监控实例）。

129. 进一步了解该广告使用的策略请参阅 Kevin Allen, "Win the Pitch: Tips from MasterCard's 'Priceless' Pitchman," *Harvard Business Review*, May 8, 2012, https://hbr.org/2012/05/mastering-the-art-of-the-pitch。

第六章

1. Avi Selk, "Terrorists Are Building Drones. France Is Destroying Them with Eagles," *Washington Post*, February 21, 2017, https://www.washingtonpost.com/news/worldviews/wp/2017/02/21/terrorists-are-building-drones-france-is-destroying-them-with-eagles.

2. 针对许多"[有关青少年和数字生活的]问题，常识往往会引导人们找到令人惊叹的很棒的答案"。参见 John Palfrey and Urs Gasser, *Born Digital: How Children Grow Up in a Digital Age*, rev. ed. (New York: Basic Books, 2016), 11。

3. "许多父母甚至在孩子出生之前就开始为孩子建立公开的数字档案，但是研究表明，他们尚未考虑在网上透露孩子的信息意味着什么，其中就包括隐私风险和安全问题。"参见 Deborah Lupton and Ben Williamson, "The Datafied Child: The Dataveillance of Children and Implications for Their Rights," *New Media & Society* 19 (2017): 788。研究人员也身处类似的情形，因为"研究互联网的学者才刚刚开始面对数字时代儿童权利的问题"（第 789 页）。

4.　参见 "The Creativity Compass," *Joi Ito* (blog), July 30, 2013, https://joi.ito.com/weblog/2013/07/30/the-creativity.html。

5.　这些原则及相关原则非常复杂，在从法律角度探讨隐私的整个学术研究领域，它们之间有时会产生激烈的抵牾。出于本书的写作目的——即在比较宽泛的意义上开展对话，对于从法律角度展开的所有学术争论本书不会全面探讨，而是有选择地加以借鉴，从而让讨论能够从这些原则固有的分量和内在机理中受益。

6.　例如，中国已经致力于建立所谓"覆盖整个社会的信用体系"。该体系的目标是"到 2020 年，借助来自公共和私人渠道的数据支撑起的个人档案，每个中国公民的信用度都可加以追踪。同时，这些档案可以通过指纹和其他生物特征进行搜索。"参见 Mara Hvistendahl, "You Are a Number," *Wired*, January 2018, http://contentviewer.adobe.com/s/Wired/5857345fd35d4d1f9a1f00273013f68a/WI0118_10_Folio/5010_2601FF_socialcredits.html。学者 Rachel Botsman 在对这一信用制度进行分析时指出："一方面，几乎可以肯定社会信用制度能够促使人们更加诚信地做事，遵守规则。另一方面，这是一种令人极度不安的声誉经济学，它让政府对他们认定为好的和坏的行为具备前所未有的掌控力。"参阅 Rachel Botsman, *Who Can You Trust? How Technology Brought Us Together and Why It Might Drive Us Apart* (New York: Hachette Book Group, 2017), 170。Danielle Keats Citron 和 Frank Pasquale 认为："尽管预测型算法可能还没有被用来在全国范围内对高中生进行排名……但正被越来越多地应用于生活的方方面面，对人们进行评价。"参阅 Danielle Keats Citron and Frank Pasquale, "The Scored Society: Due Process for Automated Predictions," *Washington Law Review* 89 (2014): 2。

7.　参阅 Craig Lambert, "Universal Tennis Rating Is a New System for Grading Tennis Players," *Sports Illustrated*, October 6, 2015, https://www.si.com/tennis/2015/10/06/universal-tennis-rating-boston-open。

8.　蚂蚁金服是得到中国政府批准的，可以"开发自己的私人信用评

晒娃请三思

分平台"的公司之一。蚂蚁金服已经在使用学生数据进行信用评分。"2015 年 6 月，940 万中国青少年参加了竞争激烈的全国高考……蚂蚁金服希望获得一份作弊学生名单，让作弊行为成为这些学生芝麻信用［社会信用］记录中的污点。"参见 Hvistendahl, "You Are a Number"。Palfrey 和 Gasser 两位教授警告："强大的公司对年轻人的数据进行详细收集和分析，这将影响年轻人能上哪所学校，可以获得什么样的贷款，以及他们要支付多少金额的健康保险或汽车保险，如此等等。距离这样的世界我们只有一步之遥。"参见 Palfrey and Gasser, *Born Digital*, 61。

9. N. Cameron Russell et al., "Transparency and the Marketplace for Student Data," *Center on Law and Information Policy* 4 (2018), https://www.fordham.edu/info/23830/research/10517/transparency_and_the_marketplace_for_student_data/1.

10. Russell et al., 21.

11. Russell et al., 22–23.

12. 用于预测危险的应用软件呈现出对非洲裔美国人的敌意。参阅 Julia Angwin et al., "Machine Bias," *ProPublica*, May 23, 2016, https://www.propublica.org/article/machine-bias-risk-assessments-in-criminal-sentencing。

13. "如果我们希望自己的孩子珍惜我们与他们在一起的时光，我们就要给孩子做个好榜样，而不仅仅因为目前我们没有更为有趣或更为紧迫的电话（或电子邮件）要回复，才与他们待在一起。"参见 Lynn Schofield Clark, *The Parent App: Understanding Families in the Digital Age* (New York: Oxford University Press, 2013), 219–220。

14. Jenny S. Radesky et al., "Patterns of Mobile Device Use by Caregivers and Children during Meals in Fast Food Restaurants," *Pediatrics* 133, no. 4 (April 2014): e844, http://pediatrics.aappublications.org/content/early/2014/03/05/peds.2013-3703.

15. 参阅 Leah Plunkett, "Punishing Students for Gadget Use Will Make Their Tech Etiquette Worse," *Wired*, March 19, 2014, https://

www.wired.com/2014/03/zero-tolerance。

16. Julie Cohen 认为，隐私与各个年龄段的人都紧密相连，并且解释说，"处于某种环境下的主体［即存在于各种关系网络中的人们］都在有意识地实践某种具有游戏特征的主体性。日常实践都极具创造性，因为人们每天都在应对（或回击）遇到的各种制度、文化和物质方面的约束"。参见 Julie Cohen, "What Privacy Is For," *Harvard Law Review* 126 (2013): 1910。Cohen 还把"家"的概念与游戏的重要性联系在了一起。无论是在法律层面还是在实用层面，建构"家"的概念在年轻人的生活中具有非常重大的意义——尽管 Cohen 并没有将关注的焦点放在年轻人这一群体之上。Cohen 分析说："在信息联网的时代，一种切实可行的隐私理论必须考虑'家庭隐私'在多大程度上可以作为文化上的便捷手段，使它为更广泛意义上的隐私提供服务，以防止信息泄露……我们可以设想这样一个私人空间：这里允许（某种程度上）不受限制的身体和智力活动……从而为极其重要且具有游戏特征的主体性提供发展空间。"参阅 Julie E. Cohen, *Configuring the Networked Self: Law, Code, and the Play of Everyday Practice* (New Haven: Yale University Press, 2012), 142–143。

17. 参阅 Melanie Thernstrem, "The Anti-Helicopter Parent's Plea: Let Kids Play!," *New York Times*, October 19, 2016, https://www.nytimes.com/2016/10/23/magazine/the-anti-helicopter-parents-plea-let-kids-play.html。

18. Jonathan Zittrain 在其专著中讨论了互联网"生成性"（generative）的根源。参阅 *The Future of the Internet—and How to Stop It* (Harrisonburg, VA: Caravan, 2008), 7–8。数字技术发展的独特精神在不同发展阶段和背景之下经历了很大的变化。 例如，Franklin Foer 提到"富有牛仔精神的、足智多谋的技术迷……在 1960 和 1970 年代麻省理工学院的实验室里，他们会打破任何困扰着早期计算技术发展的条规。"参见 *World without Mind: The Existential Threat of Big Tech* (New York: Penguin Press, 2017), 57。

19. 参阅 Brad Peters, "The Big Data Gold Rush," *Forbes*, June 21, 2012,

晒娃请三思

https://wwwforbes.com/sites/bradpeters/2012/06/21/the-big-data-gold-rush/#3442bee9b247。

20. 倡导隐私保护的组织已经针对一些严重威胁儿童隐私的数字产品和服务发起了抵制运动，而且取得了成功。其中一例涉及智能玩具娃娃"好友凯拉"（My Friend Cayla）。据报道，这款玩具娃娃会"把［孩子说话的］录音发送给一家软件公司；而这家软件公司向执法部门和军方出售'生物识别解决方案'。参见 Jeff John Roberts, "Privacy Groups Claim These Popular Dolls Spy on Kids," *Fortune*, December 8, 2016, http://fortune.com/2016/12/08/my-friend-cayla-doll。另参阅 Kevin Lapp, "Databasing Delinquency," *Hastings Law Journal* 67 (2015): 249。Lapp 在这篇文章中呼吁，要对收集少年犯罪信息的行为进行限制。

21. 参阅 PCAST, *Big Data and Privacy: A Technological Perspective*, May 2014。奥巴马政府召集了一个涉及多方利益的专家委员会，本报告正是由该委员会提交的。报告建议，隐私保护要把重点放在对数据使用的监管上。

22. 请查看以下两个网站：https://www.youtube.com/yt/kids/ ；https://www.kiddle.co。

23. 参阅 Ethan Zuckerman, "Who Filters Your News? Why We Built Gobo.social," *MIT Media Lab*, November 16, 2017, https://medium.com/mit-media-lab/who-filters-your-news-why-we-built-gobo-social-bfa6748b5944。对于我们在社交媒体上看到的内容，Zuckerman 从总体上讨论了两个问题：为什么我们可以争取更多的所有权，以及我们应该如何争取该项权利。就保护我们在社交媒体上看到的有关孩子们的信息而言，该类服务（或类似服务）能否发挥一定的作用？

24. 参阅 Leah Plunkett and Urs Gasser, "Student Privacy and Ed Tech (K–12) Research Briefing," Berkman Center Research Publication no. 2016-15, Berkman Klein Center for Internet & Society, Harvard University, September 26, 2016, 6–8, https://

cyber.harvard.edu/publications/2016/StudentPrivacyBriefing。本文借鉴了 Gasser 在互联网治理方面的研究，从而确定了可以用于学生隐私空间治理的几套工具。

25. 相比之下，当德国的隐私管理机构确信某款玩偶娃娃在对儿童进行监控，他们表示"不打算对购买玩具娃娃的父母采取法律行动"，这就暗示管理机构可以考虑对这样的做法采取法律行动。参见 Brandon Conradis, "German Regulator Tells Parents to Destroy 'Spy' Doll Cayla," *Deutsche Welle,* February 21, 2017, http://www.dw.com/en/german-regulator-tells-parents-to-destroy-spy-doll-cayla/a-37601577。

26. 参阅《学生在线个人信息保护法案》(*Student Online Personal Information Protection Act*)，档案编号：Cal. Bus. & Prof. Code § 22584 (2014)。

27. Dylan Peterson, "Edtech and Student Privacy: California Law as a Model," *Berkeley Technology Law Journal* 31 (2016): 974. 许多其他各州也开始规范学生数据隐私事务。对这些发展趋势进行分析超出了本书的范围。有关各州法律发展的最新信息，请登录网站 "Data Quality Campaign" 查询：https://dataqualitycampaign.org。

28. 参阅 Elana Zeide, "Student Privacy Principles for the Age of Big Data: Moving beyond FERPA and FIPPS," *Drexel Law Review* 8 (2016): 379。

29. 参阅 Council of Europe, "Recommendation CM/Rec(2018)7 of the Committee of Ministers to Member States on Guidelines to Respect, Protect and Fulfill the Rights of the Child in the Digital Environment," Committee of Ministers, adopted July 4, 2018, https://search.coe.int/cm/Pages/result_details.aspx?ObjectID=09000016808b79f7。

30. 参阅 Council of Europe，前引文献。

31. 参阅 Council of Europe，前引文献。

32. 纽约市的游戏场改革运动"于 1897 得到市政府的官方认可。时任市长威廉·L. 斯特朗（William L. Strong）组织成立'小公园咨询

　　　　　　　　　　　　　　　　　　　晒娃请三思

委员会'"。参见 New York City Parks, "History of Playgrounds in Parks," https://www.nycgovparks.org/about/history/playgrounds。

33. "在 1964 年的《荒野法》中，国会采取了保护荒野地区的政策，以造福现世和后世的美国民众。"参见 National Park Service, "National Park System Timeline (Annotated)," History E-Library, https://www.nps.gov/parkhistory/hisnps/NPSHistory/timeline_annotated.htm。

34. 参阅 Urs Gasser, "Perspectives on the Future of Digital Privacy," *Zeitschrift für Schweizerisches Recht* 134 (2015): 341–342。

35. Tracey Lien, "Tech Workers Pledge to Never Build a Database of Muslims," *Los Angeles Times*, December 14, 2016, http://www.latimes.com/business/technology/la-fi-tn-tech-oppose-muslim-database-20161214-story.html.

36. 具体实例参阅 Britt Faulstick, "A Handshake in a Backpack: Drexel Freshmen among First to Try Out Programmable Packs," *Drexel News Blog* (blog), Drexel University, September 15, 2017, https://newsblog.drexel.edu/2017/09/15/a-handshake-in-a-backpack-drexel-freshmen-among-first-to-try-out-programmable-packs。

37. Mattel, "Mattel Strengthens Leadership Team to Help Drive Transformation Strategy," news release, October 3, 2017, https://news.mattel.com/news/mattel-strengthens-leadership-team-to-help-drive-transformation-strategy.

38. 玩具公司 Toys "R" Us 在 2016 年开发了一款产品，但是由于供应链断裂，只好归入"规模太小且为时已晚"类产品。

39. "Be Internet Awesome," Google, https://beinternetawesome.withgoogle.com/en.

40. Palfrey and Gasser, *Born Digital*, 11.

41. William Shakespeare, *Twelfth Night*, ed. Barbara A. Mowat and Paul Werstine (New York: Washington Square Press, 2004), 1.1.1.

42. 这一挑战并非只限于孩童群体，"挑战越来越难以应对，无法在朝夕之间加以解决。"参见 Bruce Schneier, *Data and Goliath: The*

Hidden Battles to Collect Your Data and Control Your World (New York: Norton, 2015), 150–151。

43.　其他法律学者（同时也是孩子的父母）也注意到，他们青少年时期的"模拟"档案与孩子的数字档案之间存在着巨大差异。参阅 Robert A. Heverly, "Growing Up Digital: Control and the Pieces of a Digital Life," in *Digital Youth, Innovation, and the Unexpected*, ed. Tara McPherson (Cambridge: MIT Press, 2008), 199–200。

44.　参阅 Roger Ebert 撰写的影片剧情概述。请登录网站： https://www.rogerebert.com/reviews/great-movie-say-anything-1989。

45.　Lapp 确实更为关注第二种情形，呼吁将青少年犯罪记录加以销毁。Lapp, "Databasing Delinquency," 252–255.

46.　《普通数据保护条例》（*General Data Protection Regulation*）对究竟哪些人可以算作"数据主体"没有明确界定。现行理解是包括欧盟国家的公民——即使他们外出旅行或搬离原先居住的国家，同时也包括那些居住在欧盟的域外公民。参阅 Moyn Uddin, "GDPR: The Data Subject, Citizen or Resident?," *GDPR Blogs*, Cyber Counsel, January 29, 2017, https://cybercounsel.co.uk/data-subjects。

47.　参见《普通数据保护条例》第 17 条： https://gdpr-info.eu/art-17-gdpr。

48.　参见《普通数据保护条例》, art.pt.1.

49.　参见《普通数据保护条例》, art.17, pt.1(b), Recital 65.

50.　Milda Macenaite and Eleni Kosta, "Consent for Processing Children's Personal Data in the EU: Following in US Footsteps?," *Information & Communications Technology Law* 26, no. 2, (2017): 148, https://www.tandfonline.com/doi/full/10.1080/13600834.2017.1321096.

51.　至少有一个州（即加利福尼亚州）的法律明文规定，如果 18 周岁以下的年轻人事后反悔，允许他们删除与大多数在线运营商和移动运营商分享的有关自己的信息。他们的父母分享的有关孩子的信息不适用于该法律。文献编号：Cal. Bus. & Prof. Code §

22,581 (2014)。

52. 然而，即使是这些有历史沿革的保护措施，也一直在遭受侵蚀。参见 Lapp, "Databasing Delinquency," 217–219。

53. 例如，在新罕布什尔州（本书作者曾在该州代理未成年客户处理过案件），披露此类信息是违法行为。卷宗编号：N.H. Rev. Stat. Ann. § 170-G:8-a(V)。

54. Zittrain, *The Future of the Internet*, 228–229.

55. 例如，Facebook 公司的"客服中心"就收到这样的要求："我不希望看到我的孩子的名字或照片与广告出现在一起"。参见 Facebook https://www.facebook.com/help/116356655118482?helpref=related。

56. 请注意，《宪法》约束的是公共行为人而不是私人行为人。由于社交媒体公司属于私人行为人，因此大体说来，任何这类主张宪法赋予的权利的情形皆因以下缘故而起：政府出台法律限制人们在准公共论坛发表受宪法保护的言论，而非这些公司违反了宪法。正如法律学者 Anupam Chander 和 Uyen P. Le 所论："《宪法第一修正案》是很难跨越的障碍，让我们无法像其他发达经济体那样，通过立法在更为广阔的范围内对隐私保护进行监管……国会对监管隐私保护犹豫不决，原因在于这样的法规可能会严重影响言论自由。"参阅 "Free Speech," *Iowa Law Review* 100 (2015): 518。

57. 参阅皮尔期起诉圣名耶稣与玛丽亚姐妹会案（Pierce v. Society of the Sisters of the Holy Names of Jesus & Mary），卷宗编号：268 U.S. 510 (1925)。

58. 参见普林斯起诉马萨诸塞州政府案（Prince v. Massachusetts），卷宗编号：321 U.S. 158, 166 (1944)。

59. 在数字世界里，声誉记录比信用记录更为重要。参见 UNICEF, *The State of the World's Children 2017: Children in a Digital World* (New York: UNICEF, 2017), 92, https://www.unicef.org/eapro/SOWC_2017_ENG_EMBARGOED.pdf。

60. 法律学者对于围绕数字隐私建立信用系统的必要性已经做了探

讨。参阅 Palfrey and Gasser, *Born Digital*, 87–89。但是，这样的系统需要精心设计，因为增加另一层针对隐私状况的数字评估可能会引发更多隐私问题，这取决于新增的评估是如何组织的。Citron 和 Pasquale 已经给当今的算法"评分社会"建构起全面而周详的信用机构模型。这将为个人提供"'技术上的正当程序'——这些步骤将确保预测型算法能够达到特定标准，能够进行核查和修订，以确保其公平性和准确性"。参见 Citron and Pasquale, "The Scored Society," 19。

61. 参见 "Senator to Ex-CEO: Equifax Can't Be Trusted with Americans' Personal Data," *Morning Edition*, hosted by David Green, NPR, October 4, 2017, http://www.npr.org/2017/10/04/555651379/senator-to-ex-ceo-equifax-can-t-be-trusted-with-americans-personal-data。

62. 这期有关汽车安全的节目既给大众提供了娱乐，又传播了知识。参见"国家公共广播电台"（National Public Radio）官网：https://www.npr.org/podcasts/510208/car-talk。

63. Wallace Stegner, *Crossing to Safety* (New York: Modern Library, 2002).

64. 了解有关信用报告详情，参阅 National Consumer Law Center, "Credit Reports," Issues, https://www.nclc.org/issues/credit-reports.html。

65. 参阅 National Consumer Law Center, *Disputing Errors in a Credit Report*, Facts for Older Consumers (Boston: National Consumer Law Center, 2014), http://www.nclc.org/images/pdf/older_consumers/cf_disputing-errors-in-a-credit-report.pdf。

66. 关于此次隐私泄露，参议员 Elizabeth Warren 办公室备有详细报告：Office of Elizabeth Warren, "Bad Credit: Uncovering Equifax's Failure to Protect American's Personal Information," February 2018, https://www.warren.senate.gov/files/documents/2018_2_7_%20Equifax_Report.pdf。

67. 参见 Alicia Solow-Niederman, "Beyond the Privacy Torts: Reinvigorating a Common Law Approach for Data Breaches," *Yale Law*

晒娃请三思

Journal Forum 127 (2018): 614–634; 另请参见 Daniel J. Solove and Danielle Keats Citron, "Risk and Anxiety: A Theory of Data Breach Harms," *Texas Law Review* 96 (2018): 737–786。

68. 参见 Office of Elizabeth Warren, "Bad Credit," 9。
69. 参见 Office of Elizabeth Warren, 9。
70. 长期以来，利用技术方法推动数字技术公司"遗忘"相关信息，一直是解决隐私问题的潜在方案的一部分。值得注意的是，大约在十年前，Viktor Mayer-Schönberger 就已经提出："在数字领域中我们模仿人类遗忘的一个方法是，将数字存储器中的信息与用户用来设置信息失效期的设备关联起来。"参见 Viktor Mayer-Schönberger, *Delete: The Virtue of Forgetting in the Digital Age* (Princeton, NJ: Princeton University Press, 2009), 171。

第七章

1. E. M. Forster, *Howards End* (London, 1910; Project Gutenberg, 2008), chap. 22, https://www.gutenberg.org/files/2946/2946-h/2946-h.htm.
2. "网络空间的信息流动以非常重要方式改变了社会互动和资源分配模式。即便如此，网络空间仍然是由实实在在的人们占据的实实在在的空间。"参阅 Julie E. Cohen, *Configuring the Networked Self: Law, Code, and the Play of Everyday Practice* (New Haven: Yale University Press, 2012), 33。
3. "在不需要朋友的时候，计算机为人们提供了有人陪伴的幻觉。随着计算机程序（已经）变得非得精良，在不需要亲密关系的时候，计算机为人们提供了有朋友在身边的幻觉。"参见 Sherry Turkle, *Reclaiming Conversation: The Power of Talk in a Digital Age* (New York: Penguin Press, 2015), 7; Lynn Schofield Clark, *The Parent App: Understanding Families in the Digital Age* (New York: Oxford University Press, 2013), 26。其中，Clark 提到她"自己作为父母在数字时代经历的挣扎，也就是……抵制借助技术同时处理多重任务以便充分利用每一分钟的诱惑"。

4. 在关于线上隐私与安全的公共讨论中，这个说法会有好多变体。比如，Aleksander Yampolskiy, "Cybersecurity Expert: Think before You Click," CNBC, May 15, 2017, https://www.cnbc.com/video/2017/05/15/cybersecurity-expert-think-before-you-click.html。

5. Turkle 强调，在心理分析的传统中有自我反思的需求。参见 Turkle, *Reclaiming Conversation*, 80。

6. Stacey B. Steinberg 在这篇文章中提出了该建议："Sharenting: Children's Privacy in the Age of Social Media," *Emory Law Journal* 66 (2017): 881。

7. 关于"digital dossier"（数字档案）的定义，参阅 John Palfrey and Urs Gasser, *Born Digital*, 39。

8. Dalia Topelson Ritvo, "Privacy and Student Data: An Overview of the Federal Laws Impacting Student Information Collected through Networked Technologies," Cyberlaw Clinic, Berkman Klein Center for Internet & Society, Harvard University, June 2016, 11–12, https://dash.harvard.edu/handle/1/27410234.

9. American Academy of Pediatrics, "Media and Children Communication Toolkit," AAP Health Initiatives, https://www.aap.org/en-us/advocacy-and-policy/aap-health-initiatives/Pages/Media-and-Children.aspx.

10. 参阅 Steinberg, "Sharenting," 881。关于在网上分享孩子的隐私，Steinberg 提出的建议是，父母要让孩子拥有"投票权"（vote power）。

11. 例如，Donna Freitas, *The Happiness Effect: How Social Media Is Driving a Generation to Appear Perfect at Any Cost* (New York: Oxford University Press, 2017), 64–65。

12. Media Literacy Now, "Digital Citizenship and Internet Safety Law in Washington State Is National Model," April 4, 2016, https://medialiteracynow.org/digital-citizenship-and-internet-safety-education-law-in-washington-state-is-national-model.

晒娃请三思

13. 例如，"Stories," Hatch, She Knows, http://www.sheknows.com/special-series/hatch。

14. 有些孩子的确是技术大咖。参阅 Amanda Hess, "The Teenage Life, Streamed Live and for Profit," *New York Times*, June 6, 2017, https://www.nytimes.com/2017/06/06/arts/lively-the-teenage-life-streamed.html。

15. 在今天的"监控资本主义"（surveillance capitalism）的体系中，很难确定我们是否在放弃这种电子数据，在什么时候及以何种方式放弃了这些电子数据。正如 Shoshana Zuboff 所言，如今"新式的信息资本主义（information capitalism）旨在预测人们的行为并将其商品化，以这种方式获取收益并控制市场"。参见 Shoshana Zuboff, "Big Other: Surveillance Capitalism and the Prospects of an Information Civilization," *Journal of Information Technology* 30 (2015): 75–76。在某些情况下，数字科技公司从人们那里公开购买数据。参见 Stacy-Ann Elvy, "Paying for Privacy and the Personal Data Economy," *Columbia Law Review* 117 (2017): 1369–1459。

16. Council of Europe, "Recommendation CM/Rec(2018)7 of the Committee of Ministers to Member States on Guidelines to Respect, Protect and Fulfill the Rights of the Child in the Digital Environment," Committee of Ministers, adopted July 4, 2018, https://search.coe.int/cm/Pages/result_details.aspx?ObjectID=09000016808b79f7.

17. 对于这些公司来说，分享信息背后的经济运作情况就清晰多了。参见 Jaron Lanier, *Who Owns the Future?* (New York: Simon & Schuster, 2013。Lanier 解释说，"通过数字网络，普通民众的私生活和内心活动被收集起来，打包成宝贵的档案资源，变成一种新型优质货币"（第 108 页）。

18. 参阅 Joseph Turow, *The Aisles Have Eyes: How Retailers Track Your Shopping, Strip Your Privacy, and Define Your Power* (New Haven: Yale University Press, 2017), 3–5。

19. 我们还应该问一问，我们正在使用的技术（我们至少用孩子的信息"支付"了部分费用）是否会对经济和更为广泛意义上的公共福利产生负面影响。Clank 写道："如果我们确实想要遏制对孩子童年生活的商业化，我们需要认识到，一个缺乏监管的、将利润置于公共福利之上，并针对儿童进行销售的市场与一个缺乏监管的、将工作外包并人为压低工资水平，以至于好多家庭的基本需求很难得到满足的市场之间是存在关联的。"参见 Clark, *The Parent App*, 226。

20. 值得注意的是，Jaron Lanier 提出，要围绕电子数据开展更加透明的经济交易，以此捍卫隐私权和自主权，从而实现"任何从事云计算的运营商——无论是社交网络，还是不拘一格的华尔街项目，甚至政府机构——必须向你支付费用，因为他们从你那里获取了有用的数据。"参阅 Lanier, *Who Owns the Future?*, 317。

21. 与此相似，纽约的一项新法案规定，如果政府部门用算法进行决策（包括学校招生），算法必须公开。因此，响应该法案的结果就是算法为公众所知。参见 Benjamin Herold, "'Open Algorithms' Bill Would Jolt New York City Schools, Public Agencies," *Education Week*, November 8, 2017, http://blogs.edweek.org/edweek/DigitalEducation/2017/11/open_algorithms_bill_schools.html。

22. 参阅 Kashmir Hill, "How Target Figured Out a Teen Girl Was Pregnant before Her Father Did," *Forbes*, February 16, 2012, https://www.forbes.com/sites/kashmirhill/2012/02/16/how-target-figured-out-a-teen-girl-was-pregnant-before-her-father-did。

23. Henry J. Kaiser Family Foundation, "Parental Consent/Notification Requirements for Minors Seeking Abortions," State Health Facts, updated April 1, 2017, https://www.kff.org/womens-health-policy/state-indicator/parental-consentnotification。

24. 参阅 "Planned Parenthood 起诉 Casey 案"。卷宗编号：505 U.S.

　　　　　　　　　　　　　　晒娃请三思

833 (1992)。

25. Corinne Moini 对这一问题做了分析，并提出对 COPPA 法案进行修正，认为该法案显然要负起这项职责。参阅 "Protecting Privacy in the Era of Smart Toys: Does Hello Barbie Have a Duty to Report?," *Catholic University Journal of Law and Technology* 25 (2017): 281–318。

26. Jane Barnbauer 认为，"摆脱他人思想的干扰［收到不想要的自我知识］可能会成为隐私权和尊严权的一种形式。"参阅 Jane Barnbauer, "Freedom from Thought," *Emory Law Journal* 65 (2015): 221。

27. 感谢 Mike McCann 提出的建议，在法律文献中这点并未得到充分讨论。不过 Cranman 的文章倒是个例外，参阅 Kevin A. Cranman, "Privacy and Technology: Counseling Institutions of Higher Education," *Journal of College and University Law* 25 (1998): 69–103。

28. 鉴于社交媒体对年轻人的影响，从大型技术公司离职的雇员们目前正在动员民众抵制社交媒体。参阅 Alex Langone, "Ex Google and Facebook Employees Are Banding Together to Protect Kids from Social Media Addiction," *Time*, February 5, 2018, http://time.com/5133185/ex-facebook-google-fight-tech-addiction。

29. 实例请参阅 Luke Broadwater, "Baltimore Summer Youth Curfew Begins Friday; Police Will Take Kids Home Instead of to City-Run Centers," *Baltimore Sun*, May 25, 2018, http://www.baltimoresun.com/news/maryland/baltimore-city/bs-md-curfew-20180525-story.html。

30. 实例请参阅 " City of Sumner 起诉 Walsh 案件 "。卷宗编号：148 Wash. 2d 490 (2003)。

31. 对于低收入家庭而言，监控问题尤为严峻："我们［用于贫困管理］的新数字工具源于对贫困者进行惩罚并将贫困与道德挂钩的观点，这就建立起一整套用高科技进行控制和调查的系统。"参见 Virginia Eubanks, *Automating Inequality: How High-Tech Tools*

Profile, Police, and Punish the Poor (New York: St. Martin's Press, 2017), 16。

32. "在 19 世纪，通过司法和立法行动，父母抚养子女的道德义务演变成在私人领域可以执行的法律义务。然后，法律将这项法定义务与父母控制子女的权利联系在了一起；而法律定义这种义务的方式导致父母权威的最大化。"参见 Leslie J. Harris, Dennis Waldrop, and Lori Rathbun Waldrop, "Making and Breaking Connections between Parents' Duty to Support and Right to Control Their Children," *Oregon Law Review* 69 (1990): 692。

33. 实例请参阅文献编号：N.H. Rev. Stat. Ann. § 169-D。

34. 参阅 Leah Plunkett, "Captive Markets," *Hastings Law Journal* 65 (2013): 105–106。

35. 或者来到正在建造的"谷歌城"(the Google City)。参阅 "A Google-Related Plan Brings Futuristic Vision, Privacy Concerns to Toronto," *All Things Considered*, hosted by Ari Shapiro, NPR, November 20, 2017, https://www.npr.org/sections/alltechcon sidered/2017/11/20/565352403/a-google-related-plan-brings-futuristic-vision-privacy-concerns-to-toronto。

36. Lisa Marie Segarra, "'Bullycide': Ten-Year-Old Girl's Suicide Was Result of Bullying Video, Parents Say," *Time*, updated December 1, 2017, http://time.com/5044974/ashawnty-davis-10-year-old-suicide-bullying.

37. 在 2016 年生效的新学生隐私法中，路易斯安那州将违反学生隐私要求的成年人纳入刑事处罚的范围。文献编号：La. Rev. Stat. §17:3914(G), http://legis.la.gov/legis/Law.aspx?d=920124。

38. Dorothy Law Nolte, "Children Learn What They Live," http://www.cdatribe-nsn.gov/eclctribal/eclc/poem3.pdf.

39. 针对大数据时代"保护自身隐私的道德义务"，Allen 进行了周全的分析，包括"个体如何能够采取集体行动，以约束和改善大数据实践活动"——尽管大数据在本质上具有压倒性的力量。参阅 Anita L. Allen, "Protecting One's Own Privacy in a Big Data

Economy," *Harvard Law Review Forum* 130 (2016): 76。

结　论

1. 比如，我们可以求助古代哲学家的智慧，为当代育儿工作提供指导。关于这一点，Rebecca Goldstein 在其著作中已经开展了可喜的工作。参阅 *Plato at the Googleplex: Why Philosophy Won't Go Away* (New York: Pantheon Books, 2014)。

2. "为了延续网络空间固有的积极因素，让互联网继续为经济繁荣提供动力，为人类的普遍自由提供动力……我们需要解决日益加剧的网络环境污染问题。"参阅 Alexander Klimburg, *The Darkening Web: The War for Cyberspace* (New York: Penguin Press, 2017), 318。

3. 监控的危险在于"我们周围的人可能不再宣示新的政治或社会观念，或者只是随大流"。参见 Bruce Schneier, *Data and Goliath: The Hidden Battles to Collect Your Data and Control Your World* (New York: Norton, 2015), 116。

文
景

Horizon

社 科 新 知　文 艺 新 潮

晒娃请三思：数字时代的儿童隐私保护
［美］莉亚·普朗科特　著
张昌宏　译

出 品 人：姚映然
特约策划：谭宇墨凡
责任编辑：佟雪萌
营销编辑：胡珍珍
封面设计：山川制本
美术编辑：安克晨

出 　 品：北京世纪文景文化传播有限责任公司
　　　　　（北京朝阳区东土城路8号林达大厦A座4A　100013）
出版发行：上海人民出版社
印 　 刷：山东临沂新华印刷物流集团有限责任公司
制 　 版：北京大观世纪文化传媒有限公司

开 本：890mm×1240mm　1/32
印 张：10　字 数：187,000　插页：2
2022年5月第1版　2022年5月第1次印刷
定 价：49.80元
ISBN：978-7-208-17649-2/C·654

图书在版编目（CIP）数据

晒娃请三思：数字时代的儿童隐私保护 /（美）莉
亚·普朗科特（Leah A. Plunkett）著；张昌宏译 . --
上海：上海人民出版社，2022
　书名原文：Sharenthood: Why We Should Think
before We Talk about Our Kids Online
　ISBN 978-7-208-17649-2

　I . ① 晒… II . ① 莉… ② 张… III . ① 儿童-隐私权
-权益保护-研究 IV . ① D912.7

中国版本图书馆CIP数据核字（2022）第045714号

本书如有印装错误，请致电本社更换　010-52187586